Sex – Macht – Hurenherrschaft

Sex – Macht – Hurenherrschaft

MAROZIA

Historisch-biografischer Roman
von
Martin Spirig

Bibliografische Information der Deutschen Nationalbibliothek
Die Deutsche Nationalbibliothek verzeichnet diese Publikation in der Deutschen
Nationalbibliografie; detaillierte bibliografische Daten sind im Internet über
http://dnb.dnb.de abrufbar.

© 2017 Martin Spirig / www.martinspirig.ch / martinspirig@hispeed.ch
Satz, Umschlaggestaltung, Herstellung und Verlag: BoD – Books on Demand
ISBN 978-3-7412-0105-9

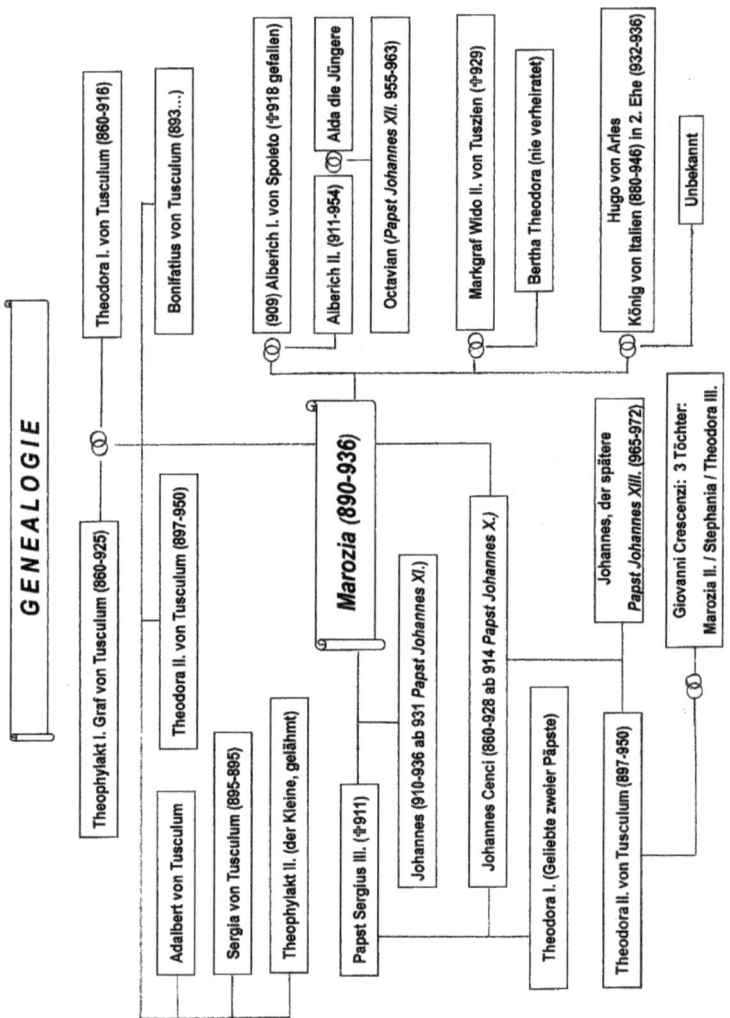

Alle erwähnten Örtlichkeiten, Adelsnamen, Könige, Kaiser, Päpste, Erzbischöfe, Äbte, die beschriebenen sozialen, politischen und religiösen Begebenheiten sind historisch. Die Quellenlage aus jener Zeit ist dürftig; sie wurde jedoch vom Autor bestmöglich ausgewertet.

Amtierende Päpste während Marozias Lebzeit (890–936)

(Jeder zweite der unten erwähnten Päpste starb eines unnatürlichen Todes oder wurde abgesetzt.)

Stephan V. (885–891)
Formosus (891–896)
Bonifaz VI. (896/14 Tage Pontifikat)
Stephan VI. (896–897)
Romanus (897/4 Monate Pontifikat)
Theodor II. (897/3 Wochen Pontifikat)
Johannes IX. (898–900)
Benedikt IV. (900–903)
Leo V. (903/3 Monate Pontifikat)
Christophorus (903–904)
Sergius III. (904–911)
Anastasius (911–913)
Lando (913–914)
Johannes X. (914–928)
Leo VI. (928/8 Monate Pontifikat)
Stephan VII. (928–931)
Johannes XI. (931–935), Sohn Marozias
Leo VII. (936–939)

Stephan VIII. (939–942)
Martin III. (942–946)
Agapet II. (946–955)
Johannes XII. Octavian (955–963), Enkel Marozias

Anno Domini 914.

Europa wird von Hungersnöten, Seuchen, blutigen Kriegen und nie endenden Fehden der Herzöge, Grafen und Barone heimgesucht. Kaiser Karl der Große ist seit hundert Jahren tot, sein fränkisches Reich, das halb Westeuropa umfasste, nach einer kurzen Wiedervereinigung zwischen 885 und 888 in fünf Königreiche geteilt: in das Reich Karls des Kahlen, Westfranken geheißen, in Lotharingen, in Hoch- und Niederburgund, in das Königreich Italien und Ostfranken, das Reich Ludwig des Deutschen. Spanien wird vom aufstrebenden Kalifat von Cordoba beherrscht. In Süditalien, Sizilien und auf Sardinien haben sich die Sarazenen eingerichtet. Das Königreich Italien ist ein bunter Flickenteppich von Herzogtümern, Grafschaften und nach Autonomie strebenden winzigen Städtchen, die eifrig um die Vorherrschaft kämpfen, um im Machtgerangel nicht unterzugehen.

Die karolingischen Neuerungen sind in der düsteren, schweren Romanik aufgegangen. Die Wikingerüberfälle enthüllten die Grenzen von Karls Macht und die Schwächen seines Reiches. Mit der Vernichtung der seefahrenden Friesen gab Kaiser Karl die Nordsee den Wikingern preis. Auf ähnliche Weise trug sein Sieg über die Awaren in Zentraleuropa dazu bei, den Magyaren (Ungarn) den Weg freizumachen, die jetzt brandschatzend durch Österreich, Süddeutschland und Norditalien ziehen. Mit der Aufnahme der Sachsen nach jahrelangen Kriegen ins Reich öffnete er die Nordostgrenze den aufständischen Slawen. Kaiser Karls Reich war ein Riese, das an seiner eigenen Größe starb. Die »Karolingische Renaissance« vereinigte zwar viele Völker unter einer gemeinsamen lateinischen Kultur, aber sie vertiefte auch das Bewusstsein nationaler Interessen und ethnischer Differenzen, die sie voneinander trennte. So musste das fränkische karolingische Kaiserreich zerfallen. Aus der Vielzahl der Fragmente sollte kein geeintes Reich mehr entstehen, sondern eine Ansammlung von Nationalstaaten. Die Idee des Kaisertums blieb als politische Kraft bis 1806 bestehen. Napoleon Bonaparte sollte in diesem Jahr als selbst ernannter Herrscher dem Heiligen Römischen Reich Deutscher Nation ein Ende setzen.

Und mitten in den Wirren des ausgehenden Frühmittelalters des 10. Jahrhunderts steht das Papsttum in Rom, durch Landschenkungen zu einer beachtlichen weltlichen Regionalmacht in Italien herangewachsen, aber auf einem moralischen Tiefpunkt angelangt und politisch abhängig. Die mächtige Römer Familiendynastie des Theophylakt von Tusculum beherrscht den Vatikan, dessen Politik und die Stadt. Hinter Theophylakt stehen seine Gattin Theodora und ihre älteste Tochter Marozia. Sie weben eifrig Intrigennetze für mehr Macht und Einfluss in Rom und auf das Papsttum. Theodora amtiert als Senatrix und leitet bei Abwesenheit ihres Herrn Gemahls die weltlichen und geistlichen Geschicke der Stadt und der Kirche. Sie erzog ihre Tochter ganz in diesem Sinne und scheut sich nicht, sie als politischen Spielball einzusetzen, um die ehrgeizigen Ziele der Familiendynastie zu erreichen. Marozia entwickelt schon als kleines Mädchen einen beachtlichen Machtinstinkt, den sie haargenau für ihre eigenen Zwecke einzusetzen weiß; er ist heute mit ihren vierundzwanzig jungen Jahren zu einem Teil des Charakters und zur Besessenheit geworden. Marozias anmutige, strahlende Schönheit betört allein durch ihre Anwesenheit. Sie weiß, die weibliche Schönheit ist die schärfere Waffe als das Schwert; der Verstand des Mannes rutscht sehr schnell unter die Gürtellinie beim Anblick eines schönen Weibes. Marozias Vater hat ihr militärische Kenntnisse über die Truppenführung beigebracht. Sie weiß den Pfeil zielgenau vom Bogen zu lösen und das Schwert zu führen. Hätte Niccolo Machiavelli bereits gelebt, er würde an Marozia und ihrer machtbewussten Mutter seine helle Freude haben.

Papst Lando wurde unlängst vom Kämmerer (Vestararius) tot im Bett aufgefunden. Er sei friedlich eingeschlafen und rechtschaffen vor den Thron Gottes getreten, heißt es, obwohl jeder sein moralisches Lotterleben kennt: Er hatte kleine Mädchen und Jungs zu gern und Dirnenfeste und Fressgelage im Vatikan veranstaltet. Gerüchte kreisen unter vorgehaltener Hand: War es Gift? War es Mord? Hat der Leibhaftige den Papst für die Unmoral seines ausschweifenden Lebens geholt? Die Höllenhunde? Die Teufelsaffen?

Kaum einer glaubt an Landos natürlichen Tod im jungen Alter von neunzehn Jahren und einem Pontifikat von acht Monaten. Er hätte während dieser kurzen Zeit kaum etwas bewegen können, das der Familie Theophylakt unpässlich gewesen wäre.

Der Mordverdacht fällt sofort auf Theodora und deren Tochter Marozia als Komplizin. Es wäre nicht der erste Mord, den das Volk dem römischen Herrschergeschlecht unterschiebt und auch nicht der erste Papstmord in der Kirchengeschichte, wie zum Beispiel Johannes VIII. Anglicus, den der Pöbel steinigte, weil er während einer Prozession ein Kind gebar! Zweifellos handelt es sich um die als Mann amtierende Päpstin Johanna, die von 853–855 ein vorbildliches Pontifikat führte; die katholische Kirche bestreitet bis heute vehement die Existenz dieser Päpstin, obwohl sie in über zweihundert Chroniken erwähnt wird. Aber das ist eine andere Geschichte.

Der Mordverdacht an Lando durch die Senatrix und Marozia ist nicht ganz unbegründet. Seit der Machtergreifung des Theophylakt von Tusculum in Rom und der Vertreibung konkurrierender Familien aus der Stadt sind tatsächlich einige Senatoren plötzlich verschwunden, exiliert worden, wie es heißt, oder ganz unerwartet verstorben. Sie alle wurden durch genehme Senatsmitglieder ersetzt. Wer Senatoren mordet, kann auch einen Papst morden! Jeder weiß das. Keiner spricht es aus. Vorlaute verlieren schnell die Zunge und noch schneller das Leben.

Macht, Einfluss, Landbesitz und Luxus sind im Hochadel und dem Klerus höher bewertet als Menschenleben oder das Seelenheil der der Kirche anvertrauten Schäfchen. Das Volk wird sündig und schuldbewusst im Staub gehalten und mit den fürchterlichsten Höllenqualen bedroht. Der Leibhaftige gehe um und hole sich die Störrischen, Apostaten und Ungläubigen, um sie zu fressen. Der Zorn Gottes schicke die grausigen Seuchen, Hungersnöte, Naturkatastrophen und Kriege wegen der Verderbtheit des Volkes, während im Vatikan und den Palästen die bare Unmoral bis zum Äußersten ausgekostet wird. Weder selbstzerstörerische Flagellanten (Selbstauspeitscher) noch herzzerreißendes Kinderflehen, Bußmessen und Heiligenprozessionen können Gott besänftigen. Korruption, Ämterschacher und das Lotterleben der Mönche, Priester bis zum Papst treiben giftige Blüten. Die apokalyptischen Reiter schwingen ihre tödlichen Sensen über den unwürdigen Häuptern.

Die warnende Stimme Odos, des Abtes des Reformklosters Cluny, zur Umkehr und Besinnung, ist Schall und Rauch. Was können vier Jahre seit seiner Gründung (910) bewirken, um den Klerus von Verderbtheit und Ausschweifung abzuhalten und die marode Kirche zu reformieren? Bernhard setzt die Hoffnung eines Anfangs auf den neuen Papst – und der steht auch schon fest: Johannes X.

Johannes Cenci, geboren 860, stammt aus Tossignano bei Imola. Er war Bischof von Bologna und ab 905 Erzbischof von Ravenna, jetzt ein Mann von beachtlichen vierundfünfzig Jahren.

Odo sagt zu seinen Brüdern, den Clunyensern, den späteren Zisterziensern: »Was kann man erwarten? Ausschlaggebend für seine Amtseinsetzung war wohl die Nähe zum italienischen

König Berengar (I.) und zu Senator Theophylaktus von Tusculum. Johannes wurde zum neuen Papst erhoben wegen seiner ‚engen Beziehung' zu Theodora, dessen Gattin, der Senatrix und Patricia von Rom, wie sie sich stolz zu nennen geruht. Man sagt, der Johannes habe der Marozia sogar ein Kind gezeugt, eine Tochter! – Ich glaube, meine Brüder, wir müssen für unsere verkommene Kirche beten. Gott möge unseren neuen Papst, den ich nicht als Heiligen Vater zu nennen wage, mit Besinnung, Weisheit und Moral erleuchten. Ich fürchte: Wieder hat ein Günstling jener verworfenen Familie von Tusculum den Stuhl Petri bestiegen, der nichts weiter als eine Marionette ist!«

Der ehrwürdige Abt und seine Mönchsschar in den weißen Kutten knien auf den harten Steinboden der Klosterkirche nieder. Bernhard bekreuzigt sich im Namen des Vaters und des Sohnes und des Heiligen Geistes … - -

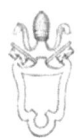

Es ist März, ein düsterer Tag und viel zu kalt für die Jahreszeit. Schneeregen fällt. Auf dem Land und den verwinkelten Dächern Roms liegen ausgedehnte Schneebatzen; die Sonne hat noch nicht die Kraft, sie wegzuschmelzen.

Das Volk versammelt sich trotz schlechten Wetters entlang den Straßen. Johannes Cenci, als Papst Johannes X. bereits inthronisiert, schreitet vom Lateran, dem ursprünglichen Sitz des Bischofs von Rom und seit Papst Gregor I. dem Großen (590–604) auch des Papstes, zur Petersbasilika, um sich krönen zu lassen. Eine bewaffnete Reiterei und Fußsoldaten sorgen für die Sicherheit des Heiligen Vaters. Man weiß nie! Meuchelmörder sind in den Gassen Roms unterwegs. Schnell fliegt ein Stein, surrt ein Pfeil von einem Bogen aus dem Hinterhalt.

Johannes trägt die knöchellange Albe, darüber die »Casula«, ein Übergewand mit bis zu den Knien reichenden weiten Ärmeln, und rote Schuhe. Das »Pallium« ist ein antikes Vermächtnis hoher römischer Würdenträger; es zu tragen steht nur den Päpsten und Erzbischöfen zu. Es ist ein breiter Stoffstreifen aus weißer Wolle. Zwei Bänder hängen vorn herab. Sechs schwarze Kreuze sind in regelmäßigen Abständen eingestickt. Der Fischerring des Simon Petrus prangt am rechten Mittelfinger. Die linke Hand führt im Schritt den pastoralen, oben gebogenen Stab, das Symbol des »Guten Hirten«.

Johannes' Haupt ist unbedeckt. Ein schmaler, grau melierter Kranz ist von der einstigen üppigen Haarpracht geblieben. Vier Diakone tragen den reich bestickten Baldachin. Zwei weitere flankieren den Papst. Sie schwingen die Weihrauchkessel. Dies aus zwei Gründen: um mit dem erhabenen Duft den lebendigen Stellvertreter Christi auf Erden zu ehren und um die päpstliche Nase vor dem fürchterlichen Gestank der Stadt zu bewahren. Dem Baldachin folgen würdigen Schrittes kaum ein Dutzend in Rot gekleidete Kardinäle und ein paar Bischöfe in purpurnen Amtsgewändern. Hinter den altehrwürdigen Herren haben sich die Priester, Diakone, die Mönche und ganz am Schluss die Äbtissinnen und die Nonnen aus den umliegenden Klöstern Roms streng hierarchisch eingeordnet. (Es gab im 10. Jahrhundert nur den Benediktinerorden und die Klarissen der Schwester des heiligen Benedikt, die Klara hieß. Die Klarissen waren streng genommen gleichfalls Benediktinerinnen.)

Graf Theophylakt von Tusculum führt hoch zu Ross den Prozessionszug an, von seiner Leibwache in Paradeuniformen begleitet. Er ist als Senator und »Dux Romanorum« der Herrscher über die Ewige Stadt *und* der Herr über das Papsttum. Ihm folgt lediglich eine vorbestimmte Marionette, die in seinem Sinne die Geschicke der Kirche leiten wird. Trompetenstöße und Paukenschläge künden dem Volk sein Kommen an. Johannes, der X. dieses Namens, segnet beim Vorüberschreiten die Gläubigen, die in dicht gedrängten Reihen die Straße säumen, und verteilt großzügig links und rechts ein erhabenes Lächeln.

Viele Leute verachten den Klerus wegen seiner Verderbtheit. Es gibt auch welche, die dem neuen Papst zujubeln in der Hoffnung, es möge jetzt alles besser werden. Gott werde den Menschen gnädig die Sünden vergeben und sein Antlitz zeigen. Der jugendliche Papst Lando hatte den Vatikan mit Sexorgien und Fressgelagen in ein Bordell verwandelt; er schmort jetzt in der Hölle! Der Heilige Vater Johannes vertreibe jetzt die Dirnen, Mätressen, Kurtisanen und Konkubinen, die unbekümmert im Vatikan ein und aus gehen. Seine Heiligkeit höre endlich die Stimme des Bernhard von Clairvaux, die dringlich anstehenden Kirchenreformen durchzuführen und der Moral und der christlichen Bescheidenheit wieder Geltung zu verschaffen. Es ist eine Minderheit der Gläubigen, die an ein solches Wunder glaubt. Die Stimmung der Menschen schwankt zwischen vager Hoffnung und bitterer Enttäuschung, dass alles beim Alten bleibt. Johannes ist bloß wieder ein höriger Günstling der Mächtigen der Stadt, und da stehen Theodora und Marozia an vorderster Stelle. Es besteht kein Zweifel, dass sie Landos plötzlichen Tod zu verantworten haben, auch wenn, wie immer, nie Beweise für befohlene Morde vorliegen.

Die Krönung findet in der Petersbasilika statt, die Kaiser Konstantin über dem Grab des Apostels Petrus errichten ließ (326 durch Papst Sylvester I. feierlich eingeweiht). Sie wurde während des Sarazenensturms im August 846 schwer beschädigt, und der Zahn der Zeit nagt an den baufälligen Mauern. Es fehlten die Mittel (sprich Pilger-, Buß- und Spendengelder; Geldablässe gab es noch nicht), sie in den vergangenen siebzig Jahren vollständig in Stand zu setzen. Die Stadt wurde schwer gebrandschatzt und arg zerstört. Der Wiederaufbau der Wohnhäuser der Bevölkerung war erste Priorität, um keine blutige Revolte zu provozieren. Die »Leontinische Mauer«, die den Vatikan fest und sicher umringt, trotzt bis heute allen Kriegen und Unbilden der Natur. Papst

Leo IV. (847–853, der Amtsvorgänger der Päpstin Johanna, die ihm als Kardinalssekretär diente) hatte das backsteinerne Mauerwerk nach dem Schock der schrecklichen Sarazenenplünderung erbauen lassen.

Rom hat im 10. Jahrhundert von einst 1 Million Einwohnern zur Zeit des Kaisers Hadrian (117–138) kaum mehr als 50 000 Seelen. Vom Glanz der antiken Stadt, dominiert von gigantischen Marmorbauten, breiten Paradestraßen, prachtvollen Tempeln, Foren, Zirkussen und öffentlichen Parkanlagen mit Springbrunnen fürs Volk zum Flanieren, ist wenig übrig geblieben. Rom, der »Nabel der Welt« – Caput mundi –, ist zum Rom »Cauda mundi«, zum »Schwanz der Welt«, verkommen. Einst prunkende Paläste liegen weitgehend in Trümmer. Das Kolosseum, die größte Arena der damaligen Welt, wo glanzvolle Gladiatorenspiele und Seeschlachten 320 Jahre lang stattfanden, ist ein Kalksteinbruch für die Gewinnung von Dünger für die Felder und die Herstellung von Mörtel für den Häuserbau geworden. Ratten und Mäuse, wilde Katzen und Hunde hausen in den Gewölben, Kranke, Krüppel, Verbrecher, der letzte Abschaum, den die Stadt ausgespuckt hat.

Tausende wohnen in monotonen, bis zu acht Stockwerke hohen, meist baufälligen Mietskasernen aus Backstein. Vielköpfige Familien drängen sich in engen Wohnungen. Sie sind überteuert, laut, feucht und finster. Viele Leute leben auf der Straße im Schmutz, weil sie sich keine Bleibe leisten können. Die Ärmsten der Armen vegetieren dreckig und krank in den antiken römischen Kloaken. Bettler gibt es wie Sand am Meer. Rom ist ein Misthaufen von Abfall und Exkrementen.

Nachts ist es lebensgefährlich in den Gassen. Diebe, Gauner, Ganoven, Auftragsmörder sind unterwegs. Straßenbanden terrorisieren, rauben, plündern, vergewaltigen. Keine Edeldame – nur die geringe Gassenhure und ihr Zuhälter – darf es wagen, sich ohne Leibgarde im Freien aufzuhalten; sie würde rasch überfallen, ausgeraubt, vergewaltigt und schlimmstenfalls getötet.

Tausende Pilger beten im römischen Sündenpfuhl um Vergebung und erflehen den Segen des Heiligen Vaters. Das kostet die »allerchristlichste Majestät« einmal am Tag einen öffentlichen Kurzauftritt auf dem Balkon, ein weites Schlagen des Kreuzes und an speziellen Feiertagen eine flammende Predigt in der Basilika über Höllenqualen und Fegefeuer. Hunderte würden ohne die allergnädigste, tägliche Ausgabe von Almosen verhungern.

Die Hospitäler sind heillos überfüllt. Ärzte, Mönche und Nonnen arbeiten bis zur Erschöpfung für ein Plätzchen im Himmel unter haarsträubenden Bedingungen. Die arabische Medizin ist noch nicht über Andalusien und Sizilien nach Europa vorgedrungen. Die wenigen sarazenischen Ärzte arbeiten im Verborgenen. Ihre Lehrbücher, sie nur zu lesen, das ist verboten werden verbrannt, ihre Besitzer eingekerkert. Stirbt ein Patient des Adelsstandes, dann wartet der Tod auf den Medikus. Diese »Gebildeten« werden kurzerhand als Spione und Feinde hingerichtet. Der Aberglauben und die Gesundbeterei der mönchischen Doctores grassieren. Offene Wunden werden mit Dungwickeln behandelt, vom Wundbrand befallene Glieder ohne Betäubung mit Sägen amputiert und Salben mit unvorstellbaren Ingredienzen verwendet. Die Überlebenschance im Hospital ist gering. Die Kirche erfüllt hier zweifellos wertvolle Dienste und mitfühlende Nächstenliebe. Die Kräuterfrauen und Apothekerinnen stehen oft im Ruf von »weißen Hexen«; der Schritt zur »schwarzen Hexe« ist klein. Es gibt auch Adlige, die der Kirche Geld spenden zur Linderung der Not und zum Bau von neuen Krankenhäusern. Das geschieht meistens nicht ganz selbstlos; sie erwarten Privilegien, die der Heilige Vater (noch) in eigener Kompetenz erteilen kann und die das Papsttum weiter schwächen.

An jeder Ecke gibt es Weinstuben, Spielhöllen und Bordelle in der Stadt. Armut und Not treiben viele Frauen in die Prostitution, um nicht hungern zu müssen. Chronisten schätzen, dass anfangs des 10. Jahrhunderts jede dritte Frau in Rom ihre Liebesdienste anbieten musste, um überhaupt überleben zu können.

Die Petersbasilika ist für die Papstkrönung bereit. Es existieren keine Gebetsbänke für die Gläubigen. Es gibt nur Stehplätze. Die tragenden Säulen der Kirchenschiffe sind mit duftenden Blumengirlanden umwunden, um den ärgsten Gestank menschlicher Ausdünstung zu überdecken. Man wäscht sich zu kirchlichen Feiertagen, wenn überhaupt, und steigt mitsamt den Kleidern ins Sitzfass mit zumeist gebrauchtem Badewasser. Die Ärmsten, die Mönche und Nonnen tragen oft zeitlebens dasselbe flickenübersäte Gewand.

Das niedrige Volk darf einer Papstkrönung oder einer Hochzeit im Adel ausdrücklich beiwohnen, sonst gäbe es eine Revolte in der Stadt. Ansonsten geht der gemeine Mann und die geringe Frau zur Heiligen Messe, um feurige Predigten zu hören, den Leib Christi beim Abendmahl zu empfangen, zu beichten und endlose Heiligenlitaneien zu sprechen, die das Seelenheil begünstigen.

Zwei Throne flankieren den Altar und das Chorgestühl der Kathedralherren: ein weltlicher und ein geistlicher. Alles, was in Rom Rang und Namen hat, ist gekommen: Adelsherren, ihre Gattinnen mit den Kindern, Stadtherren, Richter, reiche Kaufleute, Geistlichkeiten, edle Hofdamen, Mätressen und Konkubinen und natürlich die hochverehrte Gräfin Theodora von Tusculum, die Senatrix und Patricia von Rom, in vorderster Reihe. Neben ihr stehen Marozia und ein junges Mädchen von 17 Jahren, Theodora (II.), die jüngere Schwester. Die beiden Töchter haben zweifellos die blendende Schönheit ihrer machtbewussten Mutter geerbt. Ihr Anblick betört das männliche Auge.

Ein Raunen geht durch die versammelte Menschenmenge in der Basilika.

»Er kommt! Er kommt! Der Heilige Vater kommt! Der Papst! Endlich!«

Trompetenstöße künden sein Erscheinen an. Die Menschen

bilden eine Gasse, damit Johannes vom Eingangsportal zum Altar schreiten kann. Soldaten sorgen, dass keiner ausbricht und den Saum des päpstlichen Gewandes küsst oder ein arglistiger Attentäter zusticht; Johannes hat auch Neider und Feinde. Nonnen und Mönche singen einen feierlichen Choral. Kirchenorgeln sind noch unbekannt. Der Graf, Senator und »Dux Romanorum« Theophylaktus schreitet dem Papst voraus. Das gemeine Volk soll sehen, wer hier das Sagen hat und die Macht ausübt. *Er* führt den Papst zum Altar zur Krönung, dem finalen Akt seiner Amtseinsetzung durch die herrschende Familie.

Es braucht Zeit, bis jeder Prozessionsteilnehmer seinen Platz eingenommen hat. Der feierliche Choral verhallt in den hohen Kirchenschiffen der Basilika. Der Machthaber Roms sitzt auf dem weltlichen Thron, flankiert von seinen engsten Familienmitgliedern, Johannes X. ihm gegenüber auf einem kleineren, weniger prunkvollen Thronsessel. Der Unterschied macht dem Volk die wahren Machtverhältnisse zwischen Kirche und Staat augenscheinlich: die Abhängigkeit des Papsttums vom weltlichen Herrscher.

Der Zeremonienmeister, der Kardinaldekan, ebenfalls ein Günstling Theophylakts und von Theodora an der Leine gehalten, tritt vor und segnet die versammelte Gemeinde. Ein Mönch betritt die Kanzel. Feurige Worte beschwören die Hölle und das Fegefeuer in einer Predigt, die Angst und Schrecken verbreitet. Die Sünder, Apostaten und Ungläubigen, die nicht endlich Buße tun und in den Schoß der heiligen katholischen Kirche zurückkehren, wissen, was sie erwartet, wenn sie durch ihre schändlichen Taten den Zorn Gottes herausfordern, Dämonen beschwören und dem Leibhaftigen zutrinken. Aber der gnadenvolle, neue Papst Johannes, der X. dieses Namens – der Mönch weist huldvoll auf den Mann auf dem päpstlichen Thron –, werde Jesus, den Herrn, die Heilige Jungfrau Maria als Fürsprecherin und alle Heiligen bitten, uns armen Sündern gnädig das Antlitz wieder zuzuwenden und unsere Not zu mildern. Der Erlöser werde seinem Stellvertreter auf Erden nicht das Ohr verweigern. Alles werde sich zum Besseren wenden.

»… Im Namen des Vaters und des Sohnes und des Heiligen Geistes«, schließt der Mönch seine Predigt.

Die Krönungsmesse geht der Papstkrönung nach alter römischer Tradition voraus. Sie wird vom ranghöchsten Kardinalbischof – dem Kardinaldekan – des noch kleinen Kardinalskollegiums vollzogen. Er wird die päpstliche Mitra dem neuen Stellvertreter Christi feierlich aufs Haupt setzen. Der Papst krönt seinerseits die Häupter der Könige und Kaiser, erstmals so geschehen bei Karl dem Großen im Jahr 800 durch Leo III. (795–816). Der Ritus tut seither den göttlichen Willen für die Einsetzung und die Herrschaft eines Königs oder Kaisers kund, was nicht (mehr) hinterfragbar ist. Gleichzeitig symbolisiert die Krönung durch den Papst den Supremat über Kaiser und Könige, die der Heilige Vater fortan beliebig ein- und absetzen kann. Kaiser Karl der Große war über die päpstliche Dreistigkeit Leos III. sehr verärgert.

Bislang wurde die weltliche Krone dem Herrscher vom Papst übergeben und nicht aufs Haupt gesetzt. Dies tat der Kronrat in der Petersbasilika mit dem Segen des Heiligen Vaters. Seither flammt der Konflikt zwischen Kaiser und Papst über den Supremat, der im Mittelalter zum Investiturstreit ausartete.

Die Tiara – die dreifache Krone Petri – gibt es im 10. Jahrhundert noch nicht. Ihre Herkunft leitet sich aus dem persischen Reich über die byzantinische Hofhaltung ab. Aus der »phrygischen Mütze« könnten sich sowohl die päpstliche Mitra – ein konisches Barett aus Stoff – als auch das »Camelaucum« der Orthodoxie entwickelt haben. Die Päpste trugen die Mitra vermutlich seit dem 4. Jahrhundert. Unklar ist, wer zuerst einen Kronreifen anbringen ließ. Die Tiara in der heutigen Form ist seit Papst Bonifaz VIII. (1294–1303) historisch verbürgt, dessen Fresko sie bei der Eröffnung des »1. Heiligen Jubeljahres« 1300 zeigt. Bonifaz fügte der Krone einen zweiten Reif hinzu, um den Anspruch auf die geistliche *und* weltliche Herrschaft kundzutun. In Avignon nimmt die Tiara die Form der dreifachen Krone an, 1315 als »Trignum« erstmals erwähnt. Sie symbolisiert die drei Seinsweisen der Kirche: leidend – streitend – triumphierend –, und die geistliche Oberhoheit, den Supremat des Papstes als Vater der Fürsten und Könige, Lenker der Welt und Stellvertreter Christi auf Erden.

Seit der frühen Neuzeit verwendet das Papsttum das Herrschaftssymbol der beiden gekreuzten Schlüssel Petri als heraldisches Element. Der goldene Schlüssel bedeutet die

Bindegewalt der Kirche, der silberne die Lösegewalt (retine et solve): »Was du auf Erden bindest, soll auch im Himmel verbunden sein, und was du auf Erden lösest, das soll auch im Himmel gelöst sein.« Die goldene Lösegewalt beinhaltet die Sündenvergebung, die silberne den Bannstrahl, die Exkommunikation, ein äußerst gefürchtetes Machtinstrument des Papstes, das jedes Seelenheil und die Auferstehung am Jüngsten Tag verwirkt …

Die päpstliche Mitra liegt auf einem purpurnen Kissen für die Krönungszeremonie bereit. Johannes (X.) kniet vor dem Kardinaldekan auf die Altarstufen nieder. Ein Kardinalpriester nimmt das Kissen mit dem konischen päpstlichen Barett auf und schreitet feierlich an die Seite des Dekans, um ihm zu assistieren. Es ist mucksmäuschenstill in der Basilika. Gespannte Stimmung herrscht. Die Gläubigen stehen in dichten Reihen. Man hätte eine Haarnadel fallen hören können.

»Dominus vobiscum.«

»Et cum spiritu tuo«, antwortet die versammelte Volksmenge mit einer Stimme. Der Kardinaldekan schlägt ein weites Kreuz über dem Haupt des Johannes und nimmt die Mitra vom Purpurkissen auf. Dann spricht er feierlich die Worte:

»Nimm hin diese Krone und wisse, Papst Johannes, der X. dieses Namens: Du bist auf Erden der Stellvertreter unseres Erlösers Jesus Christus, welchem die höchste Ehre und der größte Ruhm ist in alle Ewigkeit!« (Der Zusatz »Vater der Fürsten und Könige und des Kaisers, Lenker des Erdkreises«

(Urbi et Orbi) wird erst im 12. Jahrhundert den offiziellen Initiationsworten der Krönung hinzugefügt.)

»Amen«, bestätigt Johannes demütig, mit versteckter Freude.

Und jetzt geschieht ein ungeheuerlicher Eklat: Ehe die päpstliche Mitra sich feierlich auf Johannes' Haupt niedersenkt, tritt Senator Theophylaktus von Tusculum hinzu. Er legt seine Hände über die des Kardinaldekans, die die Mitra festhalten. Dieser ist von der Dreistigkeit so überrumpelt, er kann sich der sanft zwingenden Kraft nicht widersetzen, die Mitra auf das päpstliche Haupt zu setzen. Nicht allein der Kardinaldekan krönt jetzt den Papst, sondern er gemeinsam mit dem weltlichen Herrscher. Es ist nicht auszudenken, welche unabsehbaren Folgen diese unheilige, blasphemische Intervention des Theophylakt für die Krönung späterer Päpste haben kann. Das Papsttum ist augenscheinlich in seiner Abhängigkeit auf dem Tiefpunkt angelangt!

»Bedenke, von wem du die päpstliche Krone erhalten hast, Johannes, und wer dein Herr auf Erden ist«, sagt der Senator mit gedämpfter Stimme. Er drängt den Kardinaldekan sanft zur Seite. Dieser ist so perplex, er ist unfähig, Widerstand zu leisten. Es ist ihm bewusst, dass er gleichfalls ein abhängiger Günstling des Herrschers von Rom ist.

»Jetzt küss meine Hand, Johannes! Dann erhebe dich und gehe auf deinen Platz zurück, damit dir gehuldigt werde«, lautet der sanft zwingende Befehl.

Johannes überwindet seine Überraschung schneller als der Kardinaldekan und zögert.

»Tue es, Johannes!«, befiehlt Theophylakt strenger und fügt hinzu: »Mit deinem Handkuss versicherst du dir und dem Papsttum meine wohlwollende Freundschaft und Unterstützung. Also?«

Eine versteckte Drohung unabsehbarer Folgen liegt in der Einwortfrage, sollte Johannes den Handkuss verweigern. Die Unterwerfung ist noch demütigender, weil Theophylakt einen Handschuh trägt. Die Entwürdigung des Stellvertreters Christi und die Abhängigkeit des Papstes finden wohl keinen stärkeren Ausdruck.

Johannes zögert.

»Tu es! Küss meine Hand! Mach schon!«, zischt der »Dux Romanorum« gleich einer Viper vor dem Biss.

Der Papst fasst langsam die hingestreckte Hand und zögert, den Handkuss der Unterwerfung zu geben. Theophylakt führt sie plötzlich mit einer raschen Bewegung an den päpstlichen Mund.

»Siehst du, mein lieber Johannes, das war doch gar nicht schwer«, munkelt er lächelnd. Nur die umstehenden Personen können es hören, aber Theodora, Marozia, ihre Schwester Theodora (II.) und der versammelte Hochadel der Stadt, alle haben es gesehen.

Graf Theophylakt von Tusculum wendet sich dem Kardinaldekan zu. Mit versteckter Hand schiebt er ihn vor.

»Jetzt segnet den Heiligen Vater, Eminenz«, befiehlt er mit steifen Lippen. »Dann fahret mit der Zeremonie fort.«

Der Dekan tut wie geheißen. Der Graf setzt sich machtbewusst auf seinen Thron. Die Gattin nickt ihm leise zustimmend zu. Hatten sie den Handkuss der Demütigung und der päpstlichen Unterwerfung geplant?

Das versteckt empörte Volksraunen in der Basilika über den blasphemischen Akt eines selbstherrlichen Herrschers ist unüberhörbar. Mönche und Nonnen stimmen einen Choral an. Johannes X. begibt sich feierlichen Schrittes, mit der päpstlichen Mitra gekrönt, auf seinen Platz zum niedrigen Thronsessel, der dem des weltlichen Herrschers gegenübersteht. Die ungeheuerliche Blasphemie wird ein paar Monate später stillschweigend aus den päpstlichen Annalen gelöscht. Der Chronist Liutprand von Cremona wird die unverschämte Dreistigkeit der Nachwelt erhalten.

Diakone prozessieren die »Flabelli« aus der Sakristei. Das sind zwei tragbare große Fächer aus schneeweißen Straußenfedern. Sie fächeln dem Papst kühle Luft zu. Weihrauchkessel vertreiben den grässlichen Gestank menschlicher Ausdünstung von der päpstlichen Nase.

Die Mitglieder des vatikanischen Kardinalskollegiums huldigen jetzt dem Heiligen Vater: Die Eminenzen bestätigen ihren Treueid und den unbedingten Gehorsam mit einem Handkuss, die Exzellenzen (Bischöfe) mit dem Kuss des päpstlichen Pantoffels. Dafür erhält jeder den Segen des Pontifex über dem Haupte und ein wohlwollendes Lächeln.

Der Chorgesang verhallt feierlich in den Gewölben der Kirchenschiffe. Sie sind römisch-byzantinisch gebaut; die düstere, schwere Romanik hat bei Instandstellungsarbeiten der Basilika keinen Einfluss genommen. Die lichte Gotik ist von den Kirchenarchitekten noch nicht erfunden worden. Sie wird Rom erst im 12. Jahrhundert erreichen.

Die päpstliche Auszugsprozession steht einer Königskrönung in ihrem Prunk nicht nach. Das Volk Roms jubelt Johannes hoffnungsvoll zu, der jetzt mit allen erforderlichen Amtsinsignien versehen auf den Platz vor die Petersbasilika tritt. Die Glocken läuten. Trompeten schallen. Fahnen wehen. Der »gute Hirte« begrüßt seine ihm anvertrauten Schäfchen und schlägt unverdrossen links und rechts das Kreuz mit den drei Segnungsfingern der rechten Hand.

Es hat zu regnen aufgehört. Gleißende Sonnenstrahlen brechen durch die dunklen Wolkenbänke und erleuchten das Gesicht des Heiligen Vaters – ein wahrlich gutes Omen – eine Offenbarung? Ist Johannes X. jetzt endlich der moralische Papst, der länger als seine verderbten Vorgänger den Stuhl Petri bekleiden und alles zum Besseren wenden wird?

Theophylakt und seine Gattin Theodora, die wahren Machthaber Roms und über den Vatikan, überlassen jetzt ihren Günstling der Volkshuldigung in den Straßen und auf den Plätzen der Stadt. Sie verlassen die Basilika durch einen Seitenausgang, gefolgt von Marozia und der jüngeren Schwester Theodora. Sie kehren in die Engelsburg zurück, ihrem befestigten Regierungs- und Wohnsitz, der Hochadel in die Häuser der Familiendynasten innerhalb oder vor den Mauern Roms. Papst Johannes hat seine Schuldigkeit getan, wenn auch widerstrebend. Die weltliche Obrigkeit kann ihn einstweilen gewähren lassen. Marozias Mutter wird ein wachsames Auge auf ihn haben.

Eigentlich wollte der »Dux Romanorum« mit seiner Familie am Festbankett im Lateran teilnehmen, das der Papst nach seinem Triumphzug durch Rom zur Feier der Krönung gibt. Ein Bote König Berengars (I.) von Italien erwartet Theophylakt mit einer gesiegelten Botschaft, die ihn zu den Waffen ruft. Die Sarazenen treiben in Latium wieder vermehrt ihr böses Unwesen: Sie rauben, plündern, brandschatzen, morden, vergewaltigen, streuen Salz auf die Äcker und Felder und schlachten sinnlos das Vieh ab. Das höllische Ungeziefer muss endlich ausgemerzt, die schaurige Pestbeule ein für alle Mal ausgebrannt werden!

Theophylaktus übergibt seiner Gemahlin die Regierungsgeschäfte, schließlich ist sie Senatrix von Rom, und reist noch vor dem Abend mit einem beachtlichen Truppenkontingent ab. Sein lakonischer Rat an Marozia: »Unterstütze deine Mutter!«

Die Tochter verspricht's. Sie verabschiedet den Herrn Vater und die Soldatenkolonne am Südtor der Stadt an der Seite der beiden Theodoras, der Mutter und der Schwester. Es sind drei Frauen, die in Rom jetzt das Sagen haben: Es herrscht eine Pornokratie – eine Weiber- oder Hurenherrschaft!

Marozia ist eine betörend schöne Frau von vierundzwanzig Jahren und seit 909 mit Alberich I. von Spoleto verheiratet. Der Ehe ist ein Sohn gegönnt, Alberich (II.). Er ist erst dreijährig, aufgeweckt und flink, ein lernbegieriger Bub, der viel

Freude bereitet. Marozia weiß, er wird einmal ein mächtiger Mann werden.

Alberich ist nicht ihr erstes Geblüt. Johannes ist ein Jahr älter. Er ist ein unehelicher Bastard. Ihre eigene Mutter hat die schöne Marozia als fünfzehnjähriges Mädchen Papst Sergius III. als Mätresse zugeführt, der jungfräuliches Fleisch begehrte, obwohl Theodora mit ihm seit langem das Bett teilte. Sergius war süchtig nach der Virtuosität von Theodoras Liebeskunst, wie sie keine Kurtisane in Rom beherrscht.

Papst Sergius III. war ein alter kranker Mann, als er Marozia wie ein wilder Stier deflorierte. Marozia ekelte sich vor dem Geruch des Greises, vom Schweiß und dem Alkohol, vor den unsagbar schlechten Zähnen und dem Mundgestank dieses geilen Mannes, der seine belegte Zunge gierig in die Vagina steckte, um ihren Liebessaft zu trinken, und in ihren Mund bohrte, um vom Speichel zu kosten. Das junge Mädchen musste ihm jederzeit zu Willen sein – selbst nach der Heirat mit Graf Alberich von Spoleto – und das schwabbelnde Fressfett und das Gewicht über ihr ertragen, das sie zu erdrücken drohte. Sergius stellte in seiner Geilheit Dinge mit ihr an, die unaussprechlich sind. Irgendeinmal muss er den Johannes gezeugt haben. Böse Gerüchte behaupten, Sergius habe oftmals bei Marozia *und* ihrer Mutter gelegen; sie hätten lustvoll den lesbischen Inzest getrieben, der schlimmer ist als die sieben Todsünden zusammen. Auch der Leibhaftige wäre anwesend gewesen.

Marozia dankte Gott in der Familienkapelle der Theophylakts, als Sergius endlich das Zeitliche segnete. Das ist jetzt drei Jahre her. Der Ekel, das grausige Würgen im Hals, ist geblieben. Sergius hat ein tiefes Trauma in ihre Seele geschlagen und das Herz verhärtet. Es wird niemals mehr heilen. Trotzdem: Marozia liebt den Johannes wie ihren legitimen jüngeren Sohn Alberich. Johannes kann ja nichts dafür. Seine Existenz ist Gottes Wille. Gott liebt alle Kinder, auch unehelich geborene. Marozia wollte ihn nicht in ein Kloster weggeben. Alberich von Spoleto, ihr Herr Gemahl, hat auf ihr Ansinnen und Drängen den Bastardsohn als nicht erbberechtigtes Mitglied in die Familie aufgenommen. Er ist ja noch so klein: vierjährig und so niedlich; der andere ist drei und genauso aufgeweckt und lebendig.

Die Mutter schließt ihre Geblüte in die Arme, die sie stürmisch nach dem Auszug eines Teils der gräflichen Armee aus der Stadt in den Privatgemächern der Engelsburg begrüßen. Sie küsst die beiden Buben auf die Stirn und die Wangen und streicht liebevoll über ihre Wuschelköpfe. Es hat sich ein langobardisches Element in ihren Habitus eingeschlichen: helle Augen und eine aschblonde Haarfarbe mit einem leichten Rotstich. Sie haben ihn von ihrer Mutter geerbt, der Tochter des Theophylakt von Tusculum. Ihre Familiendynastie wurzelt in der Toskana, die vor wenigen hundert Jahren von eingewanderten langobardischen Volksstämmen besiedelt war, die sich zwischenzeitlich mit der einheimischen Bevölkerung vermischt haben …

»Der Herr Gemahl verlangt nach dir, edle Herrin«, unterbricht Aglaia den kindlichen Übermut. Sie steht mit demütig vor der Brust verschränkten Händen unter der Kammertür. Aglaia ist Marozias Amme und vertraute Zofe, die in unverbrüchlicher Treue zu ihr steht. Sie gehört zu den wenigen Frauen, die lesen und schreiben können. Aglaia ist die gebildete Tochter aus reichem byzantinischem Haus. Sie wurde auf einer Handelsreise mit ihrem Mann von den Sarazenen auf hoher See überfallen, gefangen genommen und als Edelsklavin verkauft. Sie gelangte auf verschlungenen Leidenspfaden nach Rom an den Hofstaat von Papst Sergius III., der sie missbrauchte, bis er ihrer überdrüssig war. Er reichte sie an Theodora von Tusculum weiter. Marozias Mutter erkannte sogleich Aglaias Fähigkeiten und lernte sie zu schätzen. Sie durfte schließlich in Marozias Familie ihre Stärke und Begabungen entfalten. Die heute vierzigjährige Frau von reifer Schönheit besitzt eine aristokratische Aura und überlebte durch ihren unerschütterlichen Lebensmut und ihre weibliche Seelenstärke. Sogar der Herr Graf Theophylakt lässt sich mit seiner Gattin herab, von Aglaia in der griechischen Sprache unterrichtet zu werden. Die Familie behandelt sie gut. Sie gibt niemals Widerworte und lässt sich von Intriganten in ihrer vorzüglichen Stellung weder als Spionin noch als Geliebte missbrauchen. Aglaia war verheiratet und gebar einen Sohn, Demetrios. Der Gatte war damals im Kampf mit den sarazenischen Piraten gefallen. Die Spur ihres Sohnes verliert sich irgendwo im Stadtmoloch Byzanz. Aglaia weiß nicht, wo er lebt, ob er in diesen kriegerischen Zeiten überhaupt noch lebt. Seit einem Jahr regiert Kaiser Konstantin VII. das Oströmische Reich. Ein reger urbaner Handel blüht, im Gegensatz zum bäuerlichen, ärmlichen Westrom, das nach Karl dem Großen in kriegerische Königreiche, Herzogtümer und Grafschaften zerfallen ist. Aglaia genießt das vollste Vertrauen der Familie Theophylakt. Das beweist ihre Stellung als Kindermädchen, Zofe und Lehrerin. Theodora, die mächtige Senatrix von Rom, hat sie unlängst vom Sklavenstand befreit. Aglaia ist die Einzige, die Marozias große Jugendliebe kennt, die Alexander hieß. Die Liebe durfte nie erblühen. Marozia wurde von der eigenen Mutter Papst Sergius III. als Geliebte zugeführt und musste die politische Heirat mit dem Grafen Alberich I. von Spoleto eingehen …

»Ist mein werter Herr Gemahl noch immer leidend?«, fragt Marozia die Zofe. Sie übergibt die Söhne ihrer Obhut.

»Ich fürchte ja. Der Arzt hat ihn vor einer Stunde zur Ader gelassen.«

»Ich glaube, wir sollten es einmal mit einer Kräuterfrau versuchen, die seine Kriegswunde nicht mit Eseldung behandelt«, erwidert Marozia und betritt die Kammer ihres Gatten.

»Bist du noch immer fiebrig, mein Herr Gemahl?«

Sie kniet an der Bettstattseite nieder. Alberich ist bleich und schwach. Schweiß perlt auf der Stirn; der Mann sieht fürchterlich aus. Der rechte Unterarm ist dick einbandagiert.

Es stinkt nach Kot im Raum. Aglaia reicht der Herrin ein Becken mit kaltem Wasser und ein Leinentuch, um den Schweiß von der Stirn abzutupfen.

»Du weißt, ich bin kein Weichei, Marozia, aber mein Arm tut fürchterlich weh«, sagt er mit schmerzverzerrtem Gesicht. »Ich halte es kaum aus. Dieser verdammte Mönch ist kein Doktor. Der verruchte Scharlatan weiß nichts Besseres, als mich mit Aderlass zu schwächen und Pferdemist auf die Wunde zu schmieren. – Verdammt! Zum Teufel noch mal!«

»Du solltest vielleicht beten und weniger fluchen«, mahnt Marozia den Gatten. Sie nässt das Leinentuch und legt es Alberich auf die Stirn.

»Oh, das tut gut!«, munkelt er und schließt entspannt die Augen. »Du bist mir ein gutes Weib, Marozia.«

»Ich tue, was ich kann, mein werter Herr Gemahl. Ich bin ja dafür da«, sagt sie, wegen des Gesundheitszustands besorgt, der sich seit dem Morgen erheblich verschlechtert hat.

»Sage, Weib, ich hörte unlängst Pferdehufe im Innenhof der Feste«, lenkt Alberich das Gespräch unerwartet in eine andere Richtung. »Ist mein Schwiegervater mit Soldaten ausgerückt? Herrscht Aufruhr in der Stadt wegen der Papstkrönung, die dem Plebs ungenehm ist?«

Marozia verneint. Sie klärt ihn über den Marschbefehl auf, den Theophylakt von König Berengar von Italien erhalten hat.

»Gott verdamme das verfluchte Sarazenenpack in den tiefsten Höllenschlund!«, speit Alberich hasserfüllt heraus.

Eine Schmerzwelle fährt vom Arm durch seinen Körper. Die Zähne knirschen. Das Gesicht ist verzerrt.

»Vielleicht nehmen wir diesen schrecklich stinkenden Dungwickel ab«, meint Marozia tröstend. »Er ist nicht gut für dich.«

Ein alter, blutverkrusteter Schwerthieb klafft am Unterarm. Der Mist dampft; er ist noch frisch. Marozia entfernt ihn mit Fingerspitzen. Ekliger Eiter quillt aus der Wunde hervor.

»Wenn ich den Herrschaften einen Vorschlag machen dürfte?«

»Sprich, Aglaia!«, kommt Alberich seiner Frau zuvor, ohne die Augen zu öffnen.

»Eure edle Frau Gemahlin hat vorgeschlagen, eine Kräuterfrau kommen zu lassen, um eure entzündete Kriegsverletzung und das Fieber zu behandeln. Was haltet Ihr davon?«

Graf Alberich horcht auf.

»In Byzanz und im orientalischen Pergamon behandeln die Doctores akutes Fieber einstweilen mit Essig an den Hand- und Fußgelenken, auf der Stirn und im Nacken. Bei sehr hohem Fieber legen sie Essigtücher auf Brust und Rücken, um den Körper zu kühlen, bis die Arzneien wirken«, ergänzt Aglaia wissend. »Sie verwenden eine gemahlene Baumrinde. Die Apotheker nennen sie Chinin. Es senke das Fieber auch bei Malaria.«

Gespannte Stille herrscht im Raum. Ein guter Vorschlag. Eine echte Alternative.

»Gebe Aglaia eine Münze und lass sie tun, was sie gesagt hat«, meint Graf Alberich von Spoleto gequält zu seiner Gattin. »Man mache mir Essigwickel. Ein Kräuterweib mag kommen. Ich lasse den Scharlatan von Mönch hinrichten, wenn er mir einen neuen Dungwickel verpasst!«

Eine Schmerzwelle fährt durch Alberichs Körper, die ihn zittern und die Zähne knirschen lässt. - -

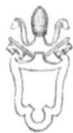

Kaiser Konstantin der Große ließ im 4. Jahrhundert gleichzeitig neben der Lateranbasilika einen Palast für den Bischof von Rom errichten. Dieser war lediglich der »Primus inter Pares« der zahlreichen Bischöfe im Römischen Kaiserreich und noch kein Papst. Der Erste, der sich historisch verbürgt Papst und Bischof von Rom nannte, war Gregor I., der Große (590–604). Der Lateran war fortan der Hauptsitz der Päpste, die Zentrale der katholischen Kirche, bis 1309 Seine Heiligkeit nach Avignon umzog. Nach der Rückkehr 1377 nahm Papst Gregor XI. (1370–1378) Sitz im Vatikan. Der konstantinische Lateranspalast wurde abgerissen und erst 1586, auf Betreiben von Papst Sixtus V. (1585–1590), neu aufgebaut, wie er sich heute als päpstliche Residenz präsentiert.

Kaiser Konstantin ließ neben der Basilika und dem Lateranspalast ebenfalls ein Paptisterium errichten. Es wurde allerdings in runder Form gebaut. Der Römer Bischof Sixtus III. (432–440) baute das christliche Taufgebäude achteckig um. Die Architekten haben diese Grundform für das Paptisterium in Florenz übernommen.

Der Lateran ist im 10. Jahrhundert ein Konglomerat verschiedener Gebäude. Es gibt Wohn- und Repräsentationsbauten für geistliche und weltliche Gäste und päpstliche Empfänge, mehrere Kapellen und Speisesäle, sogenannte Triclinen, sogar ein Kloster mit Skriptorien und ein Kreuzgang. Der heutige Kreuzgang ist einer der schönsten seiner Art. Vassaletto versah ihn 1215 mit den prächtig gedrehten Arkadensäulen.

Der Papst, die Kardinäle, Bischöfe und der niedrige Klerus wohnen streng hierarchisch getrennt in verschiedenen Gebäuden. Ein Heer von Bediensteten hält den kirchlichen Alltagsbetrieb am Laufen. Weit über die Hälfte ist weiblich, zum moralischen Argwohn des Volkes. Die päpstliche Armee sorgt für die Sicherheit des Laterans und seiner geistlichen Bewohner. Sie untersteht dem Kommando eines Generalhauptmanns. Papst Johannes (X.) ersetzte den Günstling seines Vorgängers Lando sofort nach Amtsantritt durch Marozias Bruder, Graf Adalbert von Tusculum, einen kaum zwanzigjährigen Nepoten (die Schweizer Garde wird erst 600 Jahre später (1506) durch Papst Julius II. gegründet). Die Soldaten und Offiziere leben mit ihren Familien in Kasernen etwas außerhalb des Laterans. Dieser bildet einen eigenen Gebäudekomplex, überragt von der Petersbasilika Konstantins des Großen.

Die päpstliche Krönung gibt Johannes X. jeden Grund, am Abend ein rauschendes Bankett für seinen Hofstaat zu geben. Da geht es sehr weltlich zu. Kirchliche Amtsträger jeden Ranges feiern in der Gesellschaft von edlen Damen und zwielichtigen Frauen. Die Römer nennen Letztere verächtlich Huren. Die Geistlichkeiten bezeichnen sie als Mätressen, Konkubinen und Kurtisanen. Der niedrige Klerus darf heiraten (bis zum Konzil von Trient 1545). Der letzte Mönch hat sein Freudenmädchen. Sie dürfen das Kloster verlassen und Weinstuben und Bordelle besuchen, was die Kirche zähneknirschend duldet. Die Nonnen müssen zeitlebens keusch als Bräute Christi in den Klöstern bleiben.

Es wird musiziert, parliert, getanzt, gegessen. Die holden Weiblichkeiten sind leicht bekleidet. Einige tanzen auf den Tischen zwischen brennenden Kandelabern und den reichlich aufgetragenen Speisen. Sie reiben sich im Rhythmus der Musik gegenseitig das Möschen an den Oberschenkeln. Lautes Geschwätz herrscht im Raum. Obszönes Lachen. Man schmust, langt an die Brüste und die Lenden. Becher mit funkelndem Wein prosten lautlos aneinander. Halbnackte Dienerinnen kriechen auf dem Boden herum. Sie sammeln mit dem Mund ausgestreute Kastanien auf. Ein Kardinal reitet auf dem Rücken eines Mädchens und treibt es grölend an, während er die Brüste massiert. Schöne Sklavinnen stülpen die Lippen über die Eichel der Männlichkeit hinter und unter den Bänken oder kopulieren gleich mit den Geistlichkeiten drauflos. Die klerikale Moral ist niedrig, der Geschlechtstrieb groß, die Prostitution grassierend und einträglich. Moralapostel schreien »Skandal!«, was da im Lateranspalast an Fressgelagen und sexueller Ausschweifung passiert. Jeder in der Stadt weiß Bescheid. Es wird unter dem neuen Pontifikat des X. Johannes nicht anders sein als unter seinen Amtsvorgängern Lando, Anastasius III. und Sergius III. Nur Sergius starb eines natürlichen Todes. Die beiden anderen wurden auf Theodoras und Marozias Befehl meuchelgemordet, weil sie politisch untragbar waren.

Johannes, jetzt Papst und Bischof von Rom, klatscht in die Hände. Diener stellen flink die Kandelaber vom Banketttisch auf den Boden. Das Orchester spielt auf päpstlichen Fingerzeig lautstark auf. Köche tragen Sänften herein. Sie stellen sie ins Licht der Kerzenständer. Splitternackte Mädchen liegen mit gespreizten Beinen auf dem Rücken. Die schönen Körper sind dicht bepackt mit Früchten, Melonenschnitten, Beeren, Kuchen und allerlei köstlichen Süßigkeiten, besonders an den erotischen Stellen. Das Dessert wird aufgetragen. Die Festgäste spenden stürmisch Beifall. Um sich zu bedienen, muss man auf den Boden knien und sich über die Mädchen beugen. Die Hände dürfen nicht benutzt werden. Man muss die Häppchen mit dem Mund aufnehmen. Natürlich dürfen sich auch die weiblichen Gäste an den Leckereien der Mädchentafel erfreuen. Danach werden die Mädchen, die zu den schönsten Roms gehören, erotisch tanzen, und der Erste, der mit einem kopuliert, erhält dieses als Preis zur Sklavin geschenkt.

Beifallssturm.

»Kann uns der Heilige Vater denn verraten, wie wir Weiber mit einem Weib kopulieren sollen? Geben uns die Diener einen Doppeldildo?«, ruft eine Frauenstimme provozierend aus der bunten Gästeschar. Kreischendes Lachen. Zahlreiche weltliche Adelsleute sind auf dem Fressbankett anwesend. Die meisten sind betrunken.

»Lasset doch das nächste Mal keusche Jünglinge als Desserttafel auftreten, von denen die edlen Damen naschen und dann mit ihnen kopulieren können«, meint Adalbert von Tusculum zur Güte. Er ist der neu ernannte Generalhauptmann der päpstlichen Armee, Sohn des mächtigen Grafen Theophylakt und Marozias zwei Jahre jüngerer Bruder, der verlängerte Arm der Machthaber in Rom.

Die Frauen, ob adlig oder Dirne, stimmen begeistert zu. Ein perfekter Vorschlag.

»Es ist Sünde, wenn zwei Weiber kopulieren!«, schreit ein besoffener Mönch mit beachtlichem Bauchumfang vornübergebeugt, den leeren Becher schwingend. Ein tiefer Rülpser entfährt der Kehle. Mit der linken Hand hält er die Kutte hinten hoch. Ein Saufkumpan hält eine Fackel an sein nacktes Hinterteil. Ein lauter Furz ertönt. Eine Stichflamme faucht kurz hoch. Der Mönch steht kerzengerade da und reibt die angesengten Backen des Allerwertesten.

Kreischendes Grölen, obszönes Lachen erfüllt das Gewölbe des Bankettsaals. Der Papst schreitet im losen Gewand über den gedeckten Tisch. Der päpstliche Pantoffel räumt ein paar Speiseplatten und Karaffen aus dem Weg, dass es scheppert. Perlender Wein fließt über den Boden.

»Ja hätte die Sünde denn sonst einen Reiz, mein lieber Mönch und Beichtvater? Habt ihr vergessen, meine Freunde, meine lieben Freunde: Gott erschuf die Sünde, damit wir Seine Gnade erfahren können«, verkündet's Johannes frohgemut der festlichen Runde.

Die Gäste klatschen stürmisch Beifall. Wenn ein Papst das sagt, dann ist das so! Widerworte sind gefährlich, selbst wenn man sie im Weinrausch sagt.

Johannes gibt die Mädchentafel für das Dessert frei. Wüstes Geschmatze und Geschlürfe auf nackter Haut. Der Leibdiener tritt auf Johannes zu und flüstert ihm etwas ins Ohr. Der Papst verzieht das Gesicht.

»Was wollen sie denn von mir?!«, munkelt er gestört. »Ich habe jetzt keine Zeit.«

»Bitte untertänigst um Vergebung, Heiliger Vater«, erwidert der Diener demütig. »Vielleicht habt Ihr's vergessen? Ihr habt die Obrigkeiten zum Krönungsbankett eingeladen. Jetzt sind sie da und erwarten Eure Heiligkeit.«

»Beim Dyonisos! Das ist wahr«, erinnert sich Johannes gestresst.

»Zuerst auf ein Wort mit den Herrschaften, Heiliger Vater.«

Johannes verdreht die Augen. Gerade jetzt, da die schönen Mädchen mit leckeren Süßigkeiten auf nackter Haut aufwarten!

»Mein Cape!«, ertönt der Befehl. Der Leibdiener hat dieses

bereits mitgebracht. Er legt es dem Papst über die Schultern und schließt die goldene Schnalle vor der Brust. Johannes drückt ihm den Becher in die Hand, dass der Wein über den Rand schwappt. Zügigen Schrittes verlässt er den Bankettsaal. Der Mann kann trotz Alkoholeinfluss aufrecht und gerade gehen.

Zwei Gardisten begleiten den Pontifex. Sie betreten den Empfangsraum. Johannes breitet die Arme aus und geht entschlossenen Schrittes auf die Neuankömmlinge zu.

»Willkommen, meine Damen! Willkommen! Ich habe Euch erwartet! Ihr hattet gewiss wichtige Geschäfte zu erledigen, dass Ihr nicht früher kommen konntet. Das Bankett ist bereits im vollen Gange«, sagt er heiter mit überschwänglicher Höflichkeit, gespielter Freude und Herzlichkeit.

Die Senatrix-Patricia von Rom und ihre Tochter Marozia machen einen kurzen Knicks, beugen das Haupt zum Kuss des Fischerrings am päpstlichen Mittelfinger und empfangen den Segen des Heiligen Vaters. Alle anderen, außer den Kardinälen, Bischöfen und den Familienmitgliedern des Theophylakt von Tusculum, müssen auf Knien den Saum des päpstlichen Gewandes küssen, um dem Stellvertreter Christi auf Erden Demut, Respekt und Unterwerfung zu bezeugen.

»Wo ist Euer werter Herr Gemahl, teure Theodora?«, erlaubt sich der Papst zu fragen. »Ist der durchlauchte Graf verhindert, zu meinem Krönungsbankett zu kommen?«

Die schönen dunkelblauen Augen der Senatrix blicken entschlossen. Sie ignoriert die Weinflecken auf dem päpstlichen Gewand und den beschwipsten Überschwang.

»Johannes!«, spricht sie ihn an. »Heiliger Vater! Nicht hier«, entschärft sie den Ton vor dem Inhaber des höchsten Kirchenamtes. »Ich habe mit Euch zu sprechen. Unter vier Augen. Wenn's genehm ist«, setzt sie streng hinzu. Es ist ein versteckter Befehl und glasklar, wer hier das Sagen hat.

»Marozia, du wartest bei den Gardisten, bis ich dich rufe.«

Die Tochter schlägt gehorsam die Augen nieder und deutet einen Knicks an. Sie hat verstanden. Die Mutter duldet keine Widerrede, schon gar nicht in Anwesenheit einer Person, die nicht der gräflichen Familie angehört.

Eine stumme päpstliche Geste weist Theodora den Weg zu einem Raum, wo die dringliche Angelegenheit ungestört vorgetragen werden kann. Die Wände haben Ohren im Lateran und in der Engelsburg.

Der Papst schließt die Tür und grinst verschmitzt, vom Geist des Weines angeheitert. »Ist es dir so dringlich, mit mir Liebe zu machen, liebe Theodora? Na bitte!«

Die Finger raffen das knöchellange Gewand, um die Geliebte für ein Liebesspiel einzuladen, die schon während seiner Kardinalszeit in Rom das Bett mit ihm teilte. Johannes ist im reifen Alter ein sehr anschaulicher Mann von beachtlicher Potenz geblieben.

»Allerdings …« Johannes hebt warnend die Hand mit dem Fischerring des Petrus. »Wie du siehst, mein Herzblatt, ich bin ein ganz klein wenig indisponiert.«

Ein unterdrückter Rülpser entfährt dem päpstlichen Mund. »Entschuldige. Tut mir leid. Ich – ich brauchte nämlich deine ausgesprochen virtuose und von mir höchst geschätzte Liebeskunst, um ihn hochzukriegen, liebste Theodora.«

Die Senatrix-Patricia von Rom wendet sich dem Papst zu. Der Blick der dunkelblauen Augen ist fordernd, zwingend, stechend, der Gesichtsausdruck entschlossen, ernst, die befehlsgewohnte Stimme unmissverständlich: »Ich bin gekommen, um dir ein Angebot zu machen, Johannes.«

Der päpstliche Mund verzieht sich zu einem breiten Grinsen. »Habe ich dir, meine Liebste, nicht gerade ein Angebot gemacht?« Er zieht das Gewand über die Knie, um den weiblichen Mund an seiner Männlichkeit zu empfangen.

»Lass das, verflucht!«, befiehlt Theodora unwirsch und verschränkt die Hände vor der Brust. »Hör mir zu! Es ist mir bitter ernst …«

»Mir auch, geliebte Theodora«, unterbricht er die attraktive Herrin Roms und des Laterans und grinst verschmitzt.

Sie macht drei rasche Schritte vorwärts, um die Ernsthaftigkeit zu unterstreichen, und klopft ihm verärgert auf die Finger. Das geraffte Gewand fällt über die Knöchel.

»Jetzt lass das, zum Teufel! Und hör mich an, verdammt noch mal, Johannes!«, faucht sie ihn an. »Ich bin nicht gekommen, um dich zu ficken! Ich bin gekommen, um dir ein Angebot zu machen. Ist das klar?! Oder bist du zu besoffen, um das zu begreifen?!«

Johannes' Gesichtsausdruck zeigt Enttäuschung, ein leichtes Schulterzucken, ein »Nun ja, dann sprich!«.

Theodoras schöne Augen funkeln. Die Wangen glühen

gleich denen einer Rachegöttin. Sie wendet sich ab, verschränkt die Hände vor der Brust und beginnt langsam auf und ab zu gehen, um die Gedanken zu ordnen. Bleierne Stimmung herrscht im Raum. Ferne Musik, schrilles Weiberlachen und vergnügliches Geschwätz dringen vom Bankettsaal herüber. Das Fress- und Saufgelage mit den nackten Dessertmädchen geht ohne den Heiligen Vater vonstatten.

Johannes schiebt sich kleinlaut von der Tür mit dem Rücken an der Wand zur Sitzbank und sinkt darauf nieder. Er weiß, trotz des Weingeists im Gehirn, er ist dem Wohlwollen Theodoras auf Gedeih und Verderb ausgeliefert. Viel Geld ist ins Kardinalskollegium geflossen, um ihn zum Papst zu machen, weil er ein Günstling Theophylakts und Theodoras Geliebter ist. Er passte von allen Geistlichkeiten am besten ins politische Machtkalkül der gräflichen Familie. Er weiß, Marozias jüngerer Bruder Adalbert ist ein Spion, der ihm als Generalhauptmann der päpstlichen Armee ins Nest gesetzt wurde. Johannes musste ihm den einflussreichen Posten geben.

»Was ich zu sagen habe, ist schnell gesagt«, meint Theodora, zum Thema kommend. »Die Sarazenen verwüsten das Latium. Die Barbaren rauben, plündern, sie müssen vernichtet werden! Theophylakt ist heute Abend in Begleitung eines größeren Truppenkontingents abmarschiert, um erste Maßnahmen zu ergreifen. Die Christen müssen endlich aufhören, sich in Italien gegenseitig zu bekriegen. Wir müssen den verfluchten Sarazenenhorden vereint entgegentreten. Wir müssen uns zu einem Militärbündnis zusammenschließen. Gemeinsam sind wir stark, die Heiden zu vernichten oder sie endgültig ins Meer zu treiben, damit im südlichen Italien wieder Ruhe einkehrt und die Moscheen wieder Kirchen werden. Byzanz soll sich dem Bündnis anschließen ...«

»Byzanz?«, wagt Johannes einzuwerfen. »Teure Theodora: Der Papst hat mit Byzanz schwerwiegende theologische Differenzen. Sie sind unüberbrückbar, meine Liebe.«

Die Senatrix hält in ihrem Gang durch den Raum inne. »Wer ist der schlimmere Feind, Johannes: Byzanz? Oder die Ungläubigen, die italienische Ländereien vor unserer Haustür verwüsten, Christen grausam abschlachten und alle köpfen, die nicht zum muslimischen Glauben konvertieren?«

Papst Johannes überlegt. »Byzanz ist genauso ungläubig, Theodora«, gibt er zu bedenken. »Sie haben sich vom wahren Glauben abgewendet. Sie sind Apostaten. Sie verdienen ebenfalls zu sterben. Die katholische Kirche ist der einzige Weg zu unserem Herrn Jesus Christus, zur Sündenvergebung und zur Auferstehung am Jüngsten Tag in die ewige Glückseligkeit. Byzanz hat zudem Soldaten in Italien stationiert. Das ist ein politischer Machtanspruch! Der Papst verbündet sich nicht mit Byzanz. Das wäre Blasphemie, meine Liebe.«

Beginnt Johannes X. bereits am Krönungstag einen eigenen Weg zu beschreiten, eine eigene Politik zu betreiben?

Theodoras ebenmäßig schönes Antlitz mit den charmanten Krähenfüßchen an den Augenwinkeln verfinstert sich, als würde ein graues Tuch darübergezogen.

»Johannes!«, ruft sie ihn warnend an. »Vergiss niemals, wer

dir die päpstliche Mitra aufs Haupt gesetzt hat! Wem du das Pontifikat verdankst! Ich verlange Kooperation, wenn du es behalten willst!«, droht die Senatrix unmissverständlich.

Seine Heiligkeit schweigt betroffen. Er ist ja bloß eine Marionette, eine Puppe, in den Händen der Theophylakts – nichts weiter!

»Also«, nimmt Theodora den Themenfaden wieder auf. »Wir werden ein militärisches Bündnis mit König Berengar (I.) von Italien und anderen Fürstenhäuptern schließen – auch mit Byzanz!«, betont sie ausdrücklich mit funkelnden Augen. »Es ist unser unbedingter Wunsch, dass du als Papst dieses Bündnis gegen die Sarazenen vorschlägst und vorantreibst, die marodierenden Ungläubigen in Latium zu vernichten. Du hast gute Kenntnis in der militärischen Truppenführung. Du wirst dich mit den Soldatenkontingenten, die wir«, Theodora meint ihren Herrn Gemahl und sich selbst, »dir zur Führung anvertrauen, diesem Bündnis anschließen und unter der päpstlichen Mitra kommandieren! Glaube mir, Kaiser Konstantin (VII.) von Konstantinopel, Patriarch Nikolaos Mysticos und König Berengar von Italien werden die päpstliche Bündnisbeteiligung anerkennen – und alle anderen Heerführer –, wenn es darum geht, die ungläubigen Muslime aus Italien zu vertreiben und im Kampf das Seelenheil zu erlangen.«

Theodora wendet sich dem Heiligen Vater zu. Sie schlägt vor, das Militärbündnis gegen die Sarazenen »Christliche Liga« zu nennen. Johannes soll den Aufruf an alle Fürstenhäupter

Süditaliens und an Konstantinopel mit dem päpstlichen Siegel beurkunden. Am Ende stünde ein gesiegeltes Vertragswerk aller beteiligten Kriegsparteien gegen die Sarazenen.

Johannes hat begriffen. Bedrücktes Schweigen. Bleierne Stille herrscht im Raum.

»Nun? Was sagst du zu diesem Vorschlag?«, drängt Theodora zu einer Antwort.

Der Papst blickt auf. »Das ist ein Vorschlag? Doch eher ein Befehl. Habe ich eine Wahl?«

Die Gefragte schüttelt das schöne Haupt und verneint.

Johannes atmet kurz auf und räuspert sich. »So wie ich dich, teure Theodora, und deinen werten Herr Gemahl kenne, habt ihr meinen päpstlichen Aufruf zur Gründung dieser »Christlichen Liga« bereits im Wortlaut aufgesetzt, nicht wahr?«

Über das ebenmäßig schöne Antlitz der Senatrix-Patricia von Rom huscht ein überführtes Lächeln. »Du brauchst das Dokument nur zu unterzeichnen und das päpstliche Siegel neben das Siegel der Theophylakts zu setzen«, bestätigt sie. »Die Theophylakts sind die Ersten, die dem päpstlichen Aufruf folgen und sich auf die Seite Deiner Heiligkeit stellen. Wir sind Rom! Und Rom schreitet voraus!«

Der Pontifex nickt stumm und gar nicht überrascht vor sich hin. Das also ist der Preis der päpstlichen Mitra. Eingefordert bereits am Abend des Krönungstages!

Die heitere Stimmung des Weingeistes verfliegt. Johannes fühlt sich elend und ausgeliefert. Das Papsttum ist ein Spielball weltlicher Macht.

Der Pontifex richtet sich auf. »Eine Frage: Weshalb rufen die Theophylakts nicht direkt zu diesem Bündnis auf?«

Theodoras schön geschwungener Mund, der hennarot leuchtet, zeigt ein fast mitleidiges Lächeln. »Mein lieber, geliebter Johannes!«, spricht sie's in einem Atemzug aus. »Die Theophylakts sind eine recht bedeutende politische Lokalmacht in Rom. Wenn wir zu einer ‚Christlichen Liga' aufriefen, dann entstünde sehr schnell bei den Fürsten der Verdacht, wir hätten Machtgelüste und wollten unseren Einfluss auf ihre Kosten auf Süditalien ausdehnen, wenn die Sarazenenhorden vernichtet sind. Deshalb muss der Papst es tun – im Namen der Christenheit, verstehst du? Der Pontifex ist neutral. Er macht eine politische Notwendigkeit zu einer christlichen Mission unter Gottes Segen. Zum eigenen Seelenheil!«

»Aha! Und habt ihr sie?«

»Was?«

»Machtgelüste?«

Die Senatrix ringt sich ein müdes Lächeln ab. »Meine Familiendynastie muss sich behaupten, sonst geht sie unter«, lautet die lakonische Antwort. Das war deutlich, klar.

»Du brauchst dich übrigens für die Unterzeichnung des päpstlichen Aufrufs nicht in die Engelsburg zu bemühen, Johannes«, unterbricht sie sein bedrücktes Schweigen. »Ich werde dir gleich morgen meinen Sekretär schicken, der alles Weitere regeln wird.«

Seine Heiligkeit nickt abermals stumm vor sich hin im erkenntnisreichen Gefühl ausgelieferter Machtlosigkeit.

Theodoras Wesen der mächtigen, kompromisslosen Senatrix und Patricia von Rom verwandelt sich in eine liebevolle, einfühlsame Frau. Es ist die helle Seite ihres Seins. Sie setzt sich mit gespreizten Beinen auf den Schoß ihres Geliebten und küsst ihn auf den Mund. Er erwidert den Kuss zuerst ein wenig widerwillig, dann leidenschaftlich. Seine Hände fahren unter ihrem Samtkleid die Beine hoch. Sie sind schlank und wohlgeformt. Theodora löst das Tuch, das unter dem Kinn die Kopfbedeckung und einen schulterlangen Schleier hält. Sie schüttelt das melierte dunkelbraune Haar lose. Schwere, üppige Locken wallen über Brust und Rücken. Theodora zählt auch im reifen Alter zu den schönsten Frauen Roms, die kein Männerauge verachtet. Auf einen Fingerschnipp hätte sie jeden schönen Mann im Bett – und das nicht wegen ihres Amtes als Senatrix und Patricia von Rom. Ihre beiden Töchter, Marozia und Theodora (II.), haben die Schönheit, den Reiz, den Charme, die Eleganz zweifellos von der Mutter geerbt – und vielleicht ihren unbeugsamen Willen und ein unbändiges Geschlechtsverlangen, wie es der zeitgenössische Chronist, Liutprand von Cremona, der Nachwelt überliefert.

Viele Kirchenleute verdammen den weiblichen Geschlechtstrieb als Teufelswerk, die Wollust als Todsünde und das Weib als ein generell verderbtes Wesen, das nur Ungemach verursacht, verführt und als »schwarze Hexe« Krankheiten über Mensch und Tier heraufbeschwört, Seuchen bringt, Unwetter und Überschwemmungen auslöst und Ernten vernichtet. Die Heilige Inquisition gibt es im 10. Jahrhundert noch nicht. Erst Papst Innozenz III. (1198–1216) setzt im Zuge des katharischen Albigenserkreuzzugs in Südfrankreich erste Inquisitoren ein. Papst Gregor IX. (1227–1241) kanonisiert die Inquisition zur Institution, die sich fortan mit schwarzer Magie, Zauberei, Hexenwerk und Teufelspakt beschäftigt, und überträgt sie offiziell dem Dominikanerorden ...

»Findest du mich noch immer attraktiv?«, gurrt Theodora zahm wie eine Taube an Johannes' Ohr.

»Du bist wunderschön. Du weißt, dass ich dich liebe, mein Herz.«

Seine Hand durchwühlt die schweren kühlen Locken, die verführerisch duften. Die Rechte mit dem Fischerring des Petrus am Mittelfinger massiert die Brust in Theodoras Gewandausschnitt. Ihr natürlicher Körpergeruch und ein teures Parfüm lassen Johannes' Männlichkeit anschwellen.

»Bin ich nicht zu alt für dich?«, will die Senatrix plötzlich wissen. Sie hebt den Saum des Kleides an. »Sieh, meine Beine! Die Haut ist welk. Ich habe Altersflecken, und hässliche Krampfadern treten hervor. Ich bin vierundfünfzig!«

»Ich bin ebenfalls vierundfünfzig, Liebste«, munkelt der Mann. Er bedeckt ihre Brüste und den Hals mit heißen Küssen. »Zusammen sind wir hundertacht Jahre alt! Na und?«

Theodoras vollen Lippen entweicht ein überrasches Lachen. Sie lehnt sich auf seinem Schoß sitzend zurück.

»Mein lieber, geliebter Johannes: Ich vermute, jüngeres Fleisch wäre dir vorzüglicher, nicht wahr?« Sie kneift schelmisch ein Auge halb zu, als ob sie es nicht ernst meinte.

»Was willst du damit sagen?«

»Genau das, was ich sage«, lautet die prompte Antwort. »Der schöne Körper eines Mädchens ist Gottes Werk, teure Theodora. Es wäre Blasphemie, ihn nicht zu lieben.« Es ist eine unerwartete Feststellung aus dem Mund eines Papstes.

»Ich habe in der Petersbasilika gesehen, dass du während der Heiligen Messe und der Krönung immer wieder auf Marozia schautest und sie auf dich«, wechselt die Senatrix abrupt das Thema. »Eine liebende Mutter spürt, was ihre Tochter empfindet. Sie mag dich gern – sehr gern! Vielleicht liebt sie dich sogar. Ihre Ehe mit Graf Alberich von Spoleto verläuft recht unglücklich. Aber die Liebe ist in einer Ehe unwichtig. Sie ist ein politischer Vertrag. Aber das weißt du ja, mein lieber Johannes.«

Theodora drückt die Hände auf seiner erregten Männlichkeit sanft auf und ab und schmunzelt verschmitzt.

»Soll ich sie dir zuführen?«, fragt sie aus heiterem Himmel. »Dann findet ihr heraus, ob sie dich mag oder vielleicht liebt.«

Johannes blickt Theodora verdutzt in die Augen. Er glaubt nicht, was er gerade gehört hat.

»Marozia soll die Geliebte des Papstes werden? Aber ich habe doch dich, meine Gute.«

»Dann hast du eben Mutter und Tochter als Geliebte«, lautet die Antwort kühn, als wäre es das Selbstverständlichste auf der Welt. Theodora drückt unverdrießlich Johannes' erregte Männlichkeit.

»Glaubst du, deine Potenz hält das aus? Soll ich Marozia rufen? Sie wartet draußen. Du kannst sie nehmen. Ich habe sie als Kurtisane ausgebildet. Sie beherrscht die Liebeskunst so gut wie ich – mindestens«, setzt die Senatrix überzeugt hinzu und lacht. »Ich finde, die Familie Theophylakt soll eine möglichst enge Bande zum Papsttum haben.«

Liutprand von Cremonas bissige Feder schreibt: »Die Marozia legt sich viele Male – man vermag es kaum zu zählen – zum Beischlaf mit dem Papst Johannes X. nieder – und gleichfalls die mächtige Senatrix und Patricia von Rom, Theodora, die Mutter! Die Todsünden der Völlerei, der Wollust, sogar die allerschlimmste aller Sünden, der Inzest, wohnen im Lateran. Die Verfehlungen könnten verderbter nicht sein, und die Huren des Klerus gehen ein und aus nach Belieben ...«

Marozia weiß, ihr schöner, geschmeidiger Körper ist eine Waffe, um jedes Mannsbild gefügig zu machen und zu halten. Die »Liebe« ist ein beinah unfehlbares Mittel zum Zweck. Genauso die Ehe. Sie ist eine Interessengemeinschaft von zwei Familien und ein Vertrag, um die Macht eines argen Feindes zurückzubinden. Weder das eine noch das andere hat das Geringste mit der Liebe zu tun, wie sie die Töchter im Herzen ersehnen.

Marozia hat nie aufgehört, ihre Jugendliebe Alexander zu lieben. Das Gefühl schlummert tief im Herzen vergraben.

Nur eine Person weiß Bescheid: die Amme und das Kindermädchen in Personalunion: die gute Aglaia. Sonst keiner. Vielleicht nicht einmal Alexander selbst, der irgendwo lebt oder überhaupt nicht mehr lebt. Marozias geheime Liebe ist ein streng gehütetes Geheimnis. - -

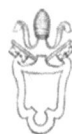

Es gibt in Latium zwischen den weit verstreuten Weilern und Dörfern und zahlreichen römischen Ruinen viel Weideland für die Rinder, Schafe und Ziegen und fruchtbare Felder und Äcker. Sie werden von leibeigenen Bauern und Sklaven bewirtschaftet, die einem lokalen Adelsherrn dienen, der sie zwar ausbeutet, aber immerhin vor umherstreifenden Räubern und Mörderbanden beschützt.

Minturno ist eine römische Gründung. Das Städtchen liegt auf einem Hügel am Fluss Garigliano, achtzehn Kilometer landeinwärts der Mündung in den Golf von Gaeta des Mittelmeers nördlich von Neapel. Muslimische Heere plünderten und verwüsteten den Flecken bereits 883. Die Lokalherren hatten mit ihren wenigen Soldaten und Söldnern keine Chance. Ihre Wohntürme (Burgen gab es noch nicht, wie wir sie kennen) und Holzfestungen auf steinernen Aufmauerungen nahm man im Handstreich und schliff sie gehörig. Seither ist das umliegende Gebiet Sarazenenland.

Die einheimische Bevölkerung flüchtet bei den Beutezügen jeweils in die nahen Hügel, die heute Monte Aurunci heißen, deren höchste Erhebung der 1533 Meter hohe Monte Petrella ist. Die Menschen kehren erst wieder zurück, um ihre Häuser und Existenzen wiederaufzubauen, nach dem Rückzug der Sarazenen in ihre Hauptfestung »Kairuan« und an die Küste. Die Bauernhöfe, Weiler und Dörfer werden arg ausgeplündert, aber nicht zerstört. Alle, die den Überfällen nicht entwischen können oder Widerstand leisten, werden gefangen genommen und vor die Wahl gestellt, zum Islam zu konvertieren oder zu sterben. Wenn sie sich weigern, köpft man sie. Kleine Kinder und schöne Mädchen werden mitgenommen und auf dem Sklavenmarkt verkauft – wenn man sie nicht für den Eigenbedarf benötigt.

Die Sarazenen tauchen immer unvermutet und überfallartig auf. Sie drangsalieren die einheimische Bevölkerung. Die muslimischen Fürsten haben sehr schnell begriffen, dass es besser ist, die ungläubigen Christen nicht einfach umzubringen, sondern als Sklaven für sich arbeiten zu lassen, mit harten Steuern zu belegen und diese kompromisslos einzutreiben – weil es Allah so gefällt! Sie schlachten das Vieh nicht mehr sinnlos ab oder streuen Salz auf die Äcker und Felder. Wenn man die Existenzgrundlage der Unterworfenen zerstört, können sie nämlich keine Steuern bezahlen; also lässt man ihnen das Nötigste zum Leben. Allahu akbar! Gott ist groß!

Claudia und Linus hüten ihre Schaf- und Ziegenherde an den sanft abfallenden Hügelhainen des Monte Aurunci. Der Ausblick auf die Flussebene des Garigliano ist überwältigend. Man kann bei klarem Wetter sogar das Meer sehen. Rudimentäre Palisadenzäune und aus Bruchsteinen aufgeschichtetes Wehrgemäuer schützen das auf einer Kuppe thronende Minturno. Der Wohnturm des lokalen Herrn ist das einzige stabile Gebäude, das einem sarazenischen Angriff einige Zeit standhalten kann. Das Stadttor ist offen. Karren und Fuhrwerke fahren ein und aus. Kleinhändler, Bauern, Mägde, Knechte und sonstiges Gesinde sind zu Fuß unterwegs. Sklaven bestellen unter der brennenden italienischen Sonne die Äcker und Felder und arbeiten emsig auf den Gehöften.

Die von Rom nach Capua führende Via Appia ist ein schmaler Strich in der Landschaft. Die während der Römerzeit sehr verkehrsreiche Militär- und Handelsstraße ist im 10. Jahrhundert verfallen. Gräser und Unkräuter wuchern aus den Fugen der abgelaufenen und verwitterten Steine. Der lokale Adelsherr von Minturno hat kein Geld, die durch sein Gebiet verlaufende Strecke zu restaurieren. Wer die antike, hier und dort von umgestürzten Säulen und ruinenhaftem Gemäuer gesäumte, kaum vier Meter breite Straße benützt, muss trotzdem einen Wegzoll bezahlen. Wer militärischen Schutz gegen Räuberbanden beansprucht, muss ein paar Münzen im Beutelchen haben. Die wenigen Soldaten können einen gut organisierten Überfall von Wegelagerern kaum erfolgreich abwehren. Pilgerzüge, die von Süden kommen und in die »Ewige Stadt« ziehen, bleiben trotz Entrichtung einer Schutzgebühr meistens ohne Begleiteskorte. Der lokale Herr braucht die wenigen Soldaten und Söldner für die Bewachung seines Wohnturms, des Stadttors und die kleine Festung »Baron Castell« im Innern des Städtchens und will ihr Leben keinesfalls dem Räuberwesen und schon gar nicht den umherstreifenden Sarazenenpatrouillen opfern. Diese kontrollieren ganz Latium und tauchen plötzlich auf, um die Leute zu drangsalieren. Das »Baron Castell« war einst ein römischer Wachturm gewesen. Er beherbergte eine kleine Besatzung, die die vorbeiführende Via Appia sicherte. Ein Lokalfürst baute die Ruine im 9. Jahrhundert zu einer kleinen Festung um, die jetzt Minturno von innen verteidigt und dem adligen Herrn eine zweite Fluchtburg bietet. Es gibt in der Nähe ein antikes Theater und eine beachtliche Strecke eines römischen Aquädukts. Er ist gleichfalls eine Ruine, an einigen Stellen eingebrochen und funktionsuntüchtig …

Claudia und Linus haben für die schöne Aussicht und die antiken Überreste in der Gegend kein Auge. Das Mädchen versteckt sich kichernd hinter einer kannelierten Säulenreihe, die von Sturm und Erdbewegungen umstürzte. Die losen Säulentrommeln liegen im tiefen Gras am Hügelfuß, wo einst ein Megaron stand, von dem ein erodiertes Gemäuer zeugt.

Linus hat Claudia schnell gefunden. Sie entzieht sich ihm spielerisch und springt lachend weiter. Der Knabe hat sie rasch eingeholt und eingefangen. Beide fallen übermütig ins Gras. Sie sind noch Kinder, gerade zwölf und dreizehn Jahre alt. Sie berühren sich gern und schmusen ansatzweise, weil es wunderbar schön für die erwachenden Gefühle ist. Linus sitzt über dem Mädchen und drückt die Arme ins kühle weiche Gras.

»Hab ich dich! – Ergib dich! – Keine Chance, wegzuspringen!«

Claudia reckt und windet sich unter seiner sanften spielerischen Kraft.

»Ich lass dich sofort los, wenn du mir sagst, dass du mich liebst«, schnurrt der Bursche wie ein Kater auf Werbetour bei einer Katze.

»Das Mädchen liegt jetzt ganz still und blickt Linus in die Augen.

»Das sage ich dir, wenn du mich loslässt«, lächelt ihr geschwungener Mund.

»Willst du mein Weib werden, Claudia Maria Rizzi?«

Natürlich möchte Claudia Maria Rizzi Linus' Frau werden! Aber das kann sie noch nicht zugeben. Es ist ein Liebesspiel, um die gegenseitigen Gefühle für das andere Geschlecht zu erkunden.

Das Mädchen mit dem langobardischen, hellen Habitus versucht, sich der sanft niederhaltenden Kraft zu entwinden. Linus hält dagegen.

»Zuerst lässt du mich, Linus! Dann sage ich's dir.«

»Versprich's mir!«, gurrt er wie eine Taube im Bewerbungstanz.

»Jetzt lass los! Sofort! Oder ich sage es meinem Vater«, meint Claudia etwas unwirsch.

»Ja, sag es deinem Vater, dass wir uns versprochen haben und heiraten wollen.«

Der Knabe lächelt und küsst das Mädchen zärtlich auf Schulter und Hals.

Claudia wehrt sich erneut, diesmal ernsthafter und vehement. Das Herzgefühl wechselt in die andere Richtung.

»Nicht doch! Jetzt lass mich endlich los, Linus!«

»Nein!«

Die Abwehrhaltung Claudias erstarrt nach vergeblicher Gegenwehr. Das lange üppige Haar, das unter dem Hirtenhäubchen hervorquillt, liegt ausgebreitet im hohen Gras.

»Wenn du mich loslässt, dann sag ich's dir. Wirklich!«

»Ganz sicher? Versprochen?«

Das junge Mädchen nickt, und Linus hält Wort.

Claudia springt flink auf die Beine, rafft den knöchellangen Rock und lächelt verführerisch. »Aber zuerst muss du mich fangen!«, neckt sie schelmisch. Husch! Weg ist Claudia! Der Bursche steht einen Augenblick verdutzt da.

»Warte, ich krieg dich, Claudia Maria Rizzi!«, sagt er zu sich selbst und stürmt ihr nach.

Beim Aquädukt hat er das fesche Mädchen eingeholt. Aber Claudia Maria Rizzi lässt sich nicht leicht fangen. Sie ist flink, hat schnelle Füße, entwindet sich seinem Griff immer wieder und rennt kichernd weiter. Verliebte müssen sich necken, lachen, springen. Spielerisch fallen sie zwischen die Sträucher, die die hohen Stützpfeiler der Aquäduktbögen umwuchern. Das kindliche Liebespaar ist im siebten Himmel ...

Claudia horcht plötzlich auf.

»Was ist denn?«, fragt Linus irritiert.

»Was war das?«

»Was war was?«

»Das Horn!«, stellt das junge Mädchen fest. »Ich habe das Alarmhorn vom Wohnturm unseres adligen Herrn gehört!«

Linus' breiter Mund wird noch breiter. »Ich habe nichts gehört. – Och, du willst mich doch nur wieder necken, du ungezogenes, freches Ding, du!« Er lacht schelmisch.

Ein Hornsignal dringt jetzt tatsächlich durch das laute Zikadenkonzert vom Städtchen herüber, dieses Mal vom »Baron Castell«.

»Sieh!« Claudia weist flussabwärts. Eine beachtliche Reiterei nähert sich zügig. »Sind das Räuber? Oder Sarazenen?«

Linus kneift die Augen wie ein Seemann zusammen, der den Blick über das weite Wasser schweifen lässt, um einen fernen Feind auszumachen. Es seien Sarazenen! Ungläubige! Heiden!, bestätigt der Bursche Claudias Vermutung.

»Herr Jesus! Heilige Jungfrau Maria! Unsere Herden!«, merkt das Mädchen erschrocken auf. Es eilt los, der Reiterschar entgegen. Mutig? Oder eher kopflos?

»Nein! Nicht! Claudia!«, warnt Linus das Mädchen. Zu spät!

Reiter treiben Claudias und Linus' friedlich weidende Schafe und Ziegen zusammen: eine lohnende Beute!

Claudia rennt den Sarazenen direkt in die Arme. Sie versucht, die arabischen Räuber von ihrem verbrecherischen Tun abzuhalten. Die Herden sind neben den Früchten des Feldes, der Äcker und der Bäume die Existenzgrundlage der bäuerlichen Familien. Umsonst! Was kann ein kleines Mädchen gegen bewaffnete Sarazenenkrieger ausrichten?

Claudia wird schnell niedergerungen und sofort vergewaltigt, als die Männer feststellen, dass der herbeigeeilte Hirte eine Hirtin ist, die den Raub der Tiere verhindern will – und die Hirtin ist kein altes verrunzeltes Weib, sondern ein junges schönes Mädchen, das gerade zur Frau wird.

Linus beobachtet das schändliche Geschehen. Die Wut im Bauch steigt hoch. Er zieht den Dolch. Kopflos spurtet er los, als ob er mit dem gezückten Messer die Schurken von ihrem schändlichen Tun abhalten könnte! Linus kann einen Sarazenen am Arm verletzen. Dann wird er niedergehauen und tödlich verletzt.

Claudia schreit und zappelt. Sie kratzt dem Araber, der auf ihr liegt und in sie eindringen will, das Gesicht blutig. Er kann froh sein, dass die Fingernägel die Augen verfehlen. Das Mädchen rammt den Fuß mit aller Kraft in seinen Unterleib. Der Vergewaltiger schreit auf und sinkt halb bewusstlos vor Schmerz nieder.

Claudia schlägt wild um sich und reißt sich los. Sie wirft sich auf Linus, weint und kreischt und schüttelt den Blutüberströmten. Der Schwerthieb traf ihn so schwer, er verhaucht das Leben unter ihren heißen Tränen und der verzweifelten Umarmung.

Im nächsten Moment sind die Sarazenenkrieger da. Sie reißen das Mädchen grob von der Leiche weg, um ihm den Garaus zu machen.

»Lasst ab von ihr!«, ergeht der Befehl des Truppenführers hoch zu Ross. »Wenn ihr sie verletzt, bringt die Kinderhure weniger Geld auf dem Sklavenmarkt! Und den dort«, eine Kopfbewegung deutet auf Linus, »den lasst ihr verrotten! Die Leiche sei dem Rebellenpack eine Warnung! Jetzt treibt die Steuern auf den Gehöften ein! Allahu akbar!«

Claudias und Linus' Herden werden beschlagnahmt und weggetrieben. Die Reiterei bestürmt nach dem unerheblichen Zwischenfall mit zwei Kindern die Bauernhöfe und Weiler. Wer sich weigert, die geforderten Naturalien, sprich Steuern, abzuliefern, den trifft das Schwert, dessen Haus wird unbarmherzig abgefackelt, und dessen Töchter, Mägde und Eheweib ereilt das gleiche Schicksal wie Claudia Maria Rizzi. Das Hirtenmädchen ist unverletzt, aber geschändet und innerlich gestorben.

Der Adelsherr beobachtet auf dem Turm das verbrecherische Treiben. Er ist machtlos, den Sarazenen Einhalt zu gebieten. Er hat dafür viel zu wenig Soldaten. König Berengar (I.) von Italien schickt trotz etlichen Bittrufen keine Verstärkung. Seine Majestät benötigt die Soldaten für seine eigenen Unternehmungen. Der Herr von Minturno lässt das Stadttor schließen. Er hofft, dass die arabischen Horden den Flecken von ihren Raubzügen, die sie »Steuereintreiben« nennen, unversehrt lassen und weiterziehen …

Die Gesandten von Papst Johannes X. reisen inkognito durch Latium. Sie sind zu Pferde. Normalerweise reisen sie in Kutschen, die das päpstliche Wappen tragen, und mit einer Begleiteskorte. Das gebietet Ehrfurcht, Respekt und erlaubt ohne Wegzoll und lange Wartezeiten ein rasches Vorwärtskommen. Nicht auf Sarazenengebiet! Sie kleiden sich zivil und haben ihre Legitimationsringe, Amtsmedaillons und Dokumente an den unmöglichsten Orten versteckt. Ihre Aufgabe ist es, lokale Fürstenhäupter und Adelsherren unter dem päpstlichen Banner gegen die Sarazenen zu vereinigen, wie es von Theophylakt und seiner Gemahlin Theodora veranlasst wurde. Jeder weiß das. Keiner spricht darüber. Der Papst wird bloß vorgeschoben.

Die achtköpfige Reiterei beobachtet die schreckliche Barbarei der Sarazenen vom Pinienwäldchen aus, das auf dem nahen Hügelzug steht.

»Wir können nichts gegen diese marodierenden Ungläubigen tun«, sagt er Anführer der kleinen Delegation traurig. »Möge Gott den armen Seelen gnädig sein!«

Der Mönch in der Gruppe schlägt das Kreuz über den brennenden Gehöften und ausgeraubten Weilern. Es herrscht die bare Verzweiflung. Man überlässt den Bauern wenigstens die Schweine. Die Muselmanen verabscheuen deren Fleisch, das ihre Schwerter besudelt. Den Bauern droht der Hunger bis zur Erntezeit, und spätestens dann kommen die Sarazenen wieder, um ihre Steuerforderungen einzutreiben.

Der Delegationsführer nimmt die Zügel auf. »Kommt, wir haben genug Elend und verbrecherische Taten der Ungläubigen gesehen«, meint er ergriffen. »Wir haben den Befehl des Heiligen Vaters, jedem Ungemach aus dem Weg zu gehen. Wir wollen den Herrn von Minturno und den Herrscher Johann (I.) von Gaeto überzeugen, der »Christlichen Liga« gegen diese grausamen Barbaren beizutreten, die Gott verdammen möge. Unsere Mission darf nicht gefährdet werden.«

Die päpstlichen Gesandten Johannes' X. geben den Pferden die Sporen und reiten weiter. Sie verschwinden im Pinienwäldchen auf dem nahen Hügel.

Es ist nicht nur eine päpstliche Delegation in Latium unterwegs, es sind mehrere. Die Zeit drängt, um den Sarazenenhorden endlich Einhalt zu gebieten und ein Scheitern der »Christlichen Liga« durch vorzeitige Entdeckung zu vermindern. Ein Kurier meldet in Rom direkt dem Papst, wenn ein weiteres Fürstenhaupt mit Unterschrift und Siegel der Allianz beigetreten ist.

Und was der Papst erfährt, weiß sehr schnell Theodora, die Herrin von Rom, die im Senat die Regierungsgeschäfte führt und in der befestigten Engelsburg residiert. Johannes' Amt und Würde auf dem Stuhl Petri, ja sein Leben ist von einem tadellosen Meldefluss abhängig! Zu viele Päpste sind abgesetzt oder in den Kerker geworfen worden. Manche sind einfach verschwunden oder plötzlich verstorben. Marozia, neuerdings die päpstliche Geliebte, ist das wachsame Auge und Ohr ihrer Mutter für Johannes' Tun und Lassen und andere kirchliche Angelegenheiten.

Marozia betritt das Gemach des Gatten in der Engelsburg.

»Ich weiß, dass du seit geraumer Zeit den Papst vögelst, mein teures Eheweib!«, schleudert's Graf Alberich von Spoleto seiner Gemahlin geradewegs an den Kopf. »Kommst du jetzt ofenwarm aus dessen Bett? Oder kommst du von Theodora, deiner Mutter, der du alles gehorsam rapportierst?«

Was für eine Begrüßung! Marozia gibt sich unbeeindruckt. »Ich sehe, und es freut mich, dass es meinem Herrn Gemahl besser geht«, ignoriert sie den üblen Anwurf, der einer Dame von Marozias Rang und Namen unwürdig ist. »Es scheint, die Kräuterfrau hat das Fieber kuriert und deine alte Kriegsverletzung geheilt, sodass du wieder das Schwert führen kannst, mein Gatte.«

Alberich schwingt die scharfe Klinge durch die Luft. Er übt Kampfparaden, um die Kraft der Hand und des Armes wieder auf Vordermann zu bringen. Dabei haut er einen Scherenstuhl in der engen Kammer versehentlich in Stücke.

»Die Kräuterfrau war wahrlich eine gute Idee von Aglaia, meine Liebe«, stellt Alberich fest. »Aber die alte Kraft ist noch nicht zurückgekehrt, um sarazenische Schädel mit einem Hieb zu spalten.«

Die blanke Schwertspitze stoppt wenige Zentimeter vor Marozias schlankem Hals. Die Frau weicht keinen Millimeter und blickt dem Gatten unerschrocken in die Augen. Er würde sie niemals verletzen, schon gar nicht töten. Marozia bleibt von der angedeuteten Attacke unbeeindruckt. Es wäre Alberichs Untergang, wenn Theodoras Rachezorn ihn träfe. Eine bleierne Stille herrscht für ein paar Sekunden im Gemach.

Graf Alberich setzt mit einem Ruck die scharfe Klinge ab und dreht der Gattin den Rücken zu.

»Ich werde in wenigen Tagen abreisen, meine Gute«, kommt er auf den Punkt. »Ich folge dem päpstlichen Aufruf zum Krieg gegen die verfluchten Sarazenen und schließe mich mit meinen Leuten der ‚Christlichen Liga' an. Ich werde König Berengar von Italien unterstützen.«

Alberich wendet sich Marozia zu und grinst. »Hast du etwas dagegen, mein ungetreues Eheweib?«

Die Gefragte bleibt die Antwort schuldig, denn der Graf spricht weiter: »Wenn ich weg bin, dann kannst du das Päpstlein jede Nacht ungestört ficken und darauf hoffen, dass ich im Kampf bald falle. Ist der Hurenbock nicht zu alt für dich?«

»Was kümmert's dich?«, stellt Marozia provozierend fest. »Wir lieben uns ja nicht. Unsere Ehe ist eine Farce, ein politischer Vertrag, den meine Eltern beschlossen haben – falls du das noch nicht gemerkt hast. Ich tue lediglich meine Pflicht. Wir sollten uns trotzdem nicht hassen oder schikanieren«, setzt sie unwirsch hinzu.

»Oh, ich hasse dich doch nicht, meine gute Marozia«, schwächt Alberich die herbe Feststellung ab. »Du hast mir immerhin einen legitimen Sohn geschenkt. Und ich habe deinen päpstlichen Bastard anerkannt, wenn auch nicht erbberechtigt. Ich liebe dich nicht, aber ich hab dich gern,

Marozia. Wirklich! Gern!«, betont er milde. »Wer weiß? Vielleicht wird noch Liebe daraus? Wisse, ich stehe zu dir als dein Mann, und du bist mir das pflichtbewusste Eheweib …«

»… das die Beine breit macht, wann und wo es dir beliebt, gewiss«, bestätigt Marozia mit funkelnden Augen.

Ein Lächeln der Genugtuung huscht über das Gesicht des Grafen. »Kann ich mehr verlangen, meine Teure?«

»Nein, das kannst du nicht«, bestätigt sie prompt. Dann entspannt sie sich sichtlich. »Wo sind meine Kinder?«

Alberich von Tusculum nimmt das Schwert wieder auf und schwingt die scharfe Klinge durch die Luft; es hätte donnern müssen.

»Ich nehme an, mein Alberich (II.) und dein Johannes sind in Aglaias Obhut«, erwidert er lakonisch.

Marozia wendet sich ab und geht.

»Ich wünsche meinem Gatten eine gute Reise zum König von Italien«, sagt sie unter der Tür pro forma über die Schulter. »Und bitte! Übermittle Seiner Majestät die besten Grüße und das höchste Kriegsglück von Marozia und der hochehrwürdigen Theodora, der Senatrix-Patricia von Rom. Wirst du das tun, mein teurer Ehemann?«

Graf Alberich hebt die blanke Klinge vor die Stirn und verspricht's. - -

Alle Fäden der geschmiedeten »Christlichen Liga« laufen bei Papst Johannes X. in Rom zusammen. Theodora und Marozia sind überrascht, wie schnell sich plötzlich die adligen Herren in Süditalien zu einer Allianz zusammenraufen. Normalerweise befehden sie sich unversöhnlich bis aufs Blut und führen Kriege gegeneinander. Das Joch der Sarazenen muss hart und drückend sein. Ein wesentlicher Faktor ist der verbürgte Segen Gottes und das Seelenheil im Paradies, wenn es gegen verruchte Ungläubige geht und der Heilige Vater höchstselbst die Truppen anführt. Natürlich passiert der Zusammenschluss nicht ganz uneigennützig: Jeder will insgeheim das größtmögliche Kuchenstück ergattern und den persönlichen Machteinfluss auf Kosten des anderen ausbauen, wenn die Sarazenen getötet oder vertrieben sind.

Erste Kämpfe finden im Norden Latiums statt. Marodierende Sarazenenhorden werden aus dem Hinterhalt überrascht und abgeschlachtet. Blutige Gefechte finden bei Campo Baccano, auf der Via Cassia und vor den Städtchen Tivoli und Vicovaro statt. Es sind die schwersten Niederlagen, die die Sarazenen erleiden. Spätestens jetzt realisieren die arabischen Hauptleute, dass sie es mit militärischem Widerstand und gut ausgerüsteten Armeen zu tun haben: der »Christlichen Liga«!

Papst Johannes nimmt den schwer angeschlagenen Truppen die gesamte Beute wieder ab, die sie gerade unbarmherzig als Steuerforderungen eingetrieben haben, und erstattet sie umgehend den Bauern und der Stadtbevölkerung zurück. Die Leute strömen von den Gehöften und den Dörfern herbei und bejubeln den neuen Papst, seine Truppenkommandanten und die Soldaten. Man veranstaltet spontane Volksfeste zu Ehren des Heiligen Vaters, der durch die militärischen Erfolge enorm an Popularität gewonnen hat. Die Menschen singen, musizieren, tanzen und lachen, das drückende Steuerjoch endlich loszuwerden. Die lokalen Adelsherren werden es ziemlich schnell durch ihr eigenes ersetzen. Und das Kriegsglück kann sich sehr schnell wenden.

Die Truppen unter dem päpstlichen Oberbanner machen keine Gefangenen. Die Sarazenen, die sich ergeben, werden jetzt umgekehrt vor die Wahl gestellt, entweder zum Christentum zu konvertieren oder zu sterben. Sie alle wollen für Allah als Märtyrer ins Paradies eingehen, wo auf jeden Krieger zweiundsiebzig Jungfrauen warten. Die gefangenen Hauptleute ertragen den öffentlichen Spott der Leute mit stoischer Ruhe. Sie werden angespien, mit Füßen getreten, geohrfeigt, man reißt ihnen die Turbanhelme von den Häuptern und bewirft sie mit Unrat und Abfall. Einige Bauern zwingen sie, Schweinefleisch zu essen. Sie drücken ihnen Speckschwarten in die Mäuler. Man übergießt sie mit flüssigem Schweinekot und bedroht sie mit geifernden Hunden.

Das geschieht unter den Augen des Heiligen Vaters. Ungläubigen Gnade zu gewähren ist ein Frevel, ja eine arge Sünde. Gott hat die Muselmanen längst verdammt. Die christliche Nächstenliebe ist da dispensiert.

Johannes' päpstliche Hand mit dem Fischerring am Mittelfinger gibt das Zeichen. Der lokale amtliche Scharfrichter tritt vor. Dreiundsechzig sarazenische Offiziere und Unteroffiziere knien mit gesenkten Häuptern auf dem Acker. Jeder Einzelne murmelt »Allahu akbar«, wenn sich des Henkers gewaltiges Schwert hebt und die scharfe Klinge einen Moment später den Kopf vom Hals abtrennt. Auge um Auge, Zahn um Zahn! So steht es in der Bibel. Dreiundsechzig Köpfe rollen nacheinander. Das ist für den Scharfrichter Schwerarbeit. Seine Heiligkeit höchstselbst belohnt den Vollzug mit reicher Münze. Die lokale Bevölkerung wird den Acker noch dreihundert Jahre später »Blutacker« nennen.

Die Sarazenen unterhalten zahlreiche Militärstützpunkte in Latium und den angrenzenden Gebieten, von wo aus sie die Einheimischen tyrannisieren. Es sind Sammelstellen für die eingefahrenen Tribute und die versklavten Gefangenen, bevor man sie in die zentrale Festung »Kairuan« oder direkt an die Küste bringt, um sie in Sizilien oder in Nordafrika auf dem Markt zu verkaufen. Diese Garnisonsstützpunkte müssen von der »Christlichen Liga« zuerst erobert und vernichtet und die Nachschublinien unterbunden werden. Spione und Kundschafter berichten Papst Johannes X. und seinen Feldhauptleuten laufend über die sarazenischen Verbindungsaktivitäten, die Truppenstärke einer Besatzung und die Schwachstellen der von Palisaden gesicherten Festungen und deren Bewachungsorganisation. Das feurige Inferno bricht meistens tief nachts oder bei schlechter Witterung über die Sarazenen herein. Die Wachen werden im Schlaf überrumpelt und niedergemacht, wenn sie beten oder sich vom Regen unter die Bedachungen zurückgezogen haben.

Einige Stützpunkte nimmt man mit List im Handstreich. Man gelangt mit erbeuteten Soldatenuniformen als Verstärkungseinheit in eine Feste oder als arbeitswillige Untertanen getarnt, die Nachschub und Dirnen in den Stützpunkt bringen. Kein arabischer Krieger ist weiblichen Reizen abgeneigt. Dann schlägt man plötzlich zu, zieht die Waffen, metzelt die Tormannschaft nieder, besetzt die Bewachungstürme und die Laufstege auf den Palisaden, die heranstürmende Kavallerie erledigt dann den Rest. Die entführten Mädchen, Frauen und männlichen Geiseln werden vom Sklavenjoch befreit und nach Hause geschickt. Unter ihnen befindet sich ein außerordentlich schönes Mädchen, das Claudia Maria Rizzi heißt. Viele Burschen schließen sich den Landsknechten der »Christlichen Liga« an, weil sie sich an ihren Peinigern rächen wollen. Hass und Rache seien ein gutes Kampfmotiv, meint der Heilige Vater.

Papst Johannes hat drakonische Strafen auf Vergewaltigung, Raub und eigenmächtige Brandschatzung erlassen, um die Allianz bei der Landbevölkerung nicht unbeliebt zu machen. Fällt es einem ein, ein Mädchen zu vergewaltigen, und sei es die geringste Magd, wird ohne Unterschied auf Rang und Namen kastriert oder bis zum Tod an den Hoden aufgehängt. Die Schwänze müssen in den Hosen bleiben. Die militärische Disziplin wird eisern durchgesetzt. Feuerpfeile und Schleuderbrandgeschosse lassen einen eroberten

Stützpunkt in lodernde Flammen aufgehen. Es bleibt nichts als Schutt und Asche übrig.

Die Truppen unter dem päpstlichen Oberbanner sind nicht immer siegreich. Sarazenische Gegenangriffe fügen ihnen herbe Verluste an Mensch und Kriegsmaterial zu. Aber Gott ist mit Seiner Heiligkeit. Das hält die Moral in den eigenen Reihen hoch.

Die umliegenden Klöster nehmen die Verwundeten auf. Mönche und Nonnen sind die Einzigen, außer den heillos überforderten Truppenärzten, die der »vormittelalterlichen« Medizin und Krankenpflege mächtig sind. Sie tun es freiwillig – aus christlicher Nächstenliebe – und nicht auf päpstlichen Befehl, auch wenn kriegsverletzte Sarazenen versorgt werden.

Johannes besucht in den Kampfpausen die frommen Klostergemeinschaften höchstselbst. Äbte und Äbtissinnen werfen sich vor Seiner Heiligkeit in den Staub, um den Segen des Stellvertreters Gottes auf Erden zu empfangen. Ein paar Spendenmünzen nehmen sie dankbar entgegen. Der Heilige Vater stellt manche Klöster unter seinen päpstlichen Schutz und siegelt großzügig Landschenkungen, Ländereien, die ihm gar nicht gehören. Johannes X. lebt in seinem Innern die Idee der »Zwei-Schwerter-Theorie«, ausgedacht und formuliert von Papst Benedikt III. (855–858). Es ist der übersteigerte Gedanke eines »Papstmonarchen«, vom weltlichen Oberhaupt und Fürsten und eines angeblich durch Jesus Christus auf Petrus übertragenen Fürstentums. Der Papst sei in der Tat der legitime Nachfolger der römischen Cäsaren, ganz im Geiste der »Konstantinischen Schenkung« und der »Decrales Pseudo-Isidorianae«, die erst in der Renaissance des 15. Jahrhunderts als die größte Geschichtsfälschung aller Zeiten von den Kardinälen Juan de Torquemada und Nikolaus von Cues unwiderlegbar entlarvt wurden. Der Akzent lag auf weltlichem Landbesitz und auf dem päpstlichen Jurisdiktionsprimat. Papst Pius IX. (1846–1878), dessen Unfehlbarkeitsdogma aus diesen Fälschungen den größten Vorteil zog, lobte ausdrücklich die Autoren, die noch nach 1870 an diesem dreisten Geschichtsbetrug festhielten. Es war Pius IX., der 1854 das Dogma der »unbefleckten Empfängnis Mariens« verkündete.

Papst Johannes X. tut also nichts weiter als das, was seine Amtsvorgänger für sich reklamierten. Weshalb legten denn Theophylakt und Theodora das Oberkommando der »Christlichen Liga« in seine Hände? Johannes amtet als Papst und als Fürstmonarch und Feldherr! Er ist vielmehr Fürstmonarch und Feldherr als Papst – wenigstens im Geist und im Herzen.

Im Kampf gegen die Sarazenenstützpunkte nehmen bis anhin Guaimar II. von Salerno teil sowie Johann I. und sein Sohn Docibilius von Gaeta, Gregor IV. und sein Geblüt Johann II. von Neapel und Landulf I. von Benevento. Unter Papst Johannes X. direktem Kommando stehen die gut bewaffneten Milizen aus dem Latium, der Toskana (Tuszien) und der Stadt Rom. Wer fehlt, sind die Byzantiner und die

Armee König Berengars I. von Italien. Sind sie feige Drückeberger, die am Ende ohne ihr eigenes Zutun ein Stück vom Kuchen für sich abschneiden wollen?

Ihre Heere sind unverzichtbar, wenn »Kairuan«, die Hauptfestung der Sarazenen, genommen und die gut verteidigte Küste Latiums erobert werden sollen. Johannes hat für solche Unternehmen zu wenig Soldaten. Herbe Rückschläge wären zu befürchten, die alle errungenen Erfolge zunichtemachen könnten. Viele seiner Soldaten wären umsonst im Kampf gefallen. Losgeschickte Kuriere kehren nicht ins päpstliche Hauptquartier zurück. Sie sollten die edlen Fürstenhäupter an die vertraglich vereinbarten Verpflichtungen erinnern.

Die Nerven liegen blank. Die militärischen Siege sind auf Messers Schneide. Spione und Kundschafter berichten, die Sarazenen bereiteten sich auf der Hauptfeste »Kairuan« und vom Meer her zu herben Gegenschlägen vor. Eine Flotte von hundert Schiffen sei von Sizilien und Nordafrika unterwegs. Sie transportierten Soldaten, Kriegsgerät und reichen Nachschub. Die Sarazenen gäben sich noch lange nicht geschlagen. Im Gegenteil! Sie planten eine Invasion ins Latium! Der Gott Allah kämpfe auf ihrer Seite.

Der Papst höchstselbst zelebriert eine Bittmesse auf dem Feld. Gott der Herr möge es nicht so weit kommen und die ausstehenden christlichen Heere bald eintreffen lassen. Gott möge alle Ungläubigen verfluchen und verdammen und seine Kinder, die ihn lieben, segnen. Der Herr möge die »Christliche Liga« zu einem grandiosen Sieg über die Heiden führen, zu Seiner göttlichen Herrlichkeit und Ehre.

Die Wache schiebenden Soldaten kneifen die Augen halb zu, um besser in die Ferne zu sehen. Von Süden und von Osten her nähern sich zwei gewaltige Armeen. Die Hügelzüge sind schwarz von Soldaten. Noch sind sie zu weit entfernt, um die Fahnen und die Banner zu erkennen. Wird jetzt die »Christliche Liga« von feindlichen Truppen eingekeilt? Vernichtet?

Alarm! Die Schlachthörner dröhnen. Papst Johannes spricht hastig das »Ite missa est« und den Segen. Die Hauptleute bringen die Soldaten auf Vordermann. Eine schwer bewaffnete Kavallerieeinheit löst sich im gestreckten Galopp vom Hauptharst des christlichen Heeres in Richtung Norden. Sie hat Befehl, einen weiten Bogen zu reiten, der heranrückenden östlichen Armee in den Rücken zu fallen und einen Keil zwischen die von Süden heranmarschierende Armee zu treiben, bevor sie sich für einen verheerenden Frontalangriff vereinigt.

Hochspannung herrscht. Höchstspannung! – Freund oder Feind? Noch wurden die Kriegsstandarten nicht ausgemacht.

»Ich glaube, unser Herr und Gott hat unsere Gebete erhört«, spricht der päpstliche Mund prophetisch zu seinen Hauptleuten. »Wir werden siegen und die ungläubigen Bastarde aus dem Land jagen. Im Süden nähert sich König Berengars Armee. Aus Osten kommen die Byzantiner. Wir werden unsere Heere vereinen und gemeinsam dem sarazenischen Abschaum den Garaus machen!«

Der Strategos von Bari, Nicholao Picingli, erweist dem Papst die Ehre. Er überbringt die besten Grüße seines Kaisers in Byzanz und des Patriarchen. Das byzantinische Reich sendet einen gewichtigen Teil der in Kalabrien und Apulien stationierten Truppen. Die Sarazenen sind Konstantin VII. gleich bös Feind wie den weströmischen Fürsten und der katholischen Kirche.

König Berengar von Italien sendet starke Heereskontingente aus Spoleto und den Marken. Sie stehen unter dem Befehl von Graf Alberich I. von Spoleto, dem Ehegatten von Marozia. Auch sein Schwiegervater und Herrscher Roms, Graf Theophylakt von Tusculum, ist mit seinen Leuten gekommen. Es sind Heere von insgesamt über 35 000 Mann, den logistischen Tross nicht eingerechnet und die vielen Dirnen und Gaukler im Gefolge.

»Wo ist König Berengar? Ich sehe ihn nicht. Folgt er später unserer »Christlichen Liga«? Mit einer weiteren Armee?«

»Eure Heiligkeit!« Theophylakt tritt einen Schritt vor und senkt kurz das Haupt, um Respekt und Ehre zu erweisen. »Wichtige Geschäfte verhindern leider die Teilnahme Seiner Majestät am Feldzug gegen die Sarazenen. Er schickt deshalb mich – und meinen Schwiegersohn, den Grafen Alberich von Spoleto, in Seinem Namen.«

Theophylakt zeigt auf ihn, als ob der Papst ihn nicht kennen würde.

»Der Heilige Vater möge das Wegbleiben Seiner Majestät großmütig vergeben. Seine Majestät wird sich zu einem geeigneten Zeitpunkt für Eure Barmherzigkeit erkenntlich zeigen – und das nicht zu knapp, bat er mich, es Euch ausdrücklich auszurichten: Heiligkeit!«

Johannes würde dem Herrscher Roms, der ihn zu dem machte, was er jetzt ist, niemals widersprechen. Er nimmt die Meldung gelassen hin. Graf Theophylakt tritt in die Reihen der Befehlshaber zurück. Er hat den Papst bloß vorgeschoben, die »Christliche Liga« anzuführen. Seine Heiligkeit wird nichts gegen seinen »Rat« unternehmen, die versteckte Befehle für eine Marionette sind. Wenige ahnen, dass die graue Eminenz der starke Mann hinter dem Papst Graf Theophylakt von Tusculum ist.

Hinter einem starken Mann steht meistens eine starke Frau: Theodora, Senatrix und Patricia von Rom. Sie führt als Senatsvorsitzende bei Abwesenheit des Ehegatten die Regierungsgeschäfte der Stadt und der Ländereien. Sie bereitet Marozia als Stellvertreterin und Nachfolgerin auf die Amtsführung vor, bis es dem Herrn gefällt, sie heimzurufen. Sie formte den Charakter Marozias. Ihr Bruder, Bonifatius von Tusculum, ist in den Augen der Mutter zwar ein fähiger Stratege in militärischen Belangen, aber kein Politiker, der mit eiserner Hand die Staatsgeschäfte führt. Er ist dafür zu schwach, zu zaghaft, zu milde und viel zu wenig skrupellos, politische Gegner auszuschalten, was immer das heißen mag. Die jüngere Tochter, Theodora (II.), besitzt ein sanftes, wankelmütiges und gutgläubiges Wesen. Sie ist ungeeignet, um politisch hart durchzugreifen, um die Macht der Dynastie der Grafen von Tusculum zu erhalten und weiter auszubauen. Die junge Frau hat aber durchaus Potenzial für Ränkespiele, den Instinkt, Intrigennetze zu spinnen und ihre Schönheit als Waffe einzusetzen; sie ist ideenreich in einer beratenden Funktion. So ganz mag die Mutter ihr jüngeres Töchterlein nicht abschreiben. Und Adalbert von Tusculum? Er führt das Kommando als Generalhauptmann über die päpstlichen Truppen, ein gut geratener Sohn der mächtigen Theodora.

Da wäre ferner der »Kleine Theophylakt (II.)«, der jüngste Sohn. Er ist gelähmt, manchmal quengelig und jähzornig. Er würde keine Woche als Herrscher Roms überleben. Er würde skrupellos mit Gift und Dolch aus dem Weg geräumt. So bleibt an erster Stelle Marozia, die einzige geeignete Person, die in die Fußstapfen der mächtigen Mutter treten kann, wenn es einmal so weit ist – und die sind zweifellos riesengroß. Und Sohn Bonifacius? Er ist Theodoras Läufer für Spezialaufgaben.

Theodora zerschmeißt ungehalten einen Krug in Stücke. Wertvoller Wein perlt über die Dielen. Der Bote senkt den Kopf noch tiefer, der der Senatrix die Nachricht überbringt. Marozia bleibt unbeeindruckt. Theodora zerknüllt das Pergament und wirft es ins Kaminfeuer.

»Das ist unglaublich! Nein, das glaube ich nicht! Der Feigling drückt sich offensichtlich!«, macht Theodora dem Zorn Luft. Ein weiteres Gefäß geht in Brüche. »Und mein Herr Gemahl macht gute Miene zum bösen Spiel! Er hätte niemals zulassen dürfen, dass Berengar sich hinter irgendwelchen – irgendwelchen ...«, betont Theodora erbost und verwirft die Hände, »irgendwelchen politischen Geschäften versteckt!«, wiederholt sie ungestüm.

»Was ist denn los? Weshalb ist König Berengar ein Feigling? Wovor drückt er sich?«, erkundigt sich Marozia gelassen. Sie kennt die Wutausbrüche ihrer Mutter. Es wird sich geben.

Theodora schreitet den Raum unwirsch auf und ab. Plötzlich bleibt sie stehen und zwingt die Wut im Bauch unter die Vernunft.

»Ich sollte dich für die schlechte Nachricht köpfen lassen«, sagt sie zum Kurier. Sie wirft ihm überraschenderweise eine Münze zu. »Geh! Hau ab, bevor ich's mir anders überlege!«

Der Bote verlässt schleunigst tief gebückt den Raum, ohne der Herrscherin den Rücken zu zeigen, denn dann würde man ihr ungehörigerweise das Hinterteil zuwenden. Er ist heilfroh, mit dem Leben davonzukommen. Bereits die Babylonier, Assyrer, Perser und die alten Griechen ließen einen Kurier hinrichten, der eine schlechte Nachricht überbrachte, denn mit dem Boten tötet man magisch auch die schlechte Nachricht.

Theodora blickt unwirsch hüstelnd, mit in die Hüften gestemmten Fäusten, aus dem Fenster in den Innenhof der Engelsburg. Theodora hustet schon lange, manchmal stärker, manchmal schwächer. Es ist ein chronischer Husten, der sie plagt, vor allem nachts. Sie muss dann aufrecht im Bett sitzen, um Linderung zu finden. Der Leibarzt verabreicht ihr ein Elixier, das ihr hilft, wieder einzuschlafen. Theodora nimmt einen kleinen Schluck aus dem Flakon, das sie stets bei sich trägt.

Marozia legt sanft die Hände auf die Schultern der Mutter. »Du solltest dich nicht aufregen, Mama«, sagt sie einfühlsam. »Du weißt, Aufregung ist nicht gut für dich.«

Theodora winkt ungehalten ab. »Ist gut. Ist ja gut.« Sie legt beruhigend die Hand auf die der Tochter. »Ich bin gleich wieder in Ordnung, mein Kind. Verdammt, ich bin ein altes Weib geworden!«

»Nicht doch, Mutter. Du bist nur überanstrengt und nimmst viele Dinge zu ernst, die dir nicht guttun. Der Medikus sagt …«

»Ach, der Medikus sagt …«, wendet sie sich unwirsch ab. »Ich fühle mich gut. Ich habe keine Schmerzen, keine Erkältung, kein Fieber. Es ist lediglich ein hartnäckiger Husten, von dem der Herr mich erlösen mag.«

Eine paar Augenblicke herrscht gespannte Ruhe im Raum.

»Möchtest du mich aufklären, weshalb Seine Majestät ein Feigling ist? Wovor er sich denn drückt?«

»Wie bezeichnest du einen, der das Kommando einem Untergebenen abgibt und nicht selbst in den Krieg zieht? Unter dem Vorwand, dringendere Geschäfte zu erledigen? Was ist zurzeit dringlicher, als die verfluchten Sarazenen aus dem Land zu jagen? Es läge doch in Berengars ureigenem Interesse. Er ist schließlich der König von Italien.«

Marozia überlegt, und Theodora rätselt: »Ich frage mich: Weshalb schickt er meinen Sohn Alberich, deinen Mann, vor? Weshalb kommandiert er die königliche Armee nicht selbst?«

Die Tochter räuspert sich und meint als Alternative zum feigen Drückeberger: »Vielleicht schließt sich Seine Majestät zu einem späteren Zeitpunkt der ‚Christlichen Liga' an? Vielleicht hebt er ein weiteres Heer aus?«

»Ha! Da kennst du Berengar aber schlecht, meine Liebe«, verwirft die Mutter erneut die Hände. »Er hat sich noch nie persönlich exponiert, wenn es sich vermeiden ließ. Und schon gar nicht, wenn er dabei sein Leben riskiert.«

Theodora nimmt den Gang durch den Raum wieder auf. Sie geht zügigen Schrittes auf und ab, der ihren Unmut zeigt.

»Die Liga kann nicht warten, bis es ihm einfällt, das zu tun, was du gesagt hast. Er hätte es längst tun sollen, verdammt! Feigling!«

Die Senatrix-Patricia von Rom bleibt stehen. »Und? Was schlägst du vor? Was sollen wir jetzt tun? Was können wir tun, den feigen Drückeberger zu überzeugen, sich persönlich der ‚Christlichen Liga' anzuschließen?«

Marozia räuspert sich und meint bescheiden: »Wenn er es tut, dann biete ihm die Kaiserkrone. Wenn er es nicht tut, verweigere sie ihm. Der Papst tut, was wir ihn heißen. Berengar will doch schon lange zum Kaiser gekrönt werden. Oder nicht? Was meinst du, Mutter?«

Theodora ist vom Vorschlag überrascht und macht große Augen.

»Halleluja! Das ist meine Tochter!«, ruft sie begeistert aus. »Jetzt zeigst du, was du gelernt hast, ein kniffliges Problem anzupacken. Ich bin stolz auf dich, Marozia. Sehr stolz sogar.

Jetzt kann mich der Husten getrost vor den Herrn befördern. Du bist mir eine würdige Amtsnachfolgerin als Senatrix-Patricia von Rom. Komm, lass dich umarmen, meine Gute.«

Theodora öffnet nach der kurzen förmlichen Umarmung die Tür zum Nebenraum.

»Sekretär! Her zu mir! Ein gesiegeltes Schreiben an den König von Italien!« - -

»Meine Tochter! Meine Tochter ist wieder da! Meine liebe Tochter ist heimgekehrt! Der Herrgott sei gepriesen! Ich dachte, die Sarazenen hätten dich gemordet«, munkelt Bauer Rizzi überwältigt. Freudentränen kullern über sein sonnengegerbtes Antlitz. Er drückt das Mädchen an sich, die Knochen hätten knacken müssen. Es dauert eine Weile, bis der Vater die Stimme wiederfindet.

»Seht her! Seht alle her!«, ruft er dem Gesinde zu. »Claudia lebt! Sie ist den Sarazenen entkommen und wieder zuhause! Für alle einen Becher Wein zu Ehren des Herrn und zur Wiedersehensfreude! Ruft die Knechte von den Äckern und den Feldern! Wir wollen feiern! Für heute ist genug gearbeitet!«

Bäuerin Rizzi steht überwältigt unter der Haustür und kann nichts sagen. Das Tränenwasser quillt aus den Augen.

Ihr Antlitz ist einst schön gewesen; heute ist es von Wind und Wetter, harter Arbeit, Sorgen und Entbehrungen gezeichnet. Claudias drei jüngere Brüder (sie hat keine Schwester) stürmen an der Mutter vorbei, sie hätten sie fast umgestoßen.

Das unversehrt heimgekehrte Töchterchen – dem Herrn sei Dank! – sieht sich in einem frenetisch gefeierten Begrüßungsreigen. Der Oberknecht zaubert von irgendwo eine Flöte hervor und spielt eine lustige Melodie. Bauer Enrico Rizzi behandelt seine Bediensteten gut, solange sie gehorchen und arbeitsam sind. Das Joch der lokalen Obrigkeit ist streng. Die Angst vor den kriegerischen Übergriffen der Sarazenen ist groß. Da muss man zusammenhalten, um überleben zu können. Es ist eine alte römische Weisheit, dass gut behandelte Sklaven besser und fleißiger arbeiten als geschundene, geschlagene.

»Haben die Sarazenen unseren Hof verschont? Oder habt ihr alles wiederaufgebaut?«, erkundigt sich Claudia Maria in der Bauernstube bei Käse, Brot und verdünnter Ziegenmilch.

»Sie haben den Stall niedergebrannt und unsere Vorräte gestohlen. Ein paar Dienerinnen haben sie versklavt und mitgenommen. Die Schafe und Ziegen sind weg, die du gehütet hattest. Wir werden es schwer haben, über den Winter zu kommen, wenn die Ernte schlecht ausfällt. Wir haben aufgebaut, was die Heiden zerstörten. Aber unsere Geheimvorräte haben sie nicht gefunden«, erklärt der Vater der Tochter die Situation.

»Die Notvorräte unter dem Hühnerstall?«

Der Gefragte nickt. »Sie haben uns wenigstens die Schweine und die beiden Ochsen für den Pflug gelassen. – Jetzt aber iss und trink. Du bist bestimmt hungrig und durstig. Du bist doch nicht verletzt? Brauchst du einen Doktor?«

Das Mädchen verneint.

»Erzähle: Wie bist du den Sarazenen entkommen?«, fragt Vater neugierig.

Claudia setzt den Becher ab. Mutter gießt sofort nach.

»Ich bin den Sarazenen nicht entflohen, Papa. Der Papst hat uns befreit und den Stützpunkt vernichtet, wo wir gefangen waren«, sagt das Mädchen, als wäre es das Selbstverständlichste auf der Welt. Überraschte Stille herrscht in der Bauernstube.

»Der Papst?«, echot die Mutter. Sie will es nicht glauben. »Der ist doch in Rom und führt ein ausschweifendes Leben.«

Vater lehnt sich auf der Sitzbank zurück an die rohen Zimmerbalken. »Das Gerücht ist also wahr.« Er atmet erleichtert auf. »Ich habe von einer päpstlichen Liga gehört, die die Sarazenen bekämpft. Viele hohe Adelsherren hätten sich zusammengefunden, um die Heiden aus dem Land zu vertreiben. Sogar König Berengar hätte sich dieser Liga angeschlossen.«

»Kann es sein, dass der Herrgott uns vom bösen Joch der Ungläubigen erlöst durch die Hand seines Stellvertreters auf Erden?«, wundert sich Mama und bekreuzigt sich fromm. Sie ist eine gottesfürchtige Frau, die viel Kraft im Glauben findet.

Claudia spült ein Stück Käse mit Ziegenmilch hinunter.
»Sie haben Linus getötet, als er mir helfen wollte, unsere Herden zu beschützen«, unterbricht das Mädchen die Stille im Raum.

»Du meinst Linus Barbo vom Nachbargehöft? Den Sohn des Rufus, der als Bauernvertreter im Rat unseres adligen Herrn einsitzt?«

»Den meine ich«, beantwortet Claudia Papas Frage und ergänzt: »Wir hatten uns einander versprochen und wollten heiraten. Wir wollten um eure Erlaubnis bitten. Aber dann kamen die Sarazenen, töteten ihn, beschlagnahmten unsere Herden und nahmen mich mit.«

Die Stimmung wechselt in Überraschung.

»Ihr wolltet heiraten? Linus und du?«, echot die Mutter. Sie richtet sich brüsk auf. »Das habe ich geahnt!«, sagt sie entrüstet. »Ihr seid ein bisschen viel allein auf den Weiden gewesen, nicht wahr?«

Dann fallen die entscheidenden Fragen: »Bist du noch keusch? Oder bist du schwanger? Wolltet ihr deshalb heiraten?«

Claudia Maria Rizzi schlägt beschämt die Augen nieder. Das bedrückte Schweigen ist Antwort genug.

Mutter schlägt die Hände über dem Kopf zusammen. »Herrje! Sie ist schwanger!«, stellt sie entsetzt fest. »Sie kriegt ein Kind! Alle raus hier! Raus aus der Stube! Los, geht schon! Macht, dass ihr rauskommt! Sofort! Los! Los! Und haltet ja die Klappe vor dem Gesinde, sonst kracht's! Verstanden?!«

Die Geschwister müssen unverzüglich den Raum verlassen, sogar Vater.

»Zeig mir den Bauch, Tochter! Wie lange warst du in der Hand der Heiden? Zwei, drei Monate? Oder waren es vier?«

»Ich bin schwanger. Es tut mir leid«, kommt das Mädchen Mutters Diagnose eines angewachsenen Bäuchleins zuvor. Ihr Blick ist streng, tadelnd, ungehalten.

»Du hast uns entehrt! Du hast unsere Familie entehrt! Du bringst Schande über unsere Familie, Kind! Du bist unverheiratet und ein unseliger Bastard wächst in deinem Bauch heran! Das ist Sünde! Schande und Sünde! Verstehst du?! Schande und Sünde!«, stellt Bäuerin Rizzi mit gedämpfter Stimme entsetzt fest. »Was werden jetzt die Leute sagen?!«

Das junge Mädchen bricht in Tränen aus. »Verzeih, Mama! Es ist nicht Linus' Kind! Ich kann nichts dafür! Ich bin geschändet worden!«

Die Feststellung schlägt wie ein Schleudergeschoss ein. Mutter steht stumm und starr wie eine Salzsäule da. Dann werden die Knie weich. Sie muss sich setzen.

»Das wird ja immer besser«, sagt sie mehr zu sich als zur Tochter. Sie wischt sich den Schweiß von der Stirn ab. Entsetzen und Ratlosigkeit zeichnen das Gesicht. »Die Schwangerschaft ist zu weit fortgeschritten, um es wegzumachen. Die Hebamme würde wegen Kindsmord am Galgen hängen, wenn sie es täte«, bemerkt Mutter Rizzi mit dunkler Stimme.

Claudias Bekenntnis schlägt in Verzweiflung um. »Bitte,

Mama, sag es nicht Vater! Er schlägt mich tot, wenn du es ihm sagst!«

»Oder er verstößt dich. Oder er steckt dich in ein Kloster, um die Familienehre zu bewahren«, ergänzt Mutter trocken, unwirsch und unschlüssig, was jetzt zu tun ist. Die Stimmung im Raum ist angespannt, wie ein Wurm zwischen zwei streitenden Hühnern.

»Du musst es Vater ja gar nicht sagen, dass das Kind von einem Sarazenen ist. Es könnte doch von Linus sein. Da er jetzt leider tot ist, bin ich halt Witwe, bevor ich geheiratet habe.«

Mutter stößt die Luft barsch aus der Nase. »Wie das funktioniert, das erkläre mal deinem Vater! Unsere Familienehre ist geschändet! Verloren! Und stell dir vor, das Kind sieht wie ein Sarazene aus. Schwarze Augen! Schwarze Haare! Dunklere Haut! Die Sarazenen sehen ganz anders aus als wir.«

»Dann kann er mich und mein Kind immer noch totschlagen oder verstoßen. Gott liebt auch ledige Mütter und unehelich geborene Kinder«, würgt Claudia Maria arg von Angst geschüttelt hervor.

Bleierne Stille herrscht in der Stube.

»Bitte nimm mich in den Arm, Mama! Ich bin doch jetzt wieder da. Bei euch! Zuhause!«

Claudia ist ganz aufgelöst in Tränen. Die Mutter sitzt still und starr da. Sie hat kein Gehör für die unselige Tochter. Die Zeit scheint stillzustehen. Dann fasst sich Bäuerin Rizzi plötzlich und steht brüsk auf.

»Meine Tochter! Meine unselige Tochter! Meine dreizehnjährige Tochter kriegt ein Kind von einem Sarazenen! Einem Heiden!!! Der Herrgott bewahre uns vor dieser unverzeihlichen Schande!«

»Mama! Bitte!«

»Es gibt drei Möglichkeiten, mein Kind, wenn's dein Vater erfährt und der Bastard einem Sarazenen gleicht«, stellt die Mutter ungehalten fest. »Er verstößt dich. Du lebst als Hure weiter. – Er überstellt dich einem Kloster, wo du dein Kind gebierst. Die Äbtissin gibt es weg in ein Waisenhaus, und du bleibst zeitlebens eine Nonne.«

Die Mutter lässt die Worte wirken.

»Und die dritte Möglichkeit?«, fragt das Mädchen kleinlaut.

»Dein Vater schlägt dich und deinen Bastard auf der Stelle tot! Du bist sein Eigentum. Wir alle sind sein Eigentum. Er kann mit uns machen, was er will, insofern unser adliger Herr es nicht verbietet. Oh weh! Er wird sehr verärgert sein, das ‚Jus primae Noctis' von dir nicht mehr einfordern zu können.« Das Recht des Grundherrn auf die erste Nacht mit der Braut, die auf seinem Grundbesitz wohnt.

»Frauen leben als Ehrbare – und das bist du jetzt nicht mehr –, als Nonne, als Hure – oder als Hexe. Eine andere Möglichkeit gibt es nicht. Also, was willst du sein? Nonne? Hure? Oder eine Hexe?«

Das war eine überraschende, endgültige Antwort. Schweigen. Stille. Sekundenlang. Man könnte eine Haarnadel fallen hören.

»Und wenn Vater es nicht merkt? Mein Kind dem Heiden nicht gleicht?«

Bäuerin Rizzi entspannt sich sichtlich. »Dann ist es Linus Barbos' Kind.«

Ein kurzes Lächeln huscht über Claudias Gesicht. Ein kleiner Hoffnungsschimmer!

»Also, meine Tochter«, sagt Mutter entschlossen. »Ich werde deinem Vater nichts sagen. Es bleibt unser Geheimnis. Ich werde sehen, was ich tun kann. Überlasse alles mir. Ich werde es zum Guten wenden. Jetzt komm und umarme mich. Dann feiern wir deine Rückkehr mit dem Gesinde.«

Das Mädchen atmet hörbar erleichtert auf. Eine tonnenschwere Last fällt von der Seele. Schlimm genug: Gott gebe, dass das Kindlein Linus Barbo gleicht! …

Der Oberknecht läutet die Glocke, die normalerweise zu den Mahlzeiten ruft. Sie hat drei weitere Funktionen: Wenn es brennt. Wenn dem Hof Gefahr droht. Oder Bauer Enrico Rizzi und sein Weib das Gesinde zusammenrufen, um Anweisungen zu erteilen. Der Unterschied liegt im Glockenschlag. Jetzt wird Alarm geläutet.

Die freudige Feststimmung verebbt. Eine Reiterschar nähert sich im leichten Galopp vom Fluss her dem Gehöft. Freund oder Feind?

»Versteckt euch! Bringt euch in Sicherheit!«, befiehlt Bauer Rizzi für den Fall der Fälle.

Das Gesinde stiebt auseinander. Es verschwindet in den Gebäuden oder rennt in die Olivenplantagen. Enrico behändigt eine Mistgabel. Er weiß durchaus, sie als Waffe einzusetzen. Sie kann Schwerthiebe parieren, einen Reiter aus dem Sattel stoßen und ihn am Boden aufspießen. Rizzi erwartet die Ankömmlinge am Eingangstor. Ein stabiler Holzzaun, den Pferde nicht leicht überspringen können, umschließt den geräumigen Innenhof des Bauernguts.

Gelb-weiße Banner? Bunte Flaggenfarben? Gott sei's gedankt! Es sind keine Sarazenen! Diese führen grüne oder schwarze Fahnen auf den Plünderungszügen mit.

Die vielköpfige Reiterei zügelt die Pferde.

»Gott zum Gruß! Fürchte dich nicht, Bauersmann!«, ruft der Anführer jenem zu. »Wir kommen in Frieden und im Namen Gottes, um die Heiden zu bekämpfen!«

»Dann seid willkommen, edler Herr!«

Enrico Rizzi beugt das Haupt. Die Besucher sind hohe Adelsleute, denen man Ehre und Respekt erweist.

»Erkennst du mich, Bauersmann? Weißt du, wer ich bin?«

»Ich bedauere sehr, edler Herr. Ihr seid mir unbekannt.«

»Nicht doch! Du hast gewiss vom Papst gehört? Ich bin der Papst. Und das sind meine Gefolgsleute«, beantwortet Johannes X. gleich selbst die Frage. Er nimmt den Helm ab und zieht den rechten Reithandschuh aus. Der Fischerring des Petrus kommt am Mittelfinger zum Vorschein.

Der Untertan ist vor Überraschung überwältigt. Der Papst höchstselbst besucht seinen Bauernhof?

»Komm her, Bauernlümmel! Begrüße den Heiligen Vater,

wie es dem Stellvertreter Gottes auf Erden gebührt!«, befiehlt Theophylakt von Tusculum im harschen Ton.

»Seid nicht rüde, mein lieber Graf«, entschärft Johannes den Befehl und lächelt milde. »Die Bauersleute sind zwar niedrig, aber sie ernähren uns und das Volk. Sie versorgen uns mit dem Fleisch ihrer Tiere und den Früchten der Äcker und der Felder. Wir wollen sie anständig behandeln.«

Um Himmels willen! Wie begrüßt man Seine Heiligkeit? Bauer Rizzi hat bis anhin nicht einmal einen Bischof begrüßt. Der Graf heißt ihn, den päpstlichen Steigbügel und den Fischerring des Petrus zu küssen und das Gastrecht auszusprechen.

Der Papst schaut nach dem Zeremoniell auf die gedeckten Tische, die im Innenhof aufgestellt sind. Keine Magd, kein Knecht, niemand ist da. Die Sitzbänke sind alle verlassen.

»Wo ist das Gesinde, Bauersmann?«, gibt Johannes seinem Erstaunen Ausdruck. »Ihr habt, wie ich sehe, gerade ein Fest gefeiert? Ist es eine Geburt? Ein Geburtstag? Eine Hochzeit? Oder ein Leichenmahl?«

»Wir feiern die Rückkehr meiner Tochter aus der Gefangenschaft der Sarazenen, Heiliger Vater«, gesteht Enrico unterwürfig.

»Und wo ist deine Tochter? Stelle sie mir vor und dein Weib. Rufe das Gesinde und feiert weiter. Wir wollen das Fest nicht stören.«

Bauer Rizzi gibt das Glockensignal. Die Leute strömen von überall her zusammen. Sie knien vor dem hohen Besuch nieder, um den päpstlichen Segen zu empfangen.

»Erhebe dich, Gesinde! Steht auf! Feiert weiter! Fürchtet euch nicht. Es wird euch kein Leid angetan«, fordert Papst Johannes die Leute milde lächelnd auf.

Sie lassen sich zaghaft auf den Sitzbänken nieder. Sie sind zwischen Ehrfurcht, Angst und Zurückhaltung hin- und hergerissen. Freude, Lustigkeit und gute Laune kann man nicht befehlen. Viele haben es unter dem Joch der Leibeigenschaft verlernt.

»Du hast eine gute Familie, Bauer Rizzi, und ein schönes Töchterlein«, stellt Johannes nach der Vorstellung von Weib und den Kindern, die männlich sind, fest. Die Reiterei sitzt nach wie vor hoch zu Ross. Man hält es nicht für nötig, abzusteigen. Hohe Herren reden nicht mit dummen Bauern auf Augenhöhe.

»Tritt vor und zeige dich, Mädchen! Wie heißt du?«

Die Befohlene folgt der einladenden Geste und macht einen ehrfürchtigen Knicks. »Mit Verlaub, Heiliger Vater: Ich heiße Claudia Maria Rizzi.« Sie schlägt die Augen nieder, wie es sich für eine niedrige Untertanin geziemt.

»Auf ein Wort, Mädchen Claudia Maria Rizzi!«, ergreift Graf Theophylakt die Initiative. Er hat genug von den päpstlichen Höflichkeiten gegenüber blödem Bauernvolk und kommt barsch zur Sache. »Du seiest den Sarazenen entwischt? Welcher Stützpunkt war es, wo man dich gefangen hielt? Ist er weit von hier?«

»Nicht sehr weit, hochehrwürdiger Herr«, sagt die Gefragte und macht erneut den Knicks. »Vielleicht einen Tagesmarsch südlich? Aber …« Das Mädchen unterbricht sich, ist verlegen.

»Aber? Aber was?«, hakt Theophylakt umgehend nach.

»Mit Verlaub, hochehrwürdiger Herr: Ich bin den Sarazenen nicht entwischt. Die päpstliche Armee hat mich befreit, bevor sie den Stützpunkt vernichtete.«

Papst Johannes horcht auf. »Sage, gutes Mädchen, welcher Stützpunkt war es? Die Liga hat einige Stützpunkte vernichtet. Kennst du den Namen der Festung?«

»Mit Verlaub, Heiliger Vater: nein.«

Claudia macht abermals den unterwürfigen Knicks, um Respekt zu erweisen. Nein ist ein Wort, das ein adliger Herr nicht kennt, schon gar nicht aus dem Maul eines Bauerntölpels.

Bäuerin Rizzi erscheint. Zwei Knechte tragen ein Fässchen herbei.

»Möchten die edlen Herren jetzt bitte absitzen und sich mit einem Becher Wein erfrischen?«, lädt sie höflich ein. Sie macht ebenfalls den Knicks, der jedem Adelsmann gebührt.

Der Papst wäre einer Erfrischung nicht abgeneigt.

Graf Theophylakt winkt ab. »Wir müssen weiter, Bauernweib! Wir danken. Wir tränken unsere Pferde, wogegen du wohl nichts hast. Das Fässchen verdanken wir als edle Spende für unsere Soldaten. – Mitnehmen!«, lautet der gräfliche Befehl an die Begleiteskorte.

Ein Bauer darf einem Höhergestellten nie einen Wunsch abschlagen, ohne ernsthafte Konsequenzen zu befürchten. Dieser nimmt, was er will – ohne Frage.

Die Pferde saufen den Trog halb leer. Die Stallknechte müssen vom Ziehbrunnen hurtig frisches Wasser bringen.

»Ist das Minturno auf dem Hügel oben?«, fragt der Graf, der allem Anschein nach vor dem Papst das Sagen hat. Bauer Rizzi bejaht.

»Die Festung ‚Kairuan' liegt weiter südwestlich am Garigliano? Gibt es eine Furt für eine Flussüberquerung in der Nähe?«

»Darüber habe ich keine Kenntnis, hochehrwürdiger Herr. Der Herr von Minturno erlaubt uns Bauern nicht, die Scholle zu verlassen.«

»Du hast bestimmt ein paar Säcke Mehl im Speicher für die Soldaten der ‚Christlichen Liga', richtig? Sie könnten damit ihr Brot backen, das du ihnen hiermit spendest.«

»Mit Verlaub, edler Herr: Das Getreide liegt in der Mühle meines Herrn zum Mahlen. Die nächste Ernte steht erst im Herbst aus«, rettet Enrico Rizzi die Nahrungsmittel vor dem Zugriff für den Krieg.

Graf Theophylakt nickt und brummt mürrisch vor sich hin. Hoffentlich schaut er im Speicher nicht nach. Die Lüge hätte schmerzhafte Peitschenhiebe zur Folge, und die Säcke würden sofort beschlagnahmt. Er braucht das Mehl dringend für den Eigenbedarf. Die Familie und das Gesinde müssten hungern.

Der Papst wirft dem Bauern eine Münze zu. »Für das Wasser der Pferde und das Fässchen Wein. Gottes Segen über den Bauernhof!«

Johannes X. setzt den Prunkhelm auf, nimmt die mit Gold beschlagenen Zügel auf und gibt dem Pferd die Sporen. Die Reiterschar verlässt das Gehöft in Richtung Südwesten entlang des Flusses. Die frohe Feststimmung über die unversehrte Heimkehr des Bauerntöchterchens kommt nicht mehr richtig auf. - -

Theodoras Bote trifft bei König Berengar von Italien ein. Seine Majestät benötigt für den Entscheid gerade fünf Sekunden. Die Kaiserkrone lockt unwiderstehlich, die ihm die Senatrix-Patricia, die mächtige Herrin von Rom, anbietet.

»Macht meine Truppen abmarschbereit!«, ergeht der königliche Befehl an die Hauptleute. »Wir brechen morgen zum Garigliano auf. Mein Entschluss steht fest: Ich nehme persönlich am Feldzug der ‚Christlichen Liga' gegen die Sarazenen teil.«

Die Kaiserkrönung durch den Papst in Rom ist Berengar ein lang gehegter Wunschtraum. So nah war sie ihm noch nie. Die Liga hat das Latium und die angrenzenden Gebiete vom Araberpack weitgehend gesäubert und für Seine Majestät beträchtliche Vorarbeit zu einem entscheidenden Sieg geleistet. König Berengar hat Theodoras Versprechen jetzt schriftlich, von ihrer eigenen Hand unterzeichnet, mit dem gräflichen Wappen von Tusculum rechtmäßig gesiegelt, da gibt es kein Zurück. Der Papst kann die Krönung nicht verweigern. Er ist eine vorgeschobene Marionette, die tut, was man ihr befiehlt.

»Das bewahrt gut auf, Sekretär!« Berengar übergibt dem Mann seines Vertrauens die Schriftrolle. »Du haftest mit deinem Kopf dafür. Das Dokument macht mich zum Römischen Kaiser. Du führst die Regierungsgeschäfte während meiner Abwesenheit weiter. Ich befehle den königlichen Ratsmitgliedern, mir in die letzte, große Schlacht gegen die Sarazenen zu folgen. Wir begeben uns unter das päpstliche Banner der ‚Christlichen Liga'!«

Es sind 1250 Mann, die der König von Italien zusätzlich aufbietet. Das ist im 10. Jahrhundert eine beachtliche Streitmacht, die zu fürchten ist. Sie ist gut ausgebildet und bestens ausgerüstet, jedem Feind den Garaus zu machen, schließlich ist sie die königliche Armee.

Die Majestät schickt Boten aus, dem Papst Sein Kommen anzukünden. Die in der »Christlichen Liga« vereinigten Fürstenhäupter begrüßen den königlichen Entscheid, sich jetzt persönlich der Allianz anzuschließen. Berengar ist also kein Drückeberger, der sich feige hinter dringlichen politischen Geschäften versteckt und Graf Alberich (I.) von Spoleto, Marozias Ehegatten, mit königlichen Truppen vorschiebt.

Auf dem Marsch zum Garigliano werden Sarazenen aufgestöbert, niedergemetzelt und Stützpunkte im Vorbeiweg ausradiert. Die Festungen, die nicht auf Anhieb fallen, werden umgangen, von der Nachhut belagert, eingeäschert und überlebende Gefangene hingerichtet.

Mohammad Omar Ali schreitet im Diwan (das ist ein Versammlungsraum) ungeduldig auf und ab und hin und her. Er ist der oberste Feldherr und Wesir in Latium, der dem Emir von Tunesien untersteht. Die Aghlabiden versuchen seit ihrem Sturz 909, erneut an die Macht zu gelangen.

»Bei Allah, wo sind die hundert Schiffe aus Sizilien und Afrika!? Sie müssten längst mit Nachschub angelandet sein!«, schimpft Mohammad Omar Ali ungestüm und ein wenig verärgert.

Seine Hauptleute und Sekretäre sitzen auf Teppichen der Wand entlang am Boden. Sie alle flüchteten vor den päpstlichen Armeen der »Christlichen Liga« in die Festung »Kairuan«. Sie ist ein letztes Bollwerk gegen die Ungläubigen in Latium und den angrenzenden Provinzen.

»Verzeiht, durchlauchter Herr«, ergreift der erste »Kuttab« (das ist ein Sekretär) das Wort. Er führt die rechte Hand zum Herzen und senkt kurz das Haupt, um höchsten Respekt zu erweisen. »Es herrscht Aufruhr in Tunesien. Es herrscht ein Dschihad der Aghlabiden nach dem Umsturz vor sechs Jahren, die rechtmäßige Dynastie wieder an die Macht zu bringen. Allah möge es richtig fügen! Wir haben Boten zum Emir abgesandt. Er kann in seiner gegenwärtigen Lage vielleicht fünf Schiffe entbehren. Sie sind noch nicht ausgelaufen.«

Der Wesir hält in seinem Gang durch den Raum inne. »Und die bei Messina liegenden Schiffe? Sind die ausgelaufen?«

»Diese können zurzeit nicht auslaufen, Herr«, erwidert der Sekretär untertänigst. »Es herrscht seit Tagen schlechtes Wetter. Allah möge das brausende Meer besänftigen und die Winde beruhigen! Wir können von Messina höchstens acht Schiffe mit Nachschub erwarten, mein Herr.«

»Was ist mit den Häfen an der Küste? Sind sie offen, wenn die Schiffe anlanden? Wenn sie dann kommen. Ist der Landweg zur Festung frei vom ungläubigen Christenpack?«

»Wir haben einige Küstenhäfen an den Feind verloren«, ergreift ein Feldherr das Wort. »Es gelang ihm, unsere Nachschublinien zu kappen. Sie sind jetzt unterbrochen. Die Schiffe können aber den Garigliano heraufrudern, bei guten Winden sogar segeln und direkt bei der Festung festmachen, mein Herr. Wenn Allah es will. Und sie dann kommen«, ergänzt er pessimistisch. Kismet!

Mohammad Omar Ali schlägt ohnmächtig die Faust auf die flache Hand. Das sind schlechte Nachrichten.

»Fünf von hundert Schiffen! Allah stehe uns bei! Der Feind kreist uns ein und beginnt die Festung zu belagern! Allah verfluche den Papst und möge ihn in den tiefsten Höllenschlund verdammen!«

Eine bleierne Stille senkt sich über den Diwan, den Versammlungsraum.

»Aber wir geben nicht auf!«, ruft Wesir Mohammad Omar Ali den Anwesenden zu. »Die Krieger Allahs ergeben sich nie! Sie kämpfen bis zum letzten Blutstropfen! Wenn Allah es verlangt, sterben wir im Dschihad und schreiten als Märtyrer ins gelobte Paradies. Verbreitet die hehre Botschaft, die Allah mir, Seinem demütigen Diener, gerade offenbart hat! – Allahu akbar!«

»Allahu akbar! – Allahu akbar – Gott ist groß!«, erschallt einstimmig der Ruf der Feldhauptleute und Sekretäre mit grimmig in die Luft gereckten Fäusten.

Mit umgekehrtem Vorzeichen geht der Ruf des Papstes an die christlichen Soldaten. Wer in der Schlacht gegen die Ungläubigen fällt, dem vergibt Gott alle Sünden und Verfehlungen im Augenblick des Todes. Es braucht kein heiliges Sakrament der »Letzten Ölung«, eine Beichte oder die Segnung durch einen Priester. Jeder tritt rein vor den Thron des Herrn. Er wird am Jüngsten Tag in die Herrlichkeit Gottes auferstehen, selbst wenn der Leib durch Feuer zu Asche verbrannt ist. Das weissagt der Stellvertreter Gottes auf Erden. Es ist eine zweifelsfreie Gewissheit und durch keine weltliche Autorität hinterfragbar.

König Berengars 1250-Mann-Armee und der fast ebenso vielköpfige Begleittross treffen gerade rechtzeitig vor der Festung »Kairuan« ein. Der Belagerungsring schließt sich; es gibt kein Entkommen für die eingeschlossenen Heiden. Der Generalstab residiert im päpstlichen Hauptquartier unter dem Vorsitz von Johannes X. Folgende Adelshäupter gehören ihm jetzt an: Berengar I., König von Italien, die Grafen Theophylakt von Tusculum und Alberich I. von Spoleto,

Nicholas Picingli, der byzantinische Strategos von Bari, Guaimar II. von Salerno, Johann I. von Gaeto und sein Sohn Dicibilis II., Gregor IV. und sein Sohn Johann II. von Neapel sowie Landulf I. von Benevento. Die Milizen aus dem Latium bleiben unter dem direkten Kommando des Heiligen Vaters. Zahlreiche lokale Adelsleute haben sich der »Christlichen Liga« angeschlossen. Zu ihnen gehört der Herr von Minturno. Diese unterstehen neben den latinischen Milizen gleichfalls dem direkten päpstlichen Kommando.

König Berengars Zelt ist das feudalste, größte neben dem päpstlichen Hauptquartier. Er hat einen beachtlichen Begleittross von Konkubinen und Bedienstete mitgebracht, sogar Musiker, Tänzerinnen, Akrobaten und Gaukler zu seinem privaten Vergnügen. Es ist ein königliches Privileg, am meisten zu prunken. Eigene Köche dispensieren ihn von der Feldküche. Das Quartier Seiner Majestät bildet ein kleines Dorf im Heerlager, das speziell bewacht wird. Fühlt er sich bereits als gekrönter Römischer Kaiser?

Die Fürstenhäupter des Generalstabs geben sich mit einfachen Zeltunterkünften und Feldkost zufrieden. Die Soldaten schätzen es, wenn ihre adligen Anführer dasselbe essen und trinken wie sie, vielleicht etwas mehr Fleisch und Wein als Hirsebrei und Bier. Der Papst höchstselbst gibt sich den Soldaten nahe und speist oft mit ihnen auf offenem Feld.

Lagerfeuer erhellen nachts die Flussebene des Garigliano, so weit das Auge reicht. Es ist furchterregend für die Sarazenen, keinen Fluchtweg offen zu sehen. Am Tag herrscht emsiges Hacken, Sägen und Hämmern. Die christlichen Soldaten zimmern Wurfschleudern, Belagerungstürme und gegen Pfeilbeschuss strohbedeckte Boote, um dem Feind ein Entkommen über das Wasser zu verunmöglichen. Graf Theophylakt lässt flussabwärts an beiden Ufern Katapulte aufstellen. Sie fangen allfällige Kriegsschiffe mit dem Nachschub für die Sarazenen ab. Die Ladung soll erbeutet, die Besatzung getötet, die Schiffe für den Eigenbedarf sichergestellt oder versenkt werden.

Wesir und Feldherr Mohammad Omar Ali und seine Offiziere müssen ohnmächtig von den Festungspalisaden und Wachtürmen dem kriegerischen Belagerungstreiben zusehen und können nichts tun. Wo nur die Schiffe aus Messina und Afrika bleiben?

Es gibt in »Kairuan« genügend frisches Wasser dank der Lage am Ufer, die eine Seite der Festung absichert. Allah verhindere, dass es den Ungläubigen einfällt, den Fluss umzuleiten!

Die Bogenschützen und die Katapulte im Kasernenhof lassen bis anhin jeden Angriff der »Christlichen Liga« auf die Festung scheitern. Die Ungläubigen erleiden herbe Verluste. Zwei herangerollte Belagerungstürme gehen von abgeschossenen Brandsätzen in lodernde Flammen auf. Die Sturmbesatzung verbrennt elend bei lebendigem Leib. Pfeile und Armbrustbolzen regnen auf die Sturmtruppen nieder. Sie wollen mit Leitern und Wurfankern die Palisaden und Bewachungstürme erobern. Die Verteidiger gießen siedendes

Öl und Pech auf die Soldaten, denen es gelingt, ein paar Sprossen hochzuklettern oder einen Haken zu verankern. Lange Stangen stoßen die Leitern um. Schwerthiebe kappen die Seile der Wurfanker. Die Verluste der Christen sind meistens viel größer als die der Muselmanen. Es herrscht eine Pattsituation. Man kann »Kairuan« nicht erobern! Die Belagerten können nicht ausbrechen! Johannes X. beschließt, die Sarazenen mit Schleudern und Katapulten beschießen zu lassen und die Sturmattacken einstweilen auszusetzen.

»Dann hungern wir sie eben aus. Wir haben Zeit. Die aber nicht. Ihre Vorräte werden in Bälde schwinden«, spricht der päpstliche Mund zu den Fürsten des Generalstabs. Seine Heiligkeit entlässt sie mit Gottes Segen. An den Abenden herrscht bis spät nachts ein wüstes Treiben im Heerlager. Das Bier fließt in Strömen, und die Dirnen haben Hochkonjunktur. Die gefallenen Damen sind ein wesentlicher Bestandteil jeder Belagerungsarmee.

Es ist jetzt Juni anno Domini 915. Die italienische Sonne prallt heiß vom Himmel herab. Sommerliche Gewitter ziehen auf. Heftige Regenfälle verwandeln die Zeltstadt der Belagerer um die Festung in einen Sumpf. Der Garigliano führt Hochwasser vom niedergegangenen Starkregen in den Bergen. Da haben es die Sarazenen in den überdachten Unterkünften trocken, bequemer, besser. Die Moral ist tief. Sehr tief sogar! Die Mägen knurren. Apathie greift um sich. Mohammad Omar Ali und die Offiziere müssen die Soldaten mit Rutenhieben aufscheuchen, auf die Palisaden treiben und den Widerstandswillen wieder auf Vordermann bringen.

Ein Hauptmann, der Defätismus äußert und die Gefahr einer Meuterei für eine Übergabe der Festung an die Christen heraufbeschwört, baumelt vor den Augen der Garnison am Strick eines Katapultarms im Kasernenhof. Sein Tod ist allen eine Warnung. Disziplinlosigkeit und Feigheit vor dem Feind werden niemals geduldet. Allah werde sich den wahren Gläubigen erbarmen und sie heil aus der Misere führen.

»Was!?«, knurrt Mohammad Omar Ali einen Meldesoldaten an.

»Vor dem Torturm sind Männer, Herr! Sie haben eine weiße Fahne.«

»Was ist euer Begehr?«, tönt es verachtend von der Palisadenbrüstung herunter. Die Wachsoldaten halten die Pfeilbögen und Armbrüste schussbereit.

»Seid Ihr der Kommandant der Festung Kairuan?«, erwidert Johannes X. in voller Rüstung hoch zu Ross. König Berengar und Graf Theophylakt sind an seiner Seite. Ein Korporal hält hinter ihnen die weiße Parlamentärfahne hoch.

»Ich bin Mohammad Omar Ali, Sohn des Raschid Harun Mohammad Yusuf, des Sohnes von Mohammad Muyjawar Baschir von Ifriqija, der oberste Kommandant der Festung Kairuan.«

»Angeber!«, verbeißt der König die Bemerkung zwischen den Zähnen.

»Wir müssen reden, Mohammad Omar, bevor wir hier alle sterben!«

»Es gibt rein gar nichts zu bereden!«, lautet die Antwort grimmig, trotzig. »Bist du der, der sich Papst nennt? Der oberste Führer der Kirche? Jener Christen, die in Palästina vor tausend Jahren einen Mann ans Kreuz nagelten und ihn heute als Götze anbeten?«

»Ich bin Papst Johannes, der X. dieses Namens!«, ignoriert er die ungeheuerliche Blasphemie. »Der Mann zu meiner Rechten ist Seine Majestät, König Berengar von Italien. Der Mann zu meiner Linken ist Graf Theophylakt von Tusculum, der Herrscher Roms ...«

»Wir beten keinen Götzen an, Ungläubiger! Wir sind gekommen, dir ein Ultimatum zu stellen, Spottmaul Mohammed Ali, Sohn des Spötters Raschid Harun!«, kommt Berengar grimmig auf den Punkt. Diplomatische Höflichkeiten und um den heißen Brei herumreden sind ihm zuwider. »Du ergibst dich mit deinen Männern innerhalb von zwölf Stunden, und wir gewähren freien Abzug an die Küste. Besteigt die Schiffe, schert euch zum Teufel nach Sizilien oder Afrika, am besten gleich in die Hölle, und kommt nie wieder!«

»Du drohst mir, kleiner Lausbub, der sich König nennt?«, trotzt Mohammad Omar Ali beleidigt. »Dein Ultimatum ist dumm und sinnlos! Sarazenen ergeben sich nie!«

»Nun gut. Dann äschern wir die Festung eben ein. Ihr werdet alle getötet! Dann gibt es kein Erbarmen! Keine Gnade, Trotzkopf Kommandant von Kairuan!«

»Übertreibt Ihr nicht ein wenig, Majestät?«, flüstert der Papst dem König zu. »Ein provozierter, beleidigter Mann ergibt sich nicht.«

»Das will ich ja, Heiliger Vater. Ich bin nicht gewillt, die Mäuler gefangener Heiden zu stopfen und auf meine Kosten zum Mittelmeer zu transportieren. Tote Sarazenen sind besser als lebende und kehren nicht ins Land zurück. Sie sind ungläubig! Gott hat sie längst verdammt. Sie haben es bloß noch nicht gemerkt.«

Die Antwort auf die königliche Provokation und das gestellte Ultimatum erfolgt prompt. Es ist keine verbale; es ist eine eiserne.

»Gib her!«

Mohammad Omar Ali reißt einem Wachsoldaten die Armbrust aus den Händen. Der Bolzen verfehlt den König um Haaresbreite. Das surrende Geschoss prallt vom königlichen Schild ab und bleibt im rechten Auge des Korporals schräg hinter ihm stecken. Er ist auf der Stelle tot. Er spürt den Aufprall am Boden nicht mehr. Mann und weiße Fahne stürzen in den Schmutz. Gelächter schallt von den Palisaden, das Hohn und Verachtung ausdrückt.

»Zurück!«, befiehlt Graf Theophylakt und gibt das Zeichen. Man ist auf irgendeine hinterhältige Finte vorbereitet. Steine und Brandkugel lösen sich von den Schleudern und Katapulten. Die Geschosse richten gehörigen Schaden in der Festung an. Flammen und dicker Rauch steigen auf. Das

Spottgelächter verwandelt sich in Alarmrufe und Panikgeschrei. Das hat gesessen!

Nach dem Steinhagel und dem Feuerschlag erfolgt ein zweiter. Die Artilleristen legen versiegelte Tongefäße auf. Sie setzen beim Zerplatzen Hornissen und anderes Stechvieh frei. Es gibt auch welche, die giftige Schlangen, Skorpione und Spinnen enthalten. Wehgebrüll tönt aus der Festung. Einige christliche Soldaten veranstalten ein spontanes Freudentänzchen.

Marozias Ehemann, Graf Alberich von Spoleto, hat für die dritte Wurfattacke eine makabere Idee, den Feind zu zermürben. Gefangene Sarazenen werden in die Schlingen und Abschusskörbe der Wurfmaschinen gezwungen und im hohen Bogen bei lebendigem Leib in die Festung geschleudert. Aber Mohammad Omar Ali fackelt nicht lange. Er lässt die Toten umgehend auf die eigenen Katapulte im Kasernenhof legen und bombardiert die christlichen Schlachtreihen seinerseits mit Leichen, wo die makabren Menschengeschosse große Bestürzung auslösen. Der arabische Feldherr überlässt die Entsorgung der Toten dem Feind entgegen dem Koran. Sie stellen eine akute Seuchengefahr dar, wenn sie nicht rechtzeitig verbrannt werden. Er lässt zudem Fäkalientöpfe über die Festungspalisaden schießen; das stinkende Zeug soll Krankheiten in den christlichen Schlachtreihen verbreiten. Zahlreiche Belagerungen in der Geschichte mussten wegen Seuchen aufgegeben werden, so dem assyrischen Heer 731 v. Chr. unter König Salmanassar V. geschehen:

Er musste nach dreijähriger Belagerung von Samaria, der Hauptstadt des Königreiches Israel, unverrichteter Dinge abziehen, bis Sargon II. kam und es 722 v. Chr. endgültig auslöschte. Das Königreich Judäa mit der Hauptstadt Jerusalem widerstand dem Assyrer Joch und existierte weiter. - -

»Wir müssen den Feind aus der Festung locken«, sagt Graf Alberich von Spoleto besorgt. »Wir beschießen sie mit allem, was wir haben, und trotzdem dezimieren wir die Besatzung zu wenig, um sie zur Aufgabe zu zwingen oder auszuhungern.«

»Ich frage mich, woher die Sarazenen die vielen Pfeile und Armbrustbolzen haben«, ergänzt der byzantinische Strategos von Bari, Nicholas Picingli. Eine tiefe Furche gräbt sich in seine Stirn oberhalb der Nasenwurzel. »Sie scheinen ein unerschöpfliches Arsenal zu haben, während es uns an diesen Geschossen mangelt. Wäre es möglich, dass ein Geheimgang sie mit Nachschub versorgt?«

»Das Kastell steht auf gefestigtem Schwemmgrund des Garigliano. Nur stabiler Fels eignet sich für den Tunnelbau«, verwirft Graf Theophylakt von Tusculum die Frage. »Man kann allerdings eine äußere Palisadenwand untergraben und zum Einsturz bringen.«

»Die Mineure kämen der Außenpalisade kaum unbeschadet nahe«, meint König Berengar, um auch mal etwas zu sagen. »Sie würden wie die Karnickel abgeschossen. Wir müssen einen Weg finden, dass der Feind sich gewissermaßen ‚leer schießt', ohne unsere Truppen zu gefährden.«

Die Abdeckplane des Zelteingangs wird von außen hochgeschlagen. Ein Wächtersoldat tritt ein. Er meldet den päpstlichen Heerführern einen Kurier, der soeben aus Rom eingetroffen ist. Er wünscht mit großer Dringlichkeit empfangen zu werden.

»Aus Rom?« Theophylakt horcht auf. Es kann sich nur um einen Abgesandten Theodoras handeln, der eine Nachricht überbringt. Sein Eheweib führt in Abwesenheit des Grafen die Regierungsgeschäfte der Stadt und der Ländereien.

»Er soll eintreten!«, lautet der Befehl.

Der Bote ist nicht als Bote gekleidet. Er trägt einen Helm und Schwert und Dolch am Waffengürtel. Auf dem Brustpanzer prangt das Familienwappen der Grafen von Tusculum. Der Ankömmling entfernt den Helm und klemmt ihn unter den linken Arm.

»Du?!«, entfährt es dem Mund des Theophylakt verblüfft. Er glaubt es kaum, wen er da sieht. Sprachloses Erstaunen herrscht im Hauptquartier. Sekundenlang.

»Vater!« Marozia erweist dem Familienoberhaupt mit einem Kniefall und dem Handkuss Referenz.

»Mein werter Herr Gemahl!«, begrüßt sie Alberich von Spoleto. Sie haucht einen flüchtigen Kuss auf seine Wange. »Wie geht es dem Arm? Ist er genesen?«

»Leidlich, leidlich«, erwidert er mit gedämpfter Stimme. »Ich kann wieder Sarazenenschädel spalten. – Was machst du hier? Weshalb hast du Rom verlassen?«

Marozia ignoriert die Fragen.

»Mein König!« Ein höfischer Knicks erfolgt, wie es Seiner Majestät gebührt.

»Heiliger Vater!« Sie senkt das Haupt für den Kuss des Fischerrings.

»Edle Fürsten! Ich grüße euch!«, schließt Marozia die Zeremonie ab, ohne einer weiteren Person Referenz zu erweisen.

Normalerweise gebührt dem König und dem Papst die erste Referenz. Marozia ist sich glasklar über die Machthierarchie der Anwesenden bewusst und ihrer eigenen Stellung. Diese widerspiegelt sich in der Reihenfolge der Begrüßung: zuerst die Familie, dann der König, die päpstliche Marionette, am Schluss die Fürstenhäupter. Johannes kann froh sein, nicht als Letzter diskreditiert zu werden.

»Was tust du hier, Tochter?!«, verschafft Theophylakt seinem Erstaunen Luft. »Solltest du nicht in Rom sein und die Geschäfte deiner Mutter unterstützen, wie ich es befohlen habe?«

Marozia senkt das Haupt und verharrt in Demutspose.

»Auf ein Wort, Vater. Bitte!« Will heißen: eine Unterredung unter vier Augen. Was sie zu sagen hat, ist nur für die Ohren des Herrn Papa bestimmt.

Obwohl der Graf von Tusculum fast ebenso mächtig wie der König von Italien ist und als graue Eminenz hinter der

Papstfigur wirkt, will er kein Fürstenhaupt aus dem Hauptquartier schicken, schon gar nicht den König. Theophylakt hätte sie kompromittiert, und das wäre einer guten Zusammenarbeit kaum förderlich gewesen, nur um seine Tochter anzuhören.

Fragende Blicke Alberichs. Ein kaum merkliches Nicken Marozias bestätigt, er soll dem Schwiegervater folgen. Sie kann dem Ehemann die Anwesenheit wohl kaum verweigern.

»Wehe, Tochter, deine Nachricht ist nicht dringlich, wichtig!«, droht der Vater in seinem Zelt neben dem päpstlichen Hauptquartier. »Was hast du zu sagen? Sprich!«

»Mama schickt mich, meinem Herrn Vater zu sagen, dass sich in Tuszien die Machtverhältnisse ändern. Markgraf Adalbert (II.), aus dem Hause Bonifazius, den man den Reichen nennt, liegt im Sterben. Sein ältester Sohn Wido (Guido) werde nach dessen Tod Herzog von Lucca und Markgraf von Tuszien unter der Regentschaft seiner Mutter Berta von Lotharingen, die eine illegitime Tochter König Lothars (II.) ist.«

Spannung. Hochspannung. Ein paar Sekunden lang. Wie wird Papa auf die Nachricht reagieren? Bertas Regentschaft wird die Machtverhältnisse in Tuszien zweifellos verändern. Und wenn ihr Sohn Wido volljährig wird? Alberich zuckt mit keiner Wimper. Es ist ihm klar, was das bedeutet, bedeuten könnte.

Theophylakt lässt die Luft gelassen aus der Nase gleiten. »Deshalb schickt dich mein Eheweib hierher aufs Schlachtfeld, um mir das zu sagen?«

War das jetzt ein Tadel?

»Noch dies, mein Herr Vater«, fährt Marozia weiter. Sie kann ja nichts dafür. Sie handelt im Auftrag der Senatrix et Patricia Romanorum. »Mutter hat eine Revolte im Senat niedergeschlagen, bevor sie zum Volksaufstand eskalierte. Es gab zahlreiche Tote in der Stadt. Als ich Rom vor drei Tagen verließ, war die Lage ruhig. Mama hat die Rädelsführer öffentlich hinrichten lassen.«

»Namen!«

»Unzufriedene, Ganoven, Dummköpfe, Blödmänner! Mutter sagt, die Crescentier stünden dahinter. Sie hat bereits eine erste Maßnahme ergriffen, diese machthungrige Familie zu zähmen, ohne einen Bürgerkrieg zu provozieren.«

»Welche? Sprich!«

»Sie will – und dazu erbittet sie dein Einverständnis – meine Schwester Theodora mit Giovanni Crescentius, dem ‚Vestararius‘, dem päpstlichen Kämmerer und Finanzverwalter, verheiraten. Mama sagt, mit dieser Heirat schlagen wir zwei Fliegen auf einen Streich: Wir Tusculaner kontrollieren direkt die finanziellen Vorhaben des Papstes und vertiefen die Abhängigkeit des Laterans von den Grafen von Tusculum; gleichzeitig unterbinden wir durch die Hochzeit das Machtgebaren unserer ewigen Konkurrenten in Rom, die Crescentier.«

Graf Theophylakt nickt vor sich hin. Ein geschickter politischer Schachzug, das muss er zugeben. Alberich zuckt mit keiner Miene. Seine Schwiegermutter ist eine wahrlich gefährliche Frau, wenn man sie zum Feind hat und die Macht der Tusculaner bedroht ist. Ja, und sein eigenes Weib Marozia ist auf dem besten Weg, es ihr gleichzutun. Wenn es denn so weit ist!

»Sag an, Tochter: Weshalb schickt Theodora dich, um mir das mitzuteilen?«, fragt der Graf sein Geblüt, ohne sich über sein eigenes Urteil zu äußern.

Marozia schluckt leer. Sie hat höchsten Respekt vor der Autorität des Vaters.

»Mutter schickt mich, weil – weil du vielleicht einem Boten nicht geglaubt hättest. Weil du den Boten wegen einer schlechten Nachricht vielleicht hättest hinrichten lassen. Weil …« Marozia unterbricht sich. Sie senkt den Blick demütig zu Boden.

»Weil?«

Marozias Kehle ist ausgetrocknet. Die Zunge liegt dick im Gaumen. Noch hat sie nach dem schnellen Ritt nichts getrunken.

»Mama schickt mich zu dir – und Alberich, meinem Gatten, aufs Schlachtfeld«, fügt sie hinzu. »Sie meint, ich könne viel übers Kriegshandwerk erfahren und von deiner Truppenführung lernen. Es sei vorzüglich, wenn ein Weib Soldaten kommandieren kann, wenn ich einmal Senatrix und Patricia von Rom bin«, sagt sie kleinlaut, bescheiden.

Die Geräusche des Heerlagers dringen von draußen ins gräfliche Zelt. Alberich von Spoleto schweigt. Seine Familie erfüllt durch die Ehe mit Marozia lediglich einen lieblosen, politischen Zweck, vielleicht mit ein wenig gegenseitiger Sympathie – nichts weiter. Alberich könnte sein Weib manchmal fürchten, gleich der Skrupellosigkeit der Schwiegermutter. Da geziemt es sich, nur zu reden, wenn man gefragt wird. Er weiß, die Fickerei seiner Gattin mit Papst Johannes ist eine rein zweckdienliche Sache. Sie hat mit Moral rein gar nichts, aber mit Politik sehr viel zu tun.

»Ich danke dir, mein Kind«, sagt Graf Theophylakt nach einer Weile zufrieden. »Deine Mutter hat recht getan. Du hast ihr gehorcht und recht getan. Komm, lass dich umarmen!«

Marozias zierliche Gestalt versinkt zwischen den starken Armen an der riesenhaften Brust des Vaters. Er schlägt den Gong. Ein Bediensteter tritt ins Zelt.

»Wein! Vom besten!«, lautet der Befehl.

»Und Fleisch und Brot«, ergeht Marozias Anweisung direkt an den Diener. »Ich bin hungrig vom langen Ritt hierher.«

»Bist du allein gekommen? Oder hast du eine Eskorte?«

»Mama sagte, zehn Mann und ein Korporal würden als Begleitmannschaft genügen, um Wegelagerer und Räuber abzuwehren«, erwidert die Gefragte ein wenig müde. »Du weißt, Vater: Ich bin der Schwertführung durchaus kundig; du hast mich gut ausgebildet. Ich habe jetzt in Rom den besten Fechtlehrer. Ich verstehe, einen Angreifer ins Jenseits zu befördern. Und du hast mir durch das Schachspiel strategisches Denken beigebracht.«

»Und dein Kind? Alberich? Wie heißt doch gleich der Bastard, den du von Papst Sergius geboren hast?«

»Johannes«, antwortet Marozia lakonisch. Sie liebt beide Kinder, den Alberich vielleicht ein bisschen mehr. »Sie sind in Aglaias Obhut. Es geht ihnen gut. Sie wachsen und gedeihen. Manchmal findet Großmutter Zeit (sie meint ihre Mutter Theodora), mit den Kleinen zu spielen. Sie hat vor allem an Alberich den Narren gefressen.«

»Leidet mein Weib noch immer unter argem Husten?«

Marozia bejaht. Er sei schlimmer geworden. Vor allem nachts. Sie könne ohne das ärztliche Elixier kaum schlafen.

»Vater, darf ich dich etwas fragen?«, wechselt die Tochter abrupt das Thema. Es ist ihr jetzt genug der Familienangelegenheiten. Der Gefragte nickt milde.

»Ich habe eure Beratung im päpstlichen Hauptquartier gehört, als ich wartete, von euch empfangen zu werden«, sagt Marozia. »Ihr habt gefragt, wie der Feind aus der Festung zu zwingen wäre. Wie ihn zu dezimieren. Wie ihn zu veranlassen, Pfeile und Armbrustbolzen abzuschießen, ohne unsere eigenen Truppen zu gefährden. Wie die Mineure den Festungspalisaden nahe kommen könnten, um sie zum Einsturz zu bringen. – Darf ich einen Vorschlag machen?«

Graf Theophylakt schlägt die Eingangsplane zurück. Er betritt als Erster das Zelt des päpstlichen Hauptquartiers.

»Hört meine Tochter Marozia an, was sie zu sagen hat«, fordert er die versammelten Edelhäupter vor den auf Tischen ausgebreiteten Karten auf. »Sprich!«

König, Papst und Fürsten machen große Augen und trauen den Ohren nicht. Was Marozia vorschlägt, ist machbar, effektiv, entscheidend. Teufelsweib? Ein gesandter Engel des Herrn? Gewiefte Strategin? Vor allem der Strategos von Bari hätte als erfahrenster Krieger von allen darauf kommen müssen und nicht ein niedriges Weib.

Die Befehlsausgabe erfolgt sofort; die Vorbereitungsarbeiten werden unmittelbar eingeleitet …

Der Beobachtungsposten auf der Festung holt Mohammad Omar Ali auf die Palisadenplattform des Eckturms auf der flusszugewandten Seite.

»Bei Allah, was haben die vor?«, rätselt er. »Das ist ja eine Armada von Schiffen! Eine Abteilung Bogen- und Armbrustschützen her!«

Die Befohlenen gehen in Stellung.

»Erst schießen auf meinen Befehl! Wir haben nur wenige Pfeile und Bolzen zur Verfügung. Wir müssen haushälterisch damit umgehen.«

Marozia höchstselbst sitzt im vordersten Boot, das den Garigliano hinaufrudert. Zwanzig Schiffe folgen in Formation. Sie sind dick mit Schilf, Stroh und wasserdurchtränkten Planen bedeckt. Die Seitenwände sind mit den Schilden der Soldaten verstärkt, damit kein Pfeil, kein Armbrustbolzen durchschlägt.

»Keine Angst, Soldaten!«, sagt Marozia fast mütterlich tröstend. »Es kann nichts passieren. Seid bereit! Gleich werden sie schießen und uns ihre Pfeile und Armbrustbolzen schenken, die wir dann gegen sie verwenden.«

Ein arger Pfeilhagel geht auf die »gepanzerten« Boote nieder. Die Soldaten an den Rudern ziehen die Köpfe ein. Die Geschosse bleiben wirkungslos in den dichten Strohabdeckungen und dicken Schilfbündeln stecken. Feuerpfeile können nichts ausrichten. Die Flammen verlöschen in den wassergetränkten Planen. Die auftreffenden Armbrustbolzen sind wuchtig. Ihre Durchschlagskraft reicht aus, das Schilf und das Stroh zu durchdringen; sie bleiben aber wirkungslos im Holz der Schilder stecken, die die Wände vor dem Beschuss zusätzlich schützen.

»Seht ihr? Wir bleiben unversehrt. Wie ich es vorausgesagt habe«, verkündet Marozia der Rudermannschaft stolz.

»Und wenn die Sarazenen Brandkugeln schießen? Die Boote mit Steingeschossen versenken, durchlaucht Marozia?«, munkelt der Steuermann verängstigt. Er hält das Leitruder fest unter den linken Arm geklemmt und bekreuzigt sich mit der anderen Hand.

Die Gräfin lächelt müde und fast spöttisch. »Was seid ihr für Angsthasen!«, ruft sie aus. »Ihr seid Männer? Soldaten? Ich bin ein schwaches Weib! Aber ich fürchte mich nicht! Schleudern und Katapulte können die Geschosse nicht im steilen Winkel hochschießen, was sie nämlich tun müssten, um uns zu treffen; wir sind zu nah an der Festung dran. Schleudern und Katapulte sind Bogenschusswaffen. Der Feind muss uns direkt mit Pfeil und Armbrustbolzen beschießen.«

Der Beschuss trommelt auf die Boote nieder.

»Die Sarazenen glauben tatsächlich, wir greifen sie an?«

»Das ist der Sinn der Sache, Soldat«, erwidert Marozia gelassen.

»Kurshalten, Steuermann! Langsam weiterrudern, bis das Horn für das Wendemanöver ertönt. Dann erbeuten wir weitere Pfeile auf der anderen Bootsseite.«

Der päpstliche Führungsstab der »Christlichen Liga« beobachtet vom Ufer die Bootsarmada mit höchstem Interesse. Das gesamte Heer sieht zu, wie der Feind Marozias List auf den Leim geht, weil er glaubt, ein Angriff finde vom Fluss her statt. Es ist zu spät, bis Mohammad Omar Ali die Finte durchschaut. Es verbleiben höchstens tausend Pfeile in den Köchern und vielleicht hundert Armbrustbolzen im Arsenal. Der Fluch Allahs treffe die Christen!

»Marozia! Teufelsweib!«, ruft König Berengar überwältigt aus. »Die Kriegslist klappt tatsächlich! Seht! Die Boote sind mit Pfeilen dicht bespickt. Sie sehen wie Igel aus. Ich hätte nie gedacht, dass Eure Tochter es wagt, sich persönlich ins Führungsboot zu setzen und beschießen zu lassen. Sie ist so gescheit wie mutig. Alle Achtung, Graf von Tusculum! Seid stolz auf Eure Tochter! Und Ihr, Graf von Spoleto, auf Euer Eheweib.«

Seine Majestät gibt das Zeichen für das zweite Hornsignal zum Rückzug. Papst Johannes schlägt das Kreuz über den Booten im Namen des Vaters, des Sohnes und des Heiligen Geistes.

Marozia wird wie ein siegreicher Feldherr bejubelt. Ein guter Ruf und die Unterstützung der Armee sind notwendig, wenn sie eines nahen Tages die Senatrix und Patricia von Rom sein wird. Verlässliche Truppen sind ein unentbehrliches Machtinstrument nach außen und nach innen. Sie dienen dem Krieg, dem Machterhalt der Dynastie und deren Erweiterung sowie der Niederschlagung von Umsturzversuchen und Volksaufständen. Das hat Mutter gerade erst bewiesen. Marozia ist die erste Frau, die in Italien im Krieg gegen die Sarazenen in der höchsten Heeresführung des Königs einsitzt und auf deren Wort die Feldherren hören – und das mit jungen fünfundzwanzig Jahren!

Wie jagt man den Feind aus einer Festung? Indem man ihn belagert, aushungert, ihn zermürbt, ihm aber einen Fluchtweg offen lässt, der nicht nach einer Falle riecht. Diesen Vorschlag unterbreitet Marozia dem Vater und dem Gatten. So wird es jetzt gemacht. Wie das? Indem man einen Rückzug vortäuscht. Indem man vorgibt, den Belagerungsring zu öffnen und große Truppenteile außer Sichtweite in gestaffelten Hinterhalten postiert. Ohne ein großes Pfeil- und Armbrustbolzenarsenal, ohne Brandgeschosse, zermürbt und hungrig, wären die Sarazenen schnell bereit, einen Ausfall zu riskieren. Die Offiziere hätten größte Mühe, eine Meuterei zu verhindern, falls man die unverhoffte Fluchtgelegenheit verpasst.

Kommandant Mohammad Omar Ali wundert sich: Weshalb lockert die »Christliche Liga« die Belagerung? Gerade hat man durch List seine wichtigste Verteidigungswaffe geschwächt. Weshalb zieht der Papst im Nordosten große Truppenteile zurück? Organisieren sie sich neu? Werden sie durch frische Streitkräfte abgelöst? Da ist etwas faul! Die Nachschubschiffe von Sizilien sind überfällig. Die aus Afrika sind längst abgeschrieben, weil man sie dort selbst braucht. Die »Christliche Liga« beschießt weiterhin die Festung »Kairuan« und lässt ihr keine Ruhe. Die Stimmung der Sarazenen ist auf dem Nullpunkt angelangt, der Kampfeswille gebrochen. Der Untergang der arg dezimierten Garnison steht auf Messers Schneide.

Mohammad Omar Ali beschließt zu warten, die Machenschaften des Feindes scharf zu beobachten, aber einen allfälligen Ausfall vorzubereiten. Diese Möglichkeit hilft den zermürbten, übermüdeten, hungrigen Soldaten, dem christlichen Pfeil- und Katapultbeschuss standzuhalten und eisern durchzuhalten. Allahu akbar! Gott ist groß!

»Wieso kommen sie nicht endlich raus?«, wundert sich König Berengar mürrisch. Seine Majestät ist über den trotzigen Widerstand der Sarazenen erstaunt. »Sie müssten unter unserem Bombardement längst alle tot oder verwundet sein. Die verfluchte Feste ist stabiler gebaut als angenommen. Sie hätte längst ausbrennen oder zusammenstürzen sollen. Ob dieses Wiesel Omar Ali Lunte gerochen hat? Und deshalb die Fluchtmöglichkeit nicht packt? – Was sagt Ihr, Marozia? Ist Euer genialer Plan gescheitert?«

Die Gefragte in der Rüstung der Grafen von Tusculum schüttelt das schöne Haupt. »Sie haben keine Wahl, Majestät. Bleiben sie in der Feste, sterben sie. Kommen sie heraus, können sie überleben.«

»Wir machen keine Gefangenen, gute Marozia«, wendet der König ein. »Sie sind Ungläubige, die allesamt den Tod verdienen.«

»Vielleicht unterschätzt Ihr die Bereitschaft der Sarazenen, als Märtyrer im Kampf zu sterben, Majestät? Sie kommen direkt ins Paradies«, gibt Papst Johannes zu bedenken, um auch mal was zu sagen.

»Ach Quatsch!«, fährt Berengar verärgert auf. »Die fahren direkt in die Hölle! Unsere rechtgläubigen Soldaten kommen ins Paradies, wenn sie im Kampf gegen die Ungläubigen fallen, nicht wahr, Heiligkeit? Nicht diese gottverfluchten Heiden! Das ist doch die allein seligmachende Lehre der heiligen katholischen Kirche? Oder irre ich da?«

Johannes schweigt betroffen. Ist es möglich, dass beide Religionen aus demselben Kraftquell Kampfeswille und Tapferkeit schöpfen? Aber das ist eine ketzerische Frage. Die darf man nicht stellen.

»Sie kommen heraus! Wenn sie eine Möglichkeit sehen«, wirft Marozia ein, bevor eine theologische Frage in einen argen Disput ausartet. »Wir sind geduldig und – warten! Wir müssen die Ausfalltore der Feste scharf im Auge behalten.«

»Und unsere Hinterhaltskräfte rechtzeitig alarmieren. Wenn sie dann herauskommen«, ergänzt Graf Alberich von Spoleto. Die Gemahlin stimmt ihm zu.

Das Warten dauert drei Tage. Dann passiert es. Das Haupttor von »Kairuan« öffnet sich plötzlich lautlos in der Nacht. Alle schlafen. Die Wächter sind vor Langeweile an den Lagerfeuern eingenickt. Eine Reiterei kommt heraus. Die Hufe sind mit Tüchern umwickelt. Die Pferde sollen möglichst keine verräterischen Schrittgeräusche machen. Ein gestreckter Galopp in die Dunkelheit hinaus wäre eigentlich zu erwarten gewesen und kein Hinausschleichen. Aber galoppieren kann man, wenn der Belagerungsring unbemerkt passiert ist, meint Mohammad Omar Ali. Es herrscht striktes Redeverbot. Keine Fackel leuchtet den Weg. Den Flüchtigen genügt das Sternenlicht.

Der Gouverneur und Oberbefehlshaber der sarazenischen Armee kennt das Land gut. Er weiß, wo die seichten Furten sind, um den Garigliano zu überqueren. Die Topografie ist ihm bestens bekannt, und er weiß sie zum eigenen Vorteil zu nutzen. Kein Feldherr kann sein Heer ohne genaue Geländekenntnis zum Sieg führen. Er kennt die Handelsrouten, die Nachschublinien der Armee, die geeigneten Hinterhaltsverstecke, geheimen Vorratslager, die Ausweich- und Rückzugsmöglichkeiten, und er wählt das Schlachtfeld selbst aus, sollte eine militärische Konfrontation unvermeidlich sein.

Mohammad Omar Ali und seine Leute schlagen den Weg in die nordwestlichen Berge ein und nicht zur südwestlich gelegenen Küste, wie es der Gegner eigentlich erwartet. Es wäre der kürzere Fluchtweg von »Kairuan« zum Meer gewesen, um nach Sizilien, Sardinien oder sonst wohin ins Pfefferland zu entkommen. Die »Christliche Liga« hat vorerst die Rechnung ohne den Wirt gemacht.

Die Sturmtruppen finden eine verlassene Festung vor. Die zurückgebliebenen kranken und verwundeten sarazenischen Soldaten werden unbarmherzig abgeschlachtet: Sie marschieren allesamt stolz und aufrecht als Märtyrer durch das Paradiestor zu Allah, der sie segnet und jeden Einzelnen mit 72 Jungfrauen belohnt. »Kairuan« wird eingeebnet – die Archäologen kennen den genauen Standort bis heute nicht. Der mächtige Trümmerhaufen geht in lodernde Flammen auf. Das Feuer brennt vier Tage himmelhoch und erleuchtet fünf Nächte lang die Uferebene des Garigliano. Dann verglimmt es langsam zu einem mächtigen Aschehaufen in den beiden folgenden Wochen.

Die geflüchteten Sarazenen werden durch die Einheimischen schnell entdeckt. Spione berichten: Der Feind habe sich auf einem Hügelzug eingerichtet, der von drei Seiten steil abfalle und über eine Quelle verfüge. Es seien mindestens fünfzig Mann und ebenso viele Pferde.

»Ihr habt Euch wohl ein weiteres Mal geirrt, teure Marozia«, stellt König Berengar fest. Ist da ein kleiner höhnischer Unterton in der Stimme? Ein Weib sollte sich besser von militärischen Angelegenheiten heraushalten. Seine Majestät muss aber der Tochter des Grafen Theophylakt von Tusculum durchaus ein militärisches strategisches Flair zugestehen.

»Marozia hat nicht gesagt, dass die Sarazenen zum Meer hin ausbrechen werden, Majestät«, sagt Theophylakt, ohne sein Geblüt in Schutz zu nehmen. »Sie sagte lediglich, dass sie aus der Feste herauskommen werden, wenn wir ihnen die Möglichkeit dazu bieten. Niemand konnte eine Flucht in die Berge voraussehen. Mohammad Omar Ali wird seine Leute jetzt zweifellos neu formieren. Es bleibt ihnen aber schlussendlich keine andere Überlebensmöglichkeit, als die Flucht übers Meer nach Sizilien oder Sardinien. Wir sollten sie dort belagern, wo sie jetzt sind und sich verschanzt haben. Fünfzig Mann können kaum lange Widerstand leisten.«

Ein guter Vorschlag! Gesagt, getan! Unter dem päpstlichen Segen! Die christliche Armee länger um die geschleifte, abgefackelte Festung »Kairuan« stationiert zu halten, ist jetzt obsolet geworden.

Fürst Johann I. von Gaeta und sein Sohn Docibilis (II.) schlagen der päpstlichen Heeresführung vor, mit ihren der Liga angeschlossenen Truppen einen Speerkeil vor dem Golf von Gaeta vorzutreiben, und Fürst Gregor IV. und sein Sohn Johann (II.) machen das Gleiche vor der Stadt Neapel. Entflohenes Sarazenenpack könne so rechtzeitig abgefangen und vernichtet werden.

»Ha!«, fährt König Berengar von Italien verärgert auf. »Zwei Sperrriegel wegen fünfzig Mann? Welch sinnloser Aufwand! Ihr wollt euch bloß aus der Liga verabschieden und nach Hause gehen.«

»Ich bitte Euch, Majestät!«, wagt Gregor zu widersprechen. »Wir alle sind Euch und dem päpstlichen Banner verpflichtet und treu ergeben. Wir kämpfen, bis der letzte Sarazene in Latium getötet ist.«

»Also? Auf was wartet ihr?«, ertönt Marozias Stimme im Hintergrund. »Belagert die Ungläubigen dort, wo sie sich verschanzt haben. Wir hungern sie aus, vergiften ihre Quelle, beschießen sie pausenlos mit den erbeuteten Pfeilen und Armbrustbolzen, rauben ihre Pferde, damit sie sie nicht für einen Ausbruch oder als Nahrung benützen können, versprechen Verschonung, wenn sie sich ergeben, und richten dann alle hin, wenn sie es getan haben.«

Überraschte Stille herrscht im päpstlichen Kommandozelt.

»Das ist meine Tochter und dein teures Eheweib!«, munkelt Theophylakt dem Schwiegersohn, dem Grafen Alberich von Spoleto, ins Ohr. »Gebt Acht, wenn sie einmal ihrer Mutter in den römischen Senat nachfolgt!«

Die Armee der »Christlichen Liga« schließt den Hügelzug rasch ein, auf dem die Sarazenen sich niedergelassen haben. Es gibt nur einen Zugang auf die Kuppe und der ist steil und gut zu verteidigen. Es gibt oben Gras für die Pferde. Ein Pinienwäldchen liefert das Holz für die Errichtung eines rudimentären Palisadenzauns und die Lagerfeuer. Weiter unten sprudelt eine versteckte Quelle aus dem Fels. Es gibt keinen Unterstand gegen Wind und Wetter. Die Belagerten müssen unter freiem Himmel ausharren.

Mohammad Omar Ali gelingt es, zwei Überraschungsangriffe unter der Führung von Graf Alberich von Spoleto und Fürst Landulf von Benevento abzuwehren. Die Sarazenen werfen Steinbrocken und Schleudersteine und färben in brutalen Nahkämpfen ihre Krummschwerter rot mit dem

Blut der christlichen Feinde. Die Angreifer ziehen sich nach herben Verlusten zum Hügelfuß zurück.

Die Belagerung zieht sich hin: eine Woche – zehn Tage! Ein frustrierter Unmut macht sich unter den Soldaten der »Christlichen Liga« breit. Die verruchten Ungläubigen stehen gewiss mit dem Teufel im Bunde, dass sie so lange und erfolgreich widerstehen können. Der massive Pfeil- und Armbrustbolzenbeschuss erweist sich nahezu als wirkungslos; der Feind steht vorteilhaft oben, und die Geschosse sind Flachbahnwaffen.

Die vorgeschobenen Beobachtungsposten hören die Muslime manchmal auf der Hügelkuppe oben zu den vorgeschriebenen Betzeiten ihren Gott Allah anrufen. Marozia meint: Eine Attacke während des Gebets zu einem Götzen wäre gewiss erfolgversprechender als ein Frontalangriff. Aber die Wächter auf der Palisadenwand sind aufmerksam. Ein herber Steinhagel geht auf die Angreifer unter dem päpstlichen Banner nieder, und das vorangetragene Kreuz des Herrn geht zu Bruch. Wie kann Gott das zulassen? Unterliegt der Herr Jesus Christus jetzt einem Götzen?

Die Lage der Sarazenen wird zunehmend prekärer und aussichtsloser. Der Hunger quält. Pferde werden geschlachtet. Die Abwehrkämpfe dezimieren ihre Reihen empfindlich. Mohammad Omar Ali verfügt gerade noch über sechsunddreißig einsatzfähige Krieger: sechsunddreißig von achthundertfünfundfünfzig, als die Belagerung der Festung »Kairuan« begann.

Die hoffnungslose Situation zwingt zu einem Ausbruch. Bleiben die Sarazenen auf der Hügelkuppe, dann sterben sie. Mohammad platziert die Kranken und Verwundeten auf der Palisade. Sie opfern sich freiwillig dem Märtyrertod für ihren Gott Allah und erhoffen den Lohn von zweiundsiebzig Jungfrauen im Paradies. Man entzündet Fackeln. Ein Ablenkungsmanöver?

Seile fliegen über die Abbruchkanten auf der Hügelrückseite. Dunkle Schatten seilen sich lautlos ab und gehen in Deckung. Ein geballter Ausfall wäre im Ansatz gescheitert, also teilt man sich in Einzelpersonen und Kleintrupps auf. Es ist die einzige Chance, der christlichen Belagerungshölle zu entrinnen. Jeder Einzelne soll sich allein oder höchstens zu zweit zur Küste durchschlagen und auf einem Schiff anheuern, das nach Sizilien segelt.

Was Mohammad Omar Ali nicht erwartet hat, sind Hunde. Hunde bellen, wenn sie etwas wittern. Hunde sind schneller als Menschenbeine, und Hunde beißen jeden Unbekannten. Zudem besitzt jeder Moslem eine abgrundtiefe Abneigung gegen Hunde. Sie sind unrein und geifern. Es sind niedrige Kreaturen, die Allah höchstselbst verabscheut.

Feldherr Mohammad Omar Ali und sein Leibdiener werden von einer Hundepatrouille gestellt und überwältigt. Die prunkvolle Kleidung des einen lässt einen ranghohen Feind vermuten, den man nicht einfach niedermetzeln sollte. Dröhnende Hörner lösen Alarm aus und überschlagende Stimmen verkünden Ausbrecher, die einzeln unterwegs und zu verfolgen seien.

Soldaten schleppen die beiden Gefangenen mit herben Fußtritten und Fausthieben vor die christliche Heeresführung. Hat man einen fetten Fang gemacht?

Papst Johannes bekreuzigt sich vor den ungläubigen Sarazenen. Sie tragen nämlich böse Dämonen in sich, die vielleicht die ganze Armee verseuchen.

Graf Theophylakt von Tusculum schlägt dem bärtigen Mann in den prächtigen Kleidern, die aus Samt und Seide bestehen, den konischen Prunkhelm vom Kopf und fügt ihm mit der Reitpeitsche links und rechts auf der Wange ein blutiges Mal zu.

»Deinen Namen, Ungläubiger!«, lautet die derbe Aufforderung. Er ist bereit, den Trotz und Stolz des Arabers mit weiteren Hieben zu brechen.

»Schlag nicht meinen Diener Abdul Hassan, Graf von Tusculum, Schänder! Schlag mich, wenn du in deiner maßlosen Genugtuung zuschlagen musst. Wir haben die Kleider getauscht. Ich bin Mohammad Omar Ali, Gouverneur von Latium und oberster Feldherr aller sarazenischen Truppen in Italien. Jetzt kannst du mich abschlachten, Barbar! Ich bin bereit, ins Paradies zu gehen. Allahu akbar – Gott ist groß!«

Theophylakt verschlägt es einen Augenblick die Sprache. Alle Anwesenden schweigen betroffen.

»Du kennst mich, Ungläubiger?«

Der Gefangene mit den auf den Rücken gefesselten Händen hebt stolz das Haupt. »Ich kenne euch alle, ihr Verworfenen Allahs, meines Gottes: den Emir Berengar von

Italien, den Oberpriester Johannes, der im Vatikan in Rom ein ausschweifendes Leben führt, und alle anderen unwürdigen Fürstenhäupter, die sich zur unseligen ‚Liga' zusammenschlossen, um den wahren Glauben des Islam zu zerstören. Soll ich ihre Namen aufzählen? Sie würden meine Zunge beleidigen!«

Graf Theophylakt ist zu abgebrüht, um die Fassung zu verlieren.

»Majestät!«, spricht er den König an. »Ihr habt zugesagt, mir den Mohammad zu überlassen, falls wir seiner habhaft werden. Steht Ihr zu Eurem Wort?«

Berengar grinst schelmisch und macht eine ausladende Geste. »Der Sarazene sei Euer, Graf«, sagt er mit belegter Stimme. »Tut mit ihm, was Euch beliebt.«

Ein respektvolles Nicken verdankt die königliche Gewährung.

»Du bist ein Feigling!«, betitelt er voller Verachtung den aufrecht und stolz vor ihm knienden Araber. »Nur ein erbärmlicher Feigling und Angsthase tauscht mit seinem Diener die Kleider …«

»Mach keine Worte, Barbar! Handle! Schlag mir endlich den Kopf ab und mach mich zum Märtyrer!«, unterbricht Mohammad Omar Ali den Grafen. »Na, mach schon! Zieh dein Schwert! Auf was wartest du? Bist du feige? Ein Moslem weiß aufrecht und furchtlos zu sterben. Ein Christ winselt hündisch, wenn er dem Tod ins Auge blickt. Das habe ich hundert Mal erfahren.«

Der Sarazene senkt das Haupt, bereit, die Klinge zu empfangen, die ihn direkt ins Paradies befördert.

Graf Theophylakt lässt sich nicht provozieren. Er verzieht den Mund zu einem hämischen Grinsen.

»Das hättest du wohl gern: einen Heldentod. Nein. Du sollst leben. Du sollst unwürdig wie ein Hund leben. Ich werde dich in Ketten in deinen edlen Gewändern in einem Triumphzug dem Volk von Rom vorführen. Du wirst meine lebende Siegestrophäe sein. – Jetzt nehmt dem Diener die Kleider ab und gewandet den Ungläubigen wieder mit den eigenen. – Wache!«

Zwei bewaffnete Soldaten treten stramm vor, den gräflichen Befehl zu empfangen.

»Den«, der Graf zeigt auf Abdul Hassan, »lässt ihr enthaupten, sobald er sich der Kleider entledigt hat. Und du, mein teurer Schwiegersohn, bringst mir seinen Kopf in Wein und Essig in einem Tongefäß.«

Theophylakt von Tusculum klopft dem überraschten Alberich von Spoleto freundschaftlich auf die Schulter.

»Dann sperrst du meine Kriegsbeute in einen Gefängniswagen ein. Du bist mir für seine Sicherheit verantwortlich. – Marozia!«, ruft er die Tochter wohlgemut an. »Wir brechen im frühen Morgengrauen nach Rom auf! Die Schlacht am Garigliano ist siegreich beendet!«

König Berengar von Italien fühlt sich übergangen. »Auf ein Wort, Graf von Tusculum«, hält er den Beherrscher Roms zurück. »Hatten wir nicht eine Abmachung nach dem Sieg über die Sarazenen? Werdet Ihr Euer Versprechen halten?«

Theophylakt neigt kurz das Haupt, um Respekt zu erweisen. »Ich bin ein Mann von Ehre, Majestät, und halte ein gegebenes Wort«, erwidert er streng. »Kehrt jetzt mit Eurer Armee in die königliche Residenz zurück. Ein Kurier wird Euch nach Rom berufen, sobald alles vorbereitet ist. Keine Bange: Ihr werdet sein, wonach Ihr strebt!« - -

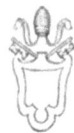

Die Trauung Theodoras, der jüngeren Schwester Marozias, mit Giovanni Crescentius, wird im engen Dynastenkreis vollzogen. Hochzeiten in hohen Adelskreisen sind normalerweise ein rauschendes Volksfest für die Bevölkerung einer Stadt. Das Brautpaar wird öffentlich gefeiert und in glänzenden Prozessionen durch bekränzte Straßen begleitet. Speisen werden für die Armen ausgegeben. Musiker spielen auf. Es wird getanzt, gelacht, gesungen. Man wünscht den Vermählten einen reichen Kindersegen.

Am Morgen nach der Hochzeitsnacht versammelt sich eine rege Menschenmenge vor dem Palast des Bräutigams. Man will den Blutfleck der vollzogenen Ehe auf dem Laken sehen. Dieses wird auf dem Balkon an einem Fahnenmast zu feierlichen Fanfarenklängen aufgezogen. Dann herrscht für ein, zwei Tage Jubel, Trubel, Heiterkeit. Das Volk will in neun Monaten ein Baby sehen.

So geschieht es nicht bei der Eheschließung zwischen Theodora (II.) und Giovanni Crescentius. Die Mutter muss herben Druck auf die Tochter ausüben, weil sie sich heftig sträubt, einen fünfundzwanzig Jahre älteren Mann, den sie kaum kennt und nicht liebt, heiraten zu müssen. Störrische Töchter verschwinden in einer solchen Situation meistens zeitlebens als Nonnen in den Klöstern, wo strenge Zucht und Ordnung herrscht und die Äbtissinnen ein körperliches Strafrecht ausüben. Für Theodoras Mutter ist das keine Alternative. Sie droht der Widerspenstigen mit dem dunklen Verlies bei Wasser, Brot, Durchzug und Kälte, bis ihr Trotz gebrochen und sie bereit sei, den Vestastarius, den päpstlichen Kämmerer und Finanzverwalter, zu ehelichen. Es ist eine rein politische Heirat. Sie hat nichts mit Liebe zu tun. Sie dient den Grafen von Tusculum einzig und allein, die Macht im Senat zu festigen, die rebellischen Crescentier zu bändigen und die päpstlichen Finanzen zu kontrollieren. Das Liebesglück der Tochter spielt keine Rolle.

Die Ehe ist kaum vollzogen, da trifft ein Kurier bei der Senatrix-Patricia von Rom in der Engelsburg ein. Er kündigt die siegreiche Rückkehr des Gatten nach der Vertreibung der Sarazenen aus Latium an. Theophylakt wünscht einen glamourösen Triumphzug durch die Stadt zum Forum Romanum abzuhalten. Seine Heiligkeit Johannes X., Marozia und ihr Mann Alberich von Spoleto sind im Gefolge und wünschen gleichfalls vom Volk begrüßt zu werden.

Theodora (I.) beruft den Senat ein. Rom soll für einen

prachtvollen Empfang vorbereitet und das Volk als Jubelkulisse aufgeboten werden; wenn es denn sein müsse, mit grober Gewalt.

Die römische Stadtbevölkerung war seit je für strahlende Triumphzüge, Brot und Spiele zu haben. Sie waren und sind eine willkommene Ablenkung vom tristen Alltag und drückender Not.

Jetzt jubeln die Leute dem Beherrscher Roms für den glorreichen Sieg über die Ungläubigen am Garigliano stürmisch zu. Graf Theophylakt von Tusculum lässt sich herab, neben dem Papst zu reiten; die »Christliche Liga« errang schließlich den Sieg unter dem Banner des Heiligen Vaters und mit Gottes Beistand. Mögen die verfluchten Sarazenen jetzt in der Hölle braten!

Ein traurig dreinblickender Esel zieht hinter den Triumphatoren den Gefängniswagen. Ein arabisch, in Samt und Seide gekleideter Gefangener sitzt in schweren Schellen im Stroh. Es ist der gestürzte Gouverneur von Latium und oberste Befehlshaber der sarazenischen Truppen in Italien: Mohammad Omar Ali. Eine Schutzeskorte verhindert gewalttätige Übergriffe aus dem Volk und stinkigen Bewurf von faulen Eiern. Dem knarrenden Zweiradgefährt folgt Marozia an der Seite ihres Gatten Alberich von Spoleto. Der stürmische Beifall während des Vorüberreitens gilt vorzüglich ihr. Die Tochter der mächtigen Senatrix Roms genießt hohes Ansehen und die Gunst des Volkes; man könnte es auch Respekt und Angst nennen. Marozia versteht es ihrerseits, sich beim römischen Plebs beliebt zu machen. Jeder Mann, jede Frau, jedes Kind in der Stadt weiß: Marozia wird eines Tages die gestrenge Herrin Roms sein, die Senatrix Patricia Romanorum.

Das Forum Romanum ist im 10. Jahrhundert ein Ruinenfeld und der größte Platz in der Stadt. Der Glanz des Römischen Kaiserreichs ist längst verblasst und als Nabel der Welt vergessen. Auf dem Rostrum – dem hohen Podium, wo Senatoren, Konsule, Tribune, Philosophen und Feldherren vor dem Volk Roms Brandreden hielten – hat sich der höchste Stadtadel versammelt. In der vordersten Reihe thront auf Prunkstühlen die Familie des Grafen von Tusculum und auf dem prächtigsten natürlich Theodora, die bei Abwesenheit des Gatten als Senatrix et Patricia Romanorum und oberste Machthaberin die Amtsgeschäfte von Stadt und Land führt.

Eine gewaltige Menschenmenge drängt sich auf dem Forum, man hätte kaum umfallen können. Die Säulen und Tempelmauern erzittern unter dem stürmischen Jubel der Leute. Graf Theophylakt von Tusculum betritt jetzt das Rostrum und schließt seine Gattin vor aller Augen in die Arme, dann das frisch vermählte Töchterchen Theodora, die einen unglücklichen Eindruck macht. Seine Heiligkeit betritt gleichfalls die Rednerbühne; schließlich siegte die »Christliche Liga« unter dem päpstlichen Banner, wenn auch insgeheim von Theophylakt vorgeschoben und als pontifikale Marionette amtierend.

Fanfaren schmettern über das Forum Romanum. Es dauert einige Minuten, bis das Volksgeschrei verebbt und Graf Theophylakt eine Brandrede gegen die verfluchten Sarazenen hält, die jetzt im tiefsten Schlund der Hölle schmoren. Die Beifallsstürme überschlagen sich am Schluss zu einem anhaltenden Volksjubel, wie er vielleicht seit der Kaiserzeit nie mehr erschallt ist. Papst Johannes X. schlägt ein weit ausgreifendes Kreuz über der dichten Menschenmenge im Namen des Vaters, des Sohnes und des Heiligen Geistes. Seine Heiligkeit hat zu schweigen. Graf Theophylakt hat alles gesagt, was zu sagen ist. Der Heilige Vater tut lediglich widerspruchslos, was man befiehlt.

Dem glamourösen Empfang der Stadt und der glühenden Brandrede auf dem Rostrum des Forum Romanum folgt jetzt ein weiterer Höhepunkt: das Vorführen des prominenten sarazenischen Gefangenen. Soldaten reißen die Hecktür des Gefängniswagens auf und werfen den geketteten Mohammad Omar Ali aufs Pflaster. Er wird den ohrenbetäubenden Buhrufen und schlimmen Verhöhnungsphrasen ausgesetzt. Eine Soldatenrotte führt ihn an der Nackenkette herum. Er wird gezerrt, gestoßen, getreten und geschlagen. Der Gefangene kriegt jetzt den ganzen Sarazenenhass zu spüren. Mohammad wankt gleich einem Zombie daher, stürzt immer wieder hin, rappelt sich auf, oder er wird auf die Beine gerissen und weiter vorwärtsbugsiert. Er nimmt die Erniedrigungen passiv hin. Sich zu wehren wäre sinnlos und würde seine Lage bloß verschlimmern. Mohammad Omar

Ali jammert, schreit und fleht nicht. Er betet zu seinem Gott Allah. Der Allbarmherzige möge Seinen Diener als Märtyrer bald zu sich nehmen!

Rohe Knechte schaffen flink einen Pranger herbei. Sie zwingen den Kopf, die Arme und Beine des Gefangenen durch die Aussparungen und schließen das Klappbrett zu. Soldaten nehmen Aufstellung um das öffentliche Schmachgerät. Jetzt dürfen die Leute aus nächster Nähe verdorbenes Obst und Gemüse und faule Eier nach dem Opfer werfen, es anspeien und beleidigen. Dabei musiziert, singt, tanzt und lacht das Volk ausgelassen in den Straßen und Gassen Roms.

Die Patrizier ziehen sich in die Paläste zurück. Mohammad Omar Ali wird erst im Morgengrauen vom Pranger genommen und in der Engelsburg eingekerkert. Niemand weiß, ob er dem Grafen von Tusculum später einmal zweckdienlich sein wird. Der abgetrennte Kopf des Leibdieners Abdul Hassan ziert auf einer Lanze das Stadtor zur Via Appia hin.

Die Residenz der Grafen von Tusculum ist die Engelsburg. Das trutzige Bauwerk war im frühen 10. Jahrhundert noch nicht im Besitz der Päpste. Es wurde ursprünglich als Mausoleum für den Kaiser Hadrian (117–138) und seine Nachfolger errichtet. Es war damals als »Hadrianum« bekannt. Die ungewöhnliche Architektur geht auf viel ältere Grabbauten der Etrusker zurück. Zahlreiche Kaiser wurden hier beigesetzt: Hadrian selbst und seine Frau Sabina, Antonius-Pius und seine Gattin Faustina, Kaiser Lucius Verus,

Marc Aurel, Commodus, Septimus-Severus und Antonius Bassianus, bekannt unter dem Namen Caracalla.

Die alte »Aurelianische Stadtmauer« wurde vom gleichnamigen Kaiser verstärkt. Die Kaiser Honorius und Arcadius und Stilicho, der »Magister militum« (Heermeister), integrierten das solid gebaute Mausoleum in die Zitadelle. Der Gotenkönig Totila erkannte die Bedeutung der Burg für die Kontrolle der Stadt und baute sie als Stützpunkt aus. Das Bollwerk erhielt den heutigen Namen im Jahr 590. Damals wütete in Rom die Pest. Dem historisch verbürgten ersten Papst, Gregor I., der Große, soll der Erzengel Michael über dem Grabmal erschienen sein. Er verkündete ihm das Ende der Seuche, indem er das Schwert des göttlichen Zorns in die Scheide steckte. Die Pest ging tatsächlich zu Ende. Noch heute erinnert die Statue des Engels auf der Spitze der Feste an jene himmlische Erscheinung.

Der Bau einer stabilen Steinbrücke über den Tiber, die »Pons Aelius Hadrianus«, verdanken wir dem Architekten Demetrianus. Sie erfuhr im 17. Jahrhundert durch Bernini eine Neugestaltung mit dem prächtigen Geländer und den zehn Engelskulpturen. Seither heißt sie »Engelsbrücke«.

Die Engelsburg ging erst im späten 10. Jahrhundert in den Besitz der Päpste über, als das Papsttum gegenüber der weltlichen Macht wieder erstarkte. 1084 verschanzte sich hier Papst Gregor VII., genannt Hildebrand, vor dem Deutschen Kaiser Heinrich IV., der ihn zum Gang nach Canossa zwang, um seine Exkommunikation zu lösen. Damals tobte der Investiturstreit zwischen Kaiser und Papst. 1277 errichtete Papst Nikolaus III. den 800 Meter langen »Passetto di Borgo«, ein oberirdischer, in die Mauer integrierter Verbindungsgang zum Vatikanspalast. Während des »Sacco di Roma« 1527 durch die Truppen Karls V. diente der Korridor Papst Clemens VII. als Fluchtweg vor den Soldaten des Kaisers; der Heilige Vater widerstand einen Monat in der Engelsfeste.

Ihre heutige Gestalt geht auf die Renaissancepäpste Alexander VI. und Nikolaus V. zurück. Sie richteten die Bastionen, Prunksäle und päpstlichen Gemächer mit herrlichen Fresken ein und Sixtus V. die Schatzkammer. Das »Castel Sant' Angelo« diente der Heiligen Inquisition als Gefängnis. Giordano Bruno und Galileo Galilei sind die bekanntesten Gefangenen. Seit 1906 ist es ein Museum, das heute tausende Touristen besuchen …

Sehr schnell kehrt nach dem päpstlichen Triumphzug des Theophylakt und seiner Tochter Marozia der traurige Alltag und die drückende Not der Menschen zurück. Der Name des prominenten sarazenischen Gefangenen ist bereits am folgenden Tag vergessen. Es ist lebensgefährlich, vor allem für Frauen, nach Sonnenuntergang ohne bewaffnete Begleiteskorte auf die Straße zu gehen. Gauner, Ganoven, der menschliche Abschaum kriechen aus ihren stinkenden Löchern. Räuber lauern hinter dunklen Ecken. In den Weinstuben, Spielhöllen und Bordellen geht es wüst und hoch her. Nur freie Gassenhuren sind von Überfällen und Vergewaltigungen sicher, weil sie jeder für eine Münze haben kann und es nichts bei ihnen zu holen gibt, bloß handgreiflichen Ärger mit den Zuhältern, der durchaus tödlich enden kann.

Meuchelmörder sind nachts unterwegs, die jedermanns Auftrag gegen ein kleines Entgelt, oft gegen einen Krug Wein, skrupellos ausführen, meistens hinterhältig, arglistig, lautlos und sogar Kinder töten. Ein Menschenleben ist so viel wert, wie einer zahlt. Jede Patrizierfamilie hat einen erfahrenen Meuchelmörder laufen, um Unliebsame, Unbequeme, Verhasste still und leise aus dem Weg zu räumen.

Vor Attentätern ist keiner sicher, nicht einmal die höchsten Machthaber Roms oder Seine Heiligkeit, der Papst. Selbst Marozia sieht sich vor und lässt niemanden undurchsucht nahe herantreten. Schnell legt sich eine Würgeschlinge um den Hals, schlitzt ein Dolch die Kehle auf, bohrt sich eine scharfe Klinge in den Rücken, oder es gelangt ein tödliches Gift in den Becher. Feingesponnene Spionagenetze berichten, niemand weiß wann und wem. Theophylakt und Theodora trauen nur den eigenen Informanten. Marozia ist klug genug, gleichfalls ein Netz von Spionen und Intriganten zu weben und auszubreiten, die nur ihr berichten. Eine ständige Stimmung von Angst, Misstrauen, Verrat und eine schreckliche Paranoia lasten auf der Stadt und in den Herzen der Menschen, ob hohen, niedrigen oder geistlichen Standes, oft bis in die Schlafkammern hinein.

Am wenigsten haben die Sklaven in den Palästen und den Haushalten reicher Kaufleute und die Leibeigenen auf der ländlichen Scholle um ihr Leben zu fürchten. Sie gehören zur beweglichen Habe. Sie sind menschliches Eigentum. Sie sinnlos zu töten, obwohl man es ungestraft tun könnte, wäre Selbstschädigung. Dafür müssen die Rechtlosen harte Körperstrafen und manche schöne Mädchen Vergewaltigungen durch den Hausherrn oder dessen Söhne erdulden oder Peitschenhiebe einer gerade schlecht gelaunten Herrin einstecken, wenn unachtsam eine Nadel aus dem Haar zu Boden fällt.

Die sozialen Zustände sind elend, katastrophal, die Moral niedrig. Dafür ist der Glaube umso stärker. Er spendet Trost, Hoffnung, Wärme, Heimat, Vergebung, die Liebe des Herrn Jesus Christus und ist Kraftquell, die Not, die Ungerechtigkeiten und das tägliche Leiden zu ertragen. Der Aberglauben ist groß, die Angst vor Fegefeuer und ewiger Höllenqual viel größer. Manche Nonnen und Mönche wagen kaum die dämonenverseuchte Luft zu atmen.

Die Kirchen sind von angstgepeinigten Menschen rege besucht. Man beichtet eifrig, hört flammende Predigten, die das Heil in der Nachfolge Christi verkünden, was so offensichtlich im Widerspruch zum verderbten Klerus bis hin zum Papst steht. Gleichzeitig halten peitschende Brandreden die Gläubigen als unverbesserliche Sünder in Angst und Schrecken im Staub. Der Zorn Gottes fahre mit Krankheiten, Missernten und Tod auf jene herab, die nicht endlich bereuen und auf den Pfad Gottes zurückkehren.

Es gibt für alles und jeden einen Schutzheiligen. Sie werden in langen monotonen Litaneien als Fürbitter und Helferinnen angerufen, am meisten die Heilige Jungfrau Maria, die Mutter Christi. Manch einer, manch eine schreitet lammfromm und demütig zum Abendmahl, obwohl man gerade einen Sklaven wegen einer geringfügigen Verfehlung halb tot gerutet, eine Magd brutal vergewaltigt, einen Mordbefehl erteilt oder mit eigener Hand gemordet hat.

Die Nonnen und Mönche erleiden in den Klöstern selbstzerfleischende Seelenqualen, wegen der auferlegten Keuschheit, den brennenden sexuellen Fantasien und der ständig präsenten Sündhaftigkeit des eigenen Körpers. Man fürchtet den Leibhaftigen, der ständig verführt und die Höllendämonen, die in den Mauern umgehen. Hinzu kommt das äußerst strenge Regiment der Äbte und Äbtissinnen. Sie dürfen bei Ungehorsam, Widerspruch oder gar schlimmeren Verstößen Mahlzeiten aussetzen, Körperstrafen verhängen und den Karzer anordnen. Glaubenszweifel werden mit endlosen Gebeten und Exerzitien bekämpft, oft mit Selbstauspeitschung oder verborgen getragenen Stachelbändern an den Gliedern. Man will den Leiden Christi nacheifern und Vergebung für die Sündhaftigkeit erlangen und im Schmerz die Gnade Gottes erfahren.

Es gibt Mönche, die sich selbst kastrieren, um endlich den teuflischen Geschlechtstrieb loszuwerden. Sie wollen sich in den Bibliotheken dem antiken griechisch-römischen Wissen widmen und im Skriptorium Schriften kopieren, die sie mit prächtigen, farbenfrohen Verzierungen und Bildern illuminieren.

Das sind die Zustände, die in den Klöstern, auf den Dörfern und in den Städten herrschen. Dazu kommen die ständigen Fehden der Grafen, Herzöge und Barone, die Blutrache, wenn ein hoher Herr oder eine adlige Dame plötzlich das Zeitliche segnet und ständige Lokalkriege zwischen den Grafschaften und den Städten um die Vorherrschaft. Verheerende Beutezüge der Wikinger, Sarazenen und Magyaren (Ungarn) verwüsten die Länder Europas. Lokal begrenzte Krankheiten und Seuchen – Pest, Cholera, Tuberkulose – Missernten und schlimme Naturkatastrophen raffen die Menschen dahin. Es ist der Zorn Gottes, der wegen ihrer Sündhaftigkeit niederfährt.

Höchst besorgniserregende Nachrichten treffen in der Engelsburg ein. Markgraf Adalbert II., der Reiche von Tuszien, wurde nach längerer Krankheit vor den Thron des Herrn abberufen. Sein minderjähriger Sohn Guido (Wido) erbt jetzt die Titel und wird gleichzeitig Herzog von Lucca. Berta von Lothringen, die illegitime Tochter des Königs Lothar II., hat die Regentschaft für ihren Sohn bis zur Volljährigkeit ergriffen. Sie verbündet sich in fränkisch-karolingischer Tradition mit den Deutschen und schürt heftige Kriegsstimmung gegen das verhasste Hochburgund unter König Rudolf II. Dieser hat es nämlich seit längerer Zeit auf die Unterwerfung Lothringens abgesehen. Schon Rudolf I. war mit dieser Unternehmung kläglich gescheitert. Jetzt, wo sich die Machtverhältnisse in Tuszien ändern, will und muss Berta die burgundischen Kriegspläne vereiteln, koste es, was es wolle!

Graf Theophylakt von Tusculum ahnt einen Waffengang zwischen Lothringen und Hochburgund, der nach Italien überschwappen kann. Unterstützt er Berta, unterstützt er römisch Deutschland, unterstützt er Burgund, riskiert er einen Krieg gegen römisch Deutschland, der sich in Italien verhängnisvoll auswirken könnte. Und der selbstherrliche Guido benimmt sich als Markgraf von Tuszien und Herzog von Lucca wie ein kleiner Cäsar. Es wird dauern, bis seine Mutter ihn zähmen und in die Schranken weisen kann. Europäische und lokale Machtinteressen drohen fatal zu kollidieren. Theodora sah diese äußerst unpässliche Entwicklung klugerweise voraus und schickte Marozia zu ihrem Gatten nach Latium, um die eigenen Machtinteressen vorzeitig zu planen und abzusichern und, wenn möglich, auszubauen.

Berengar I. ist seit 905 König von Italien. Sein Vater Eberhard war Markgraf von Friaul und seine Mutter Gisela die Tochter Kaiser Ludwigs des Frommen. Was liegt näher, als diese Erblinie geltend zu machen? Es war seit je Berengars Begehren, vom Papst die römische Kaiserkrone zu empfangen. Von Johannes' (X.) Seite ist kein Widerstand zu erwarten. Die mächtige Familie der Theophylakts steht hinter ihm, die die wahre Macht im Vatikan ausübt. Bezüglich Berengars Kaiserkrönung braucht Graf Theophylakt keinen Druck auf Johannes auszuüben. Dieser begrüßte bereits als Erzbischof von Ravenna eine Erneuerung der Kaiseridee.

Berta von Lothringen kommt das Vorhaben als Tochter von König Lothar II. und Regentin von Tuszien im Namen ihres Sohnes Guido gerade recht, um gegen König Rudolf II. von Hochburgund vorzugehen. Berengars Kaiserkrönung soll baldmöglichst stattfinden. Zahlreiche Fürstenhäupter Italiens schließen sich an. Das ruft jetzt Bertas Sohn aus erster Ehe mit Graf Theotbald von Arles auf den Plan: den ehrgeizigen Hugo I., auch Hugo, Graf von Vienne, Hugo von der Provence oder Hugo von Arles genannt. Er heiratete 912 Wila von Burgund, die Tochter des Boso von Vienne, Witwe des im gleichen Jahr verstorbenen Königs Rudolf I. von Burgund. Hugo lässt König Ludwig von Niederburgund blenden, der seither Ludwig der Blinde heißt. Hugo ergreift die Macht, ohne den Thron besteigen zu können, solange der Geblendete lebt. Hugo amtet ab 905 als Regent von Ludwig dem Blinden, der praktisch regierungsunfähig ist. Ihn arglistig zu ermorden, wagt Hugo nicht. Er verfolgt fortan die Machtpolitik des verblichenen Königs Rudolf I. gegen seine eigene Mutter Berta und schielt gierig nach einer Eroberung von Lothringen für sein Reich, dessen König er de facto, aber nicht de jure ist.

Hugo von Arles ist seit je ein erbitterter Gegner von König Berengar gewesen. Jetzt will der ehrgeizige Kerl Römischer Kaiser werden?

Das passt Hugo quer ins Konzept! Er intrigiert maßlos gegen Berengars Kaiserkrönung. Verhindern kann er sie nicht. Die Vorbereitungen laufen in Rom und lassen sich weder verzögern noch aufhalten. Berta von Lothringen wagt nicht, ihr beizuwohnen; die Kriegsgefahr ist zu groß. Ihre Abwesenheit als Regentin von Tuszien könnte als Schwäche ausgelegt und für einen Angriff auf Lothringen oder Tuszien ausgenützt werden. Sie schickt ihren feschen Sohn Guido an der Spitze einer repräsentativen Delegation nach Rom, um ihre Solidarität mit Berengar zu bezeugen. Graf Theophylakt und seine Gattin Theodora revanchieren sich: Sie senden ein beachtliches Truppenkontingent unter dem Kommando ihres Schwiegersohnes und Marozias Mann, Graf Alberich (I.) von Spoleto, nach Tuszien, um Berta von Lothringen gegen Burgund militärisch zu unterstützen, aber in erster Linie, um die eigenen Machtinteressen vor Ort zu wahren und auszubauen. Nicht zuletzt lösen Theophylakt und Theodora ihr gegebenes Versprechen ein, Berengar zum Kaiser krönen zu lassen, unter der Voraussetzung, dass Seine Majestät sich dem Kampf gegen die Sarazenen der »Christlichen Liga« anschließt, was er dann auch tat. Die Vereinbarung lautete: Kaiserkrönung gegen Sieg über die Sarazenen in Süditalien! - -

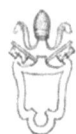

Fechtmeister Odo gebührt die Ehre, Marozia dreimal wöchentlich eine Stunde lang im Schwertkampf zu üben. Er bringt ihr neue Tricks, Täuschungs- und Ausweichmanöver bei, die in einer tödlichen Attacke enden. Odo hat sie schon als kleines Mädchen gelehrt, die Mechanik des Speers im Nahkampf geschickt einzusetzen, ihn treffsicher zu schleudern, den Schild als Parier- und Schlagwaffe zu gebrauchen und den Pfeil zielsicher vom Bogen zu lösen. Marozia kennt die Körperstellen, die sofort tödlich verletzen, einen Gegner bloß verwunden oder zeitlebens zum Krüppel machen. Sie lernte, den Dolch blitzschnell zu handhaben, der Tag und Nacht ein ständiger Begleiter ist. Odo zeigt ihr, wie ein Angreifer mit bloßen Händen kaltzustellen ist. Es sind Griffe und Schläge, die wenig Kraft benötigen und Frauenhände problemlos ausführen können.

Marozia hat auch Kampftechniken ihres Vaters übernommen und verfeinert. Graf Theophylakt hat seiner erstgeborenen Tochter militärisch taktisches und strategisches Denken durch das Schachspiel und die Prinzipien der Truppenführung beigebracht. List, Tücke, Ablenkung, Täuschung, das Verbreiten von Gerüchten, das Spinnen von Intrigennetzen sowie die Amtsführung einer Senatrix von Rom, die auch bare Münze erfolgreich einsetzen kann, das hat die Mutter Marozia gelehrt. Theodora ist mit allen Wassern gewaschen. Jede Handlung dient dem Machterhalt, der Einflussvergrößerung und dem guten Ruf der gräflichen Dynastie. Machiavelli hätte seine helle Freude an ihr gehabt!

Fechtmeister Odo ist nicht mehr der Jüngste. Er kommt während der Übungen oft ins Keuchen und Schwitzen.

»Na, mein lieber Odo! Geht Euch die Puste aus? Seid Ihr kraftlos geworden?«, neckt Marozia den Mann provozierend und lacht. Er hat die vierzig um drei Jährchen überschritten.

Marozia macht nach einer Abwehrparade eine blitzschnelle Körperdrehung mit dem Rücken zum Gegner. Die Schwertspitze ist unter dem Arm nach hinten auf sein Herz gerichtet. Das hätte im Ernstfall den sofortigen Tod bedeutet. Odo gibt sich geschlagen.

»Wahrlich, die Schülerin erteilt dem Lehrer eine herbe Lektion«, meint er anerkennend. »Ich kann Euch nicht mehr schlagen, liebe Marozia. Ihr braucht keinen Fechtlehrer mehr. Jetzt kann ich nur noch von Euch lernen.«

»Ihr wollt mich nicht mehr in der Fechtkunst unterweisen?« Die kämpferische Amazone schmunzelt ein wenig geschmeichelt. »Ihr seid der beste Fechter Roms. Ich kann immer von Euch lernen.«

»Ich wüsste nicht, was ich Euch noch beibringen könnte, was Ihr nicht schon meisterhaft beherrscht«, erwidert er und legt das Schwert bei Seite. Marozia platziert die Waffe mit dem Griff nach oben in der Armbeuge. Lehrer und Schülerin verwenden schon lange keine Holzschwerter mehr. Es sind scharfe, spitze Klingen. Echte Waffen! Die Kombattanten tragen Handschuhe, einen dicken Brustpanzer und gleich den früheren Gladiatoren einen Schutzärmel, um das Verletzungsrisiko zu minimieren, obwohl es manchmal zu kleinen Verwundungen kommt. Das härte ab, meint dann Marozia lachend. Sie trägt das knöchellange Gewand der noblen Patrizierin bei den Fechtübungen. Es wäre höchst unschicklich, sich als Mann zu kleiden. Ein Mann in Frauenkleidern wäre untragbar; er würde nach dem Gesetz unverzüglich hingerichtet.

Marozia streicht Odo zärtlich über das leicht melierte Haar und haucht einen sanften Kuss auf seinen Mund, den er leidenschaftlich erwidert. Man sieht, sie küssen sich nicht zum ersten Mal. Ein verführerisches Begehren funkelt in ihren dunkelbraunen Augen.

»Mein lieber Odo! Mein lieber, lieber, liebster Odo!«

Ihre Stimme zittert vor innerer Erregung. Das Blut schäumt in den Adern. Ihr schön gewachsener Körper erschauert kaum merklich unter der sexuellen Begierde.

»Ich möchte – ich wünsche, mein geliebter Odo«, gurgelt sie leise, sie könnte gar nicht lauter sprechen, in sein Ohr, »dass Ihr jetzt auf meine Kammer kommt und Euer eisenhartes Schwert in die Scheide steckt, wo ich es haben möchte …«

Ein Diener betritt in diesem Augenblick die Waffenkammer in der Engelsburg. Allerlei Kampf-, Kriegsgerät, Rüstungen und Helme sind den Wänden entlang ordentlich aufgereiht. Marozias Geilheit verwandelt sich durch die Störung in herbe Verärgerung. Sie hätte mit Odo nicht zum ersten Mal das Bett geteilt und ihm ihre Schönheit, Weiblichkeit und Lust geschenkt. Odo hat sie schon als kleines Mädchen im zarten Alter von 16 Jahren verführt. Seither sind sie insgeheim ein Liebespaar, je nach der Laune Marozias. Nicht der Herr Papa bestimmte den besten Fechtmeister Roms, sondern Theodora, die Mutter. Sie ist gleichfalls dem Adonis erlegen, der das Blut der holden Weiblichkeiten in Wallung bringt. Sie unterhält nun gleichfalls ein Liebesverhältnis mit dem Frauenschwarm. Er würde es niemals wagen, die mächtigste Frau Roms zurückzuweisen.

»Was ist?!«, herrscht Marozia den Störenfried ungehalten an.

Der Diener verneigt sich ehrerbietig. »Ich bitte die durchlauchte Marozia um Verzeihung«, munkelt er.

»Sprich lauter! Ich verstehe dich nicht. Komm zur Sache, Sklave!« Die harschen Worte wirken wie kleine Ohrfeigen.

»Theodora, die hochehrwürdige Senatrix, schickt mich«, folgt der Domestike der Aufforderung. »Eurer Mutter geht es nicht gut. Sie wünscht Eure erhabene Anwesenheit, durchlauchte Marozia.«

Theodoras Wunsch ist der Tochter Befehl. »Ich komme. Jetzt geh! Verschwinde!«, weist sie den Diener aus der Rüstkammer.

Der Mann entfernt sich schleunigst gebückt und rückwärts durch die Tür auf den Gang hinaus, bevor ein Rutenhieb auf den Rücken klatscht.

»Mein lieber, liebster Odo!«, kommt Marozia gleich einer läufigen Hündin auf ihr Ansinnen zurück. »Ich erwarte dich in meiner Kammer nach dem elften Zeitschlag der Engelsburg. Hier, damit die Wachen dich durchlassen.«

Marozia zieht einen wertvollen Ring vom Mittelfinger. Sie stülpt ihn mit flammendem Blick ganz langsam über

Odos kleinen Finger, als würde ein Phallus in die Vagina eindringen.

Vom Eingangszwinger der Engelsburg verbindet eine 120 Meter lange Rampe spiralförmig vier Hauptstockwerke. Ganz oben gibt es eine Terrasse, die der Verteidigung der Festung dient. Katapulte und Schleudern sind schussbereit postiert. Soldaten schieben Wache. Ein herrlicher Ausblick eröffnet sich über die Stadt, das Marsfeld, den Vatikanhügel, die alte Konstantinbasilika, den Tiber und die umliegenden Ländereien.

Die vierte Ebene ist die wichtigste in der Engelsburg. Hier befinden sich die Gemächer der Familie Theophylakts und die Kammern der Bediensteten. Die gräflichen Appartements sind eine Abfolge nüchterner Räume und Säle. Die Päpste werden sie während der Renaissance von berühmten Malern mit herrlichen Fresken ausschmücken lassen, die der Besucher noch heute bewundern kann.

Fackeln, Öllämpchen und Laternen tauchen die Korridore und Räume in ein warmes Licht, das lange, unheimliche Schatten wirft. Die rohen Mauern wirken bedrückend, beängstigend; die Engelsburg ist schließlich eine Festung. Soldaten bewachen die Rampe zwischen den Stockwerken. Sie gehören zur gräflichen Leibgarde. Sie kontrollieren jeden, den sie nicht kennen. Man muss einen Passierschein vorweisen, wenn man das nächst höhere Stockwerk betreten will. Es scheint unmöglich, dass sich ein Attentäter einschleicht, um einen Mordanschlag auf ein Familienmitglied der Theophylakts zu verüben.

Die Gardisten salutieren stramm, als Marozia vorüberschreitet. Sie beachtet sie nicht. Es wäre unter ihrer Würde gewesen. Mit Soldaten spricht man nicht. Man befiehlt ihnen. Sie hört von weitem den Husten. Es ist ein schlimmer Husten. Es ist ein böser Husten. Er ist von Auswurf begleitet.

Theodora sitzt aufrecht und erschöpft im Bett, gestützt von dicken Kissen unter einem schlichten Kreuz an der Wand. Es ist ein Kastenbett, das auf drei Seiten mit hölzernen Läden verschließbar ist, damit kein Licht eindringt und für den Schläfer die Intimität vor den Dienern gewahrt bleibt. Das Zimmerfenster ist kaum größer als eine Luke. Es lässt frische Luft und das Tageslicht herein. Der Leibarzt, ein Apotheker, der mit dem Stößel aus irgendwelchen Ingredienzen gerade ein gelbliches Pulver herstellt, und zwei Kammerzofen sind anwesend. Ein leiser Essigduft dringt in die Nase. Essigwickel sind verordnet. Die Zofen legen getränkte Laken auf Theodoras Stirn, Brust, Handgelenke und Füße. Ein akuter Fieberschub lässt Theodoras schweißüberströmten Körper erschauern. Die mächtige Senatrix Roms ist eine leidende, kranke Erscheinung. Der Hustenanfall lässt nach, als Marozia an die Bettstatt tritt.

»Ich sterbe, meine Tochter! Ich sterbe!«, sagt die Mutter erschöpft. Das Atmen fällt schwer.

»Nein, Mama, nein! Du stirbst nicht! Du wirst nicht sterben!«, widerspricht Marozia überzeugt und tröstend zugleich. Sie kniet neben dem Bett nieder und nimmt die mütterliche Hand auf. Sie ist heiß und feucht.

»Geht raus! Ich will allein mit Marozia sprechen. Alle raus hier! Raus!«, rafft Theodora die Kräfte zusammen. Die Befohlenen gehorchen stillschweigend. Der Doktor schließt als letzter die Kammerpforte von außen. Die Augen Theodoras wirken wässrig. Sie sind blutunterlaufen. Sie mustern Marozia, als suchten sie Hilfe.

»Gott hat mich verlassen, meine Tochter«, schnaubt sie, sich in den Kissen zurechtrückend. »Er straft mich für meine Untaten. Für meine Sünden. Für die Seelen, die ich ins Jenseits habe schicken müssen. Sie rächen sich jetzt mit einem bösen Husten, hohem Fieber und der heißen Lunge.«

Eine »heiße Lunge« bezeichnete damals eine Lungenentzündung oder die Tuberkulose, die als Krankheitsbild noch unbekannt war.

»Gib mir den Becher auf dem Tisch. Ich habe Durst«, verlangt es Theodora dringlich. »Och, zu gerne hätte ich der Kaiserkrönung beigewohnt und es ausgekostet, wie Berengar vor dem Papst das Haupt beugt. Ha, vor dem Papst, den wir kontrollieren! Ich fürchte, ich werde es nicht mehr erleben.«

Die Senatrix atmet streng aus und unterdrückt ein leichtes Hüsteln. Marozia tut wie geheißen und reicht der Mutter den Becher. Sie leert ihn in einem Zug.

»Mehr! Gib mir Wein! Ich bin am Verdursten.«

Die Tochter füllt den Becher randvoll auf.

»Nicht den Becher! Die Karaffe!«

Theodora leert das gläserne Gefäß mit gierigen Zügen bis auf einen kleinen Rest. Wein läuft aus den Mundwinkeln auf die Essiglaken. Ein Rülpser entfährt von tief unten im Magen, gleich einem Baby, das von der Muttermilch getrunken hat.

»Du darfst nicht so reden, Mama«, sagt Marozia mitfühlend. »Natürlich wirst du Berengars Kaiserkrönung beiwohnen – mit deiner Familie – mit uns allen!«

Theodora hustet fürchterlich und schnappt nach Luft.

»Die Schüssel! Unter dem Bett! Schnell!«

Die Mutter erbricht den Wein, den sie gerade gierig getrunken hat, in den Nachttopf, würgt und schnauft und hustet. Sie wischt sich einen roten Schleimfaden mit einem blutigen Tüchlein von der Lippe ab. Es dauert einige Zeit, bis sie sich vom Anfall erholt. Ihr Anblick ist besorgniserregend. Marozia hat die Mutter nie so erbärmlich gesehen.

»Du hättest den Wein nicht so schnell trinken dürfen, Mama«, stellt sie fest. »Das hast du jetzt davon. – Wo ist eigentlich Vater? Weshalb ist er nicht hier bei dir?«

»Dein Vater ist im Senat. Weshalb ich dich rufen ließ? Du wirst mir als Senatrix und Patricia von Rom nachfolgen, wenn ich nicht mehr bin. Du wirst deinen Vater vorbehaltlos unterstützen, die Macht der Grafen von Tusculum erhalten und weiter ausbauen und den Papst kontrollieren, falls es ihm einfällt, eine eigenständige Politik zu betreiben. Wirst du das tun, meine Tochter?«

»Ich verspreche es«, sagt sie irritiert. »Aber bitte, Mutter, noch ist es lange nicht so weit.«

»Ich hoffe, ich habe dich all die Jahre gut auf dein Senatsamt vorbereitet und in die fiesen Winkelzüge unserer Gegner und Konkurrenten eingeführt. Ich weiß, ich kann jetzt ruhig sterben ...«

»Nein, Mama, du stirbst nicht! Sprich nicht so, bitte!«

»Wenn es denn so weit ist«, beruhigt sie den strengen Einwand. »Gott wird mich für meine Taten in die Hölle schicken oder für zehntausend Tage ins Fegefeuer«, setzt Theodora verdrossen hinzu. Die letzten Worte gehen in den nächsten Hustenanfall über.

»Nein, Mutter, nein! Fordere Gott nicht heraus! Das ist Sünde!«, widerspricht Marozia heftig. »Ich werde unverzüglich eine Verfügung an das Volk von Rom erlassen, in allen Kirchen der Stadt für deine Genesung Tag und Nacht zu beten, und dem Johannes befehlen, Bittmessen in der Konstantinbasilika zu lesen ...«

Theodora legt die langgliedrige Hand auf den Unterarm der Tochter. »Ist ja gut. Ist ja gut. Ich danke dir. Das hat dein Vater bereits getan«, beruhigt sie Marozia. Der Anflug eines Lächelns huscht über volle bleiche Lippen. »Ich bin jetzt sicher, meine gestrenge Erziehung ist nicht umsonst gewesen. Verzeih mir, wenn ich manchmal arg streng mit dir war.«

»Es gibt nichts zu verzeihen«, wendet Marozia ein. »Du bist mir immer eine gute Mutter gewesen – und meinen Geschwistern. Ich werde mich als Senatrix et Patricia Romanorum würdig erweisen.«

»Gutes Mädchen«, bestätigt Theodora erleichtert. »Kümmere dich um deine Schwester. Theodora ist schwach. Du bist stark. – Jetzt rufe die Doctores herein. Die Essiglaken müssen gewechselt werden. Ich habe beschlossen zu genesen. Ich will unbedingt Berengars Kaiserkrönung beiwohnen. Du kümmerst dich jetzt um meine Enkelkinder, nicht wahr, mein Kind? Hier kannst du nichts mehr für deine Mutter tun.«

Marozia küsst respektvoll Theodoras wohlgeformte Hand und schickt sich an, zu gehen.

»Wie ich hörte, hast du mit Odo wieder fleißig das Waffenhandwerk geübt?«, hält die Frage die Tochter zurück.

»Ja, Mama.«

»Das ist gut. Es ist gewiss ratsam, dich auch in der Kunst der Kurtisane zu üben. Die Waffe der Frau ist schärfer als jedes Schwert, glaube mir.«

»Ich weiß, Mama«, lautet die Antwort trocken.

»Nun gut, dann geh. Erfülle deine Pflicht!«

Marozia nickt und geht. Ein schwerer Hustenanfall verhallt hinter ihr im Korridorgewölbe.

Ob es die Doctores oder die heiligen Messen des Papstes sind, die flehenden Bittgebete von den vielen hundert gläubigen Bürgern Roms an die Jungfrau Maria und die Heiligen, oder ob es der eiserne Wille Theodoras ist, vielleicht ein Fingerzeig Gottes geholfen hat, die Senatrix erholt sich vom hohen Fieber, und auch der schlimme Husten lässt allmählich nach. Die Feinde der Theophylakts hätten das Ableben Theodoras mit Freude begrüßt. Sie erscheint stattdessen plötzlich in Begleitung ihrer Tochter im Senat, um machtvoll in die Staatsgeschäfte einzugreifen, zum Leidwesen der Opposition und der argwöhnischen Konkurrenten. Die Kaiserkrönung Berengars wird auf Mitte Dezember vor Weihnachten des Jahres 915 festgesetzt und eine Begleiteskorte zum König von Italien geschickt. Kuriere verbreiten die frohe Kunde in halb Europa. Verbündete Fürstenhäupter erhalten gesiegelte Einladungen nach Rom. Es soll eine prächtige Krönung werden.

Berengar hat nicht nur Freunde. Mächtige Feinde neiden ihm die römische Kaiserkrone oder befinden ihn als unwürdig und unfähig, dieses höchste Amt auszuüben. Sie protestieren, opponieren und intrigieren heftig. Sie schicken im schlimmeren Fall sogar einen Assassinen los.

Zu den Ersten, die in der ewigen Stadt eintreffen, gehört die Delegation aus Tuszien unter der Führung des minderjährigen Guido, Markgraf von Tuszien und Herzog von Lucca. Seine Mutter Berta von Lothringen, die als Regentin für ihn die Macht ausübt, lässt sich wegen der drohenden Kriegsgefahr durch die Burgunder offiziell entschuldigen. Graf Alberich von Spoleto, Marozias Ehemann, ist gleichfalls unabkömmlich: Er kommandiert Theophylakts Truppen, die Bertas Armee erheblich stärkt und König Rudolf II. von einer Invasion in Lothringen oder Tuszien abschreckt. Feindliche Grenzgeplänkel flammen hin und wieder auf, ohne in einen ernsthaften Krieg auszuarten. König Rudolf wartet ab. Der Schuss seines Eroberungsfeldzugs könnte sehr wohl nach hinten losgehen.

Guido (oder Wido) ist ein junger, fescher Mann, der prunkvolle Kleider liebt, schnell beleidigt ist und die Frauenherzen höher schlagen lässt. Spontan, manchmal unbeherrscht laut polternd, schimpfend, lachend, besitzt er einen seltsamen Humor. Man weiß nie, ob es ein Witz ist oder es ernst gemeint war. Zurzeit interessiert er sich ausgiebig für das weibliche Geschlecht und weniger für die Politik.

Guido von Tuszien bezieht in den Gastgemächern der Engelsburg Quartier. Die besten Räume bleiben selbstverständlich König Berengar und seinem Hofstaat vorbehalten. Eintreffende Delegationen finden in den Häusern und Palästen der Adligen innerhalb der Stadtmauern Roms Unterkunft oder auf den feudalen Landgütern der Patrizier. Einzige Voraussetzung: Militärische Begleiteskorten müssen die Zelte außerhalb des Stadtwalls aufschlagen. Rivalitäten prallen schnell unversöhnlich aufeinander. Sie eskalieren unter Alkoholeinfluss zu herben Schlägereien und zu Blutvergießen wegen Kleinigkeiten.

Weinstuben, Spielhöllen und Bordelle haben Hochkonjunktur. Fremde Gassenhuren strömen in die Stadt und welche, die im Gefolge der Militäreskorten ihre Geschäfte machen. Stoßen diese »Hübschnerinnen« mit den einheimischen zusammen, dann fliegen Kleiderfetzen und Haarbüschel haufenweise um die Freier. Dirnen sind ein ständiger Unruheherd, wie betrunkene Soldaten, die im Dienst rivalisierender Herren stehen und anständige Römerinnen belästigen.

Rom platzt aus allen Nähten. Man meint, die Stadt hätte mehr Fremde als Einwohner. Nicht allein die Prostituierten, Wirte und Herbergen profitieren. Die Münzen klappern bei den Krämern und den Händlern klangvoll im Kasten. Die Bevölkerung und die Besucher wollen versorgt sein. Die Zahl der Gauner, Ganoven, Betrüger und Taschendiebe hat sich verdoppelt, vielleicht verdreifacht, gleich der Anzahl der freien Gassenhuren.

Vor Guido von Tuszien ist kein Frauenrock sicher. Er stellt jedem schönen Gesicht nach, egal welchem Stand es angehört. Ob niedrige Magd oder edle Patrizierin, ob reif, jung oder kindlich mädchenhaft, Hauptsache, das Weib ist gut gewachsen, hat schlanke Fesseln und üppiges Haar. Er spart nicht, seinen gräflichen Samen zu verteilen. Ein Bastard hätte keine Chance, einen Erbanspruch auf irgendwelche Ländereien abzuleiten.

Es ist unvermeidlich, dass Marozia dem feschen Jüngling in der Engelsburg begegnet. Guido erliegt sofort ihrer blühenden Schönheit. Er macht ihr Avancen. Marozia lässt sich wenig beeindrucken. Dann geht der Frauenheld in seinem sexuellen Übermut zu weit: Er fasst zwischen ihre Schenkel. Frechheit! Unverschämtheit! Eine saftige Ohrfeige klatscht auf seine Wange. Guido besitzt den Anstand, sich bei Marozia zu entschuldigen, was er bei einem Weib noch nie getan hat. Marozia ist immerhin die Tochter des mächtigen Grafen von Tusculum, des Herrn von Rom.

Guido kann es sich bei weiteren Begegnungen nicht verkneifen, Marozia mit begehrlichen Blicken zu verschlingen, sie vor dem inneren Auge nackt auszuziehen und zu bumsen – und das während der Heiligen Messe und des Morgengebets in der Hauskapelle. Soll Marozia dem Titelerben, Markgraf von Tuszien und Herzog von Lucca, die Gunst der Mätresse schenken? Niemand ahnt, dass Guido in ihrer beiden Leben eine große Rolle spielen wird …

Da macht plötzlich das Gerücht die Runde, Guido von Tuszien sei nicht minderjährig. Er sei 896 geboren, somit zwanzig und längst volljährig! Seine Mutter habe das wahre Geburtsdatum des Sohnes verschwiegen, um als Regentin länger an der Macht zu bleiben. Sie habe Guido jahrelang um die Macht betrogen.

Gardesoldaten müssen den Jähzornigen abhalten, weiteres Geschirr zu zerschmeißen, Stühle zu zertrümmern und Tische umzustoßen. Er will unverzüglich nach Tuszien aufbrechen, seine Mutter vom Thron stürzen und sie zeitlebens einkerkern, wenn nicht sogar töten.

Graf Theophylakt spricht das Machtwort. Es sei eine fiese Intrige der Burgunder um Guidos Alter. König Rudolf II. säe böse Unrast und Hass. Er wolle einen blutigen Machtkampf provozieren, um das Haus des Markgrafen von Tuszien zu schwächen, damit er den Eroberungsfeldzug in Lothringen erfolgreich durchführen könne. Zerfleischen sich Mutter und Sohn in einem Machtkampf, so sei das für Burgund eine exzellente Ausgangslage, so nebenbei auch ein geschwächtes Tuszien als Kriegsbeute einzuverleiben.

Das ist einleuchtend. Die aufgebrachte Lage beruhigt sich, zumal jetzt König Berengar von Italien mit Fahnen, Fanfaren, Pauken und Trompeten in Rom Einzug hält. Es wäre ein unverzeihlicher Affront gewesen, wenn Guido als sein Untertan die Stadt voller Hass und Zorn wegen seiner Mutter Berta verlassen hätte. Das königliche Gefolge ist unerwartet zahlreich, nur Berengars Gattin und ein enger Beraterkreis mit Dienerschaft finden Platz in den vorgesehenen Gemächern der Engelsburg. Der Hofstaat soll auf die Paläste und Landgüter der Stadtpatrizier verteilt werden. Der vielköpfige Begleittross muss die Zelte vor den Mauern Roms aufschlagen. Das königliche Gefolge, das nach der Krönung ein kaiserliches sein wird, beansprucht Bevorzugung und eine klare Abgrenzung zu den fürstlichen Edelhäuptern, die gleichwohl Untertanen des Königs sind. Das hat zwangsläufig Rivalitäten und Animositäten zur Folge, die zu blutigen Nasen führen. Graf Theophylakt und der Senat verfügen als oberste Gastgeber einen Erlass zur Einhaltung einer Friedenspflicht in der Stadt und auf den Ländereien, der für alle Fürstenhäupter und deren Gefolge gilt. Keine Fehden! Keine Scharmützel! Keine Schlägereien! Keine Vergewaltigung! Kein Raub römischen Eigentums! Verstöße bedeuten den unehrenhaften Ausschluss der Delegation von der Krönung und den Sündenfluch des Papstes. Ein päpstlicher Sündenfluch oder ein schmachvoller Ehrverlust wirken im oberen, niedrigen und geistlichen Stand. Leibeigene und Sklaven sind Besitztum, eine bewegliche Habe, ehrlos und von vornherein verdammt. Sie können nur durch harte Arbeit und widerspruchslosen Gehorsam im Diesseits und im jenseitigen Fegefeuer ihr Seelenheil erlangen. So lehrt es die heilige katholische Kirche.

Die Sankt-Peters-Basilika Konstantins des Großen ist für die Kaiserkrönung festlich hergerichtet worden. Jeder hat einen zugewiesenen Platz: der Papst, das königlich kaiserliche Paar, der Stadtadel, die Senatsmitglieder, die geladenen Fürstenhäupter, der Klerus und das Volk von Rom.

Feierliche Fanfarenstöße künden das Kommen Berengars an. Gardesoldaten in Paradeuniformen ziehen die schweren, bronzebeschlagenen Torflügel des mächtigen Portikus der Basilika auf. Ein Mönchschor begleitet die feierlichen Schritte des Königs und der Königin entlang dicht gedrängten Menschenreihen zum Altar.

Berengar trägt Lederstiefel, ein fellbordüriertes Festgewand und einen prächtigen Umhang. Eingestickte goldene Löwen schillern auf blaurotem Untergrund und silberne Kreuze. Ein kleiner Zeremoniendolch hängt am Gürtel. Das Haupt ist bar, bereit, die Kaiserkrone zu empfangen.

Hinter dem Königspaar schreiten würdig und feierlich, im Ehrfurcht gebührenden Abstand, Graf Theophylakt von Tusculum und die genesene Theodora, gefolgt von Marozia und der jüngeren Schwester Theodora, die in Begleitung ihres fünfundzwanzig Jahre älteren Ehegatten Giovanni Crescentius ist, des päpstlichen Kämmerers und Finanzverwalters. Dahinter kommen die weniger wichtigen Familienmitglieder: Adalbert und Bonifatius von Tusculum und Theophylakt der Kleine, der Gelähmte, den ein Diener in einem rollenden Stuhl vor sich herschiebt. Es sind Marozias jüngere Brüder.

Der prachtvolle Einzug durch das Hauptschiff der Petersbasilika dauert viele Minuten. Papst Johannes X. thront im vollen Amtsornat auf einem hergerichteten Podium neben dem Altar, würdig und selbstgerecht als Stellvertreter Gottes auf Erden. Die Reichsinsignien ruhen auf dem Altartisch auf Purpurkissen mit goldenen Quasten an den Rändern: die Kaiserkrone, das Zepter, der Reichsapfel und das mit kostbaren Edelsteinen besetzte Zeremonialschwert. Sie verleihen die Macht des Richtens und Regierens zum Wohl der Untertanen, im Namen der Gesetze und der Gerechtigkeit.

Die Familie des mächtigen Herrn von Rom beansprucht einen vorzüglichen Platz für die Krönung. Es ist eine Plattform auf der linken Altarseite. Man sitzt auf thronartigen Prunksesseln. Die Fürstenhäupter müssen sich mit den harten Holzbänken des Chorgestühls begnügen. Das passt nicht jedem. Selbst hier, am Grab des Apostels Petrus, gibt es empfindliche Animositäten: Weshalb sitzt dieser oder jener da? Oder dort? Eine Reihe weiter vorn? Dem Papstthron einen Sitz näher? Weshalb wird er vorgezogen? Ist er ranghöher? Mächtiger?

Unheilschwangere Rivalitäten liegen in der Luft. Einige Herren fühlen sich zurückgesetzt, übergangen, beleidigt. Und Theophylakt von Tusculum? Er ist der Herr von Rom und der Gastgeber; er räumt sich und seiner Familie einen höheren Platz ein, als ihm vielleicht gebührt. Und überhaupt! Berengar ist der Königskrone längst unwürdig. Wie kann er jetzt der kaiserlichen würdig sein? Mancher hält sich für besser und fähiger als dieser Berengar. Er hat an diesem geweihten Ort zwar viele Freunde und Befürworter für seine lang ersehnte Kaiserwürde, aber fast so viele Neider und Feinde.

Markgraf Guido von Tuszien und Herzog von Lucca belästigt die schöne Marozia mit begehrlichen Blicken von seinem zugewiesenen Platz aus. Sie thront in vorderster Reihe neben der Mutter und ignoriert es damenhaft und meisterlich. Theodora entgeht das Ansinnen für die Tochter nicht. Sie durchbohrt den sexeifrigen Jüngling mit dolchartigen Blicken, bis er beschämt die Augen senkt.

Theodora unterdrückt ein leises Hüsteln ins Taschentuch. Marozia legt stumm fragend die Hand auf den Unterarm der Mutter. Steht ausgerechnet jetzt ein böser Hustenanfall bevor? Theodora meint, es sei bloß ein winzig kleiner Reiz unter dem Brustbein gewesen.

Die Krönungszeremonie lässt auf sich warten. Zuerst erfolgen die Feier der Heiligen Messe und das Abendmahl. König Berengar isst das Brot, das nach der Transsubstantation zum Leib Christi wird, und trinkt das Blut aus dem Kelch, das Jesus am Kreuz vergossen hat. Dann – endlich! – folgt die Krönungsfeier.

Sie beinhaltet, was Berengar jetzt am schwersten fällt: den Kniefall vor einem schwachen Marionettenpapst und den

Pantoffelkuss. Es bedeutet eine demütigende Unterwerfung der weltlichen Macht unter die kirchliche und indirekt auch vor der Grafenfamilie des Theophylakt von Tusculum, denn die steht hinter Johannes X. Sie kontrolliert und befiehlt sein Tun und Lassen.

Kein Kniefall! Kein Kuss des päpstlichen Pantoffels! Keine Kaiserkrone! Die der Papst ihm auch noch aufsetzen soll! Kaiser Karl der Große war vor hundertfünfzehn Jahren genauso verärgert, ja empört, als Leo III. gegen jede Gepflogenheit das Unterwerfungsritual vollzog und die weltliche Macht unter die kirchliche zwang. Normalerweise erhält der von Gott erwählte Herrscher die Kaiserkrone von päpstlicher Hand überreicht; er setzt sie sich selbst aufs Haupt, so wie es neunhundert Jahre später Napoleon tun wird – ohne Unterwerfungsritual.

König Berengar von Italien zögert sichtlich, zu tun, was von ihm jetzt alle erwarten. Wird er Papst Johannes ignorieren? Die paar Schritte zum Altar hochtun? Sich die kaiserliche Krone behändigen? Sie sich selbst aufs Haupt setzen? Die kaiserlichen Machtinsignien ergreifen? Es geschähe schnell und unerwartet. Es wäre leicht machbar.

Es herrscht atemlose Stille in der Sankt-Peters-Basilika, obwohl sie von den Menschenmassen fast aus allen Fugen platzt.

»Tut es, Berengar! – Tut es! – Was zögert Ihr! – Macht schon!«, drängt Papst Johannes den König mit steifen Lippen zum Kniefall und zum Pantoffelkuss.

Keine Reaktion.

Spannung herrscht. Hochspannung. Höchstspannung!

Schon möchte Graf Theophylakt vom Sessel aufspringen, um dem Widerspenstigen etwas nachzuhelfen …

Ein Raunen geht durch das hohe Basilikagewölbe. Berengars rechtes Knie senkt sich auf das bereitgelegte Kissen auf der untersten Altarstufe. Nur ein Knie? Das ist bloß die halbe Unterwerfung!

»Ihr müsst mit beiden Knien vor dem Stellvertreter Gottes auf Erden knien!«, fordert Johannes den König ungehalten auf.

Keine Reaktion.

»Wollt Ihr nun Kaiser werden? Oder nicht?«

Berengar will es und tut, wie vom Papst geheißen – zögerlich, langsam, widerstrebend, aber er tut es zur Erleichterung aller Anwesenden. Es wäre beinahe zum Eklat gekommen für den König und die Kirche.

Der Mann küsst den päpstlichen Pantoffel, er hätte vor Unmut schreien können. Aber für die lang ersehnte Kaiserkrone? Die Karl der Große trug?

Kniefall und Pantoffelkuss sind symbolisch, jedoch von großer Tragweite in der Symbolik.

Johannes X. lässt nach leidlich dauerndem Zeremoniell die Krone die letzten Zentimeter auf Berengars Haupt fallen. Der kaiserliche Mantel, der den schwarzen Reichsadler auf goldenem Grund zeigt, ersetzt den königlichen mit den goldenen Löwen und den Silberkreuzen auf blaurotem Grund.

Der Papst gürtet Berengar mit dem kaiserlichen Schwert, übergibt das Reichszepter seiner linken und den Reichsapfel mit dem Kreuz der rechten Hand. Das sind die Reichsinsignien des Römischen Kaisers.

Johannes schlägt ein weites Segnungskreuz über dem Haupt des Kaisers und hilft ihm großmütig auf die Beine. Der neu von Gottes Gnaden ins kaiserliche Amt Bestallte wendet sich den Untertanen zu, um sich huldigen zu lassen. Sie knien nieder, beugen das Haupt und bekreuzigen sich. Schallende Heilsrufe hallen durch die hohen Kirchenschiffe. Die höchsten Edlen, die niedrigsten Mägde bezeugen Unterwerfung vor dem obersten weltlichen Souverän.

Seine erhabene Majestät schließt die Augen und kostet den schönsten Augenblick in seinem Leben genüsslich aus. Die Basilikaglocken erklingen feierlich über den eng verschachtelten Dächern Roms. Der Papst gibt das Zeichen, die kaiserliche Sänfte für den Auszug zu bringen. Acht Gardesoldaten an jedem Holmen prozessieren den Gekrönten hoch über den Köpfen der Untertanen unter Jubelrufen ins Freie. Das Volk von Rom begrüßt den Kaiser lauthals mit Heils- und Freudenrufen.

Endlich! Berengars lang ersehnter Wunsch ist wahr geworden. Ein zufriedenes, erhabenes, selbstgerechtes Lächeln zeichnet das kaiserliche Antlitz. Ja, jetzt ist er's: Römischer Kaiser!

Aber was bedeutet das schon? Seine Macht bleibt auf das zersplitterte Reichsitalien beschränkt. Er ist ein Nationalkönig mit einem umstrittenen Kaisertitel. Das karolingische Kaiserreich im Norden befindet sich (seit 900) im stetigen Verfall. Die Karolinger sind in Ostfranken ausgestorben. Fünf Stammesherzogtümer haben sich herausgebildet und ein Wahlkönigtum. Konrad I. ist seit 911 gewählter König (nicht Kaiser!) der vereinten deutschen Stämme bis 919; ihm folgt der Sachsenkönig Heinrich I., dem eine erste Konsolidierung gelingt. Das Wahlkönigtum bedeutet den Anfang der deutschen Geschichte im engeren Sinn. Das ostfränkische Königreich wird erstmalig als »Regnum Teutonicorum« bezeichnet. Seit dem Tod Karls III., dem Dicken (887), bis zur Krönung des deutschen Königs Otto I. (962) gab es keinen Römischen Kaiser nördlich der Alpen mehr. Otto der Große erneuert nach längerem Interregnum das »Imperium Romanum«. Es wird bis 1806 Bestand haben. - -

Hugo I., Graf von Arles, Sohn aus erster Ehe von Berta von Lothringen, der Tochter Königs Lothars II., war stets ein erbitterter Gegner Berengars I. gewesen. Dieser bleibt König von Italien. In Hugos Augen hat er den Titel des gekrönten Römischen Kaisers usurpiert. Er schürt fleißig Aufstände gegen ihn und stiftet die Markgrafen von Ivrea und Tuszien sowie den Bischof Lambert von Mailand zu offenen Revolten an. Diese Herren bieten König Rudolf II. von Hochburgund insgeheim die Krone Italiens an, gewissermaßen als Ersatz für Lothringen, das er nicht erobern kann, und um Berengar zu stürzen. Der Zweck heiligt die Mittel! Hugo ruft die Sarazenen ins Land, Berengar die Magyaren (Ungarn), um angeblich den Islam aus Italien zu vertreiben. Beide Völkerschaften verwüsten Oberitalien in schweren Kämpfen und plündern es aus. Sie rauben die Ernten und verarbeiten die Herden zu Kriegsproviant. Eine Hungersnot droht, was zu Volksaufständen führt. Sie werden blutig niedergeschlagen.

Guido, Markgraf von Tuszien und Herzog von Lucca, spielt seine politischen Ränke. Er hat nach der Rückkehr von Berengars Kaiserkrönung seine Mutter abgesetzt und die Macht ergriffen. Er wirft Berta von Lothringen für ihre Dreistigkeit ins Gefängnis. Er muss sie aber auf Drängen des Adels wieder freilassen. Tuszien braucht sie als ausgleichende Kraft, um die Ruhe im Innern der Grafschaft unter den eigenen Adelsleuten zu halten. Guido hat Berengars Kaiserkrönung aktiv unterstützt und sich dadurch mit seinem königlichen Halbbruder Hugo von Arles überworfen (sie haben ja dieselbe Mutter, aber zwei verschiedene Väter). Hugo, de facto Regent von Niederburgund, weil Ludwig III., der Blinde, noch lebt, de jure König, aber regierungsunfähig, strebt das Königtum an; Guido bekennt sich als Stütze Hugos und gesellt sich zu jenen, die Rudolf II. von Hochburgund nach dem Sturz Berengars die Königskrone von Italien anbieten, aber Hugo von Arles meinen.

Die Bündnisse wechseln schnell. Jeder entscheidet zum eigenen Vorteil. Der Freund meines Feindes ist mein Feind. Der Feind meines Feindes ist mein Freund. Klug ist, wer das Ränkespiel beherrscht und die wahren Absichten verbirgt. Theodora von Tusculum ist diesbezüglich eine Meisterin des Fachs.

Ihr Gesundheitszustand verschlechtert sich zusehends und konstant. Sie wird sich kaum mehr erholen. Sie tritt als Senatrix et Patricia Romanorum zurück und bestimmt die Tochter als Nachfolgerin, zum Leidwesen einiger Senatsmitglieder, und von denen gibt es nicht wenige. Marozia kennt sie und ihre arglistigen Ränkespiele.

Aglaia, das Kindermädchen der Theophylakts und vertrauteste Kammerzofe, betritt frühmorgens die Schlafkammer. Theodora liegt steif und starr im Kastenbett mit aufgerissenen Augen, als wäre ihr der Leibhaftige begegnet, und weit geöffnetem Mund, als schnappte sie nach Luft gleich einem Fisch an Land geworfen. Die Herrin von Rom ist tot.

Aglaia schreit die halbe Engelsburg zusammen. Marozia und ihr Herr Papa treten ans Totenbett. Der Leibarzt fühlt den Puls. Nichts ist zu spüren. Er begutachtet den Hauch des Atems in einem Spieglein. Nichts ist zu sehen. Die Senatrix wurde zweifelsohne vom Herrn abberufen. War es Mord? Ein natürlicher Tod?

Marozia schließt der Mutter würdig die Augen, legt ein Kreuzchen zwischen die gefalteten Hände und kniet im Gebet neben der Bettstatt nieder.

Theodora hat sich in ihren letzten Zügen erbrochen: Eingetrocknetes Blut und Speisereste verunreinigen die Decke. Der Doktor vermutet den Erstickungstod aufgrund des Auswurfs und des weit aufgerissenen Mundes. Hätte ein Assassine sie unter einem Kissen erstickt, dann müssten Blutspuren und Auswurfsreste auf einem solchen zu finden sein – oder man müsste blutunterlaufene Fingerabdrücke oder Riemenspuren bei einer Strangulation am Hals sehen. Nichts dergleichen. Die ärztliche Todesursache lautet: Tod durch Respiration des eigenen Blutes und von Speiseresten. Ein verkappter Mord ist auszuschließen.

Graf Theophylakt verhängt dreißig Trauertage über Rom und verordnet ein standesgemäßes Staatsbegräbnis für die verblichene Gattin.

Die Todeskunde macht wie ein Lauffeuer die Runde in der Stadt. Viele sind betroffen. Die meisten sind uninteressiert. Aber einige triumphieren im Verborgenen. Endlich hat der Teufel das schändliche Weib geholt! Sie war machtbesessen, die keinen Mord schreckte, selbstsüchtige Ziele zu verfolgen. Sie sei eine ehrlose Hure gewesen, die mit jedem fickte, der ihr gefiel und ins Konzept passte. Sie teilte mit zwei Päpsten das Lager und vögelte so viele Männer, manche meinen sogar Knaben, man könne sie kaum zählen! – Hure! Pornokratin! Mörderin! – Ihr Leben sei ein einziger Schandfleck Roms, heißt es unter vorgehaltener Hand. Jetzt haben die Höllenhunde und Teufelsaffen sie geholt und braten sie im Höllenfeuer. Rom sei jetzt nach ihrem Ableben besser und moralischer geworden.

Und Marozia? Sie sei verderbt und skrupellos. Sie stehe ihrer Mutter nicht nach. Der Apfel falle nicht weit vom Stamm, meinen viele Bürger Roms. Sie vögle gleichwohl Päpste und habe sogar ein Kind von einem. Der kleine Johannes ist eine Teufelsbrut, gezeugt vom Antichristen Sergius III.! – Hure! Pornokratin! Fickerin! Mörderin! – Möge das schreckliche Weib der Theodora im Höllenfeuer bald Gesellschaft leisten!

Man hört auch viele Stimmen, Theodora habe viel Gutes für Rom (und natürlich für sich selbst und ihre Dynastie) getan, und ihre Tochter werde es ihr gleichtun.

Theodoras Beisetzung ist ein feierlicher Staatsakt gleich einer Kaiserkrönung mit umgekehrtem Vorzeichen. Papst Johannes (X.) zelebriert die Totenmesse in der Petersbasilika. Er hat mit der schönen Theodora gleichfalls das Bett geteilt und die Hitze der Venus ausgekostet, obwohl Wollust eine Todsünde ist. Aber 10 000 Jahre Fegefeuer sind es wert, ihre Lust, Schönheit, Eleganz und Grazie gekannt zu haben. Zudem verdankt er ihr das Pontifikat …

Kriegshandlungen in Norditalien verlangen die Anwesenheit des mächtigen Grafen von Tusculum. Er nimmt nur wenige Soldaten mit. Er kann und will Marozia nicht schutzlos dem Senat und dem Mob der Straße überlassen. Die Engelsfeste muss als Wohnsitz und Fluchtburg der Familie während der Abwesenheit Theophylakts gesichert sein.

Marozia ist jetzt Senatrix und Patricia von Rom und der Ländereien. Das ist etlichen Patriziern ein arger Dorn im Auge. Zahlreiche Senatoren und Stadtadlige waren Theodora hündisch ergeben, weil es für sie von Vorteil war. Marozia muss ihr Vertrauen gewinnen – oder viel besser und effizienter, sie macht sie sich gefügig und hält sie in Abhängigkeit. Die Tochter Theodoras ist in der Wahl der Mittel wenig zimperlich, schließlich heiligt der Zweck die Mittel.

Marozia führt als Senatsvorsitzende ein strenges Regiment. Einige Senatoren erhofften eine Verbesserung ihrer Lage und der Stadt. Pustekuchen! Die Senatrix kennt die Pappenheimer, die ihr gefährlich werden können. Marozia gibt einmal nach, bleibt oftmals hart in der Sache, stimmt dem Senat dann wieder zu oder legt ein strenges Veto ein, das nur der Senatsvorsitzenden zusteht. Gefügige und Kooperative überhäuft sie großzügig mit Geschenken und Privilegien.

Marozia erkennt drei Gruppierungen im Senat: Die größte ist ihr ergebenes Gefolge. Die zweite, erheblich kleinere, besteht aus Leuten, die vornherum lächeln und hintenrum den Dolch versteckt im Gewand tragen. Es sind die Oppositionellen und Konkurrenten. Die dritte Gruppe neigt keiner Seite zu. Es sind Wendehälse. Sie interessieren sich vordergründig nur für ihre Privilegien und gehen den Weg des geringsten Widerstands.

Unzählige Spione sind die Augen und Ohren von man weiß nicht wem. Eine lose Zunge führt leicht ins Verderben. Marozia tut jetzt etwas, was noch nie im Senat passiert ist: Sie lässt einen Senator verhaften und ins Gefängnis werfen. Er hat es gewagt, offen gegen die Senatrix zu reden, und hetzte gegen ihren Antrag, die Amtsdauer ihres Senatsvorsitzes auf zehn Jahre zu verlängern. Marozia strebe nach dem Königtum in Rom! Ein offener Bruch eines abscheulichen Tabus! Das hat vor 950 Jahren schon einmal einer gewagt: Julius Cäsar! Er beanspruchte den Konsultitel auf Lebzeit und die »Diktatur«. Er wurde dafür ermordet.

Marozia bricht den Sturm der Entrüstung durch den Einmarsch ihrer Privatarmee in die ehrwürdige Senatshalle. Die Sitzung wird vertagt, bis die aufgeregten Gemüter beruhigt sind.

Unbekannte Denunzianten sind am gefährlichsten. Sie hinterbringen der Senatrix »Dinge«, die todeswürdig sind. Auf diese Weise schafft man Unbequeme, Unliebsame und Feinde aus dem Weg, um den eigenen Aufstieg zu ebnen. Marozia lässt hin und wieder ein blutiges Exempel statuieren, um die Opposition, die Konkurrenz, ja den eigenen Hofstaat in Angst und Schrecken zu halten. Wer ihre Macht anzweifelt, Umsturzpläne schmiedet und sich in irgendeiner Weise verschwört, baumelt unabhängig von Rang und Namen am Galgen im Hof der Engelsburg, oftmals öffentlich auf dem Forum Romanum vor aller Augen. Nicht selten findet nach einer Hinrichtung ein rauschendes Volksfest statt. Dann lässt Marozia Brot dem Volk auf Staatskosten verteilen und zeigt sich von ihrer generösen Seite. Sie lockert für ein paar Tage die Regierungszügel und zieht sie insgeheim dann noch straffer an.

Das Volk hört von Giftmorden und Attentaten, bei denen angeblich das Blut an die Wand spritzte. Gezielt ausgestreute

Gerüchte? Grausige Realität? Hin und wieder schwemmt der Tiber eine Leiche mit gefesselten Händen und durchschnittener Kehle an. Nicht alle Morde gehen auf Marozias Konto. Ihre wahre Macht ist, einem erklärten Gegner eine Lektion zu erteilen und ihn dann durch einen großmütigen Gnadenakt auf die eigene Seite zu ziehen … Das faszinierende an der Macht ist, sagt Marozia, dass sie verliehen, aber ebenso leicht … wieder entzogen werden könne! –

Marozia erfährt von ihrer byzantinischen Kammerzofe Aglaia, dass sich hin und wieder der Kaiser von Byzanz in die Stadt begebe, um den Puls des Volkes zu erspüren – streng inkognito! Spione berichten nicht alles, oft gefiltert, beschönigt und unzuverlässig. Sie wollen den Herrn nicht unnötig verärgern, den Kopf verlieren (Kuriere mit schlechten Nachrichten werden oft geköpft, um die schlechte Nachricht magisch zu vernichten) oder zu unüberlegtem Handeln aufscheuchen.

Gesagt! Getan! Aglaia muss unverzüglich das einfache Kleid der Magd und ein Häubchen holen. Roms Senatrix-Patricia trägt jetzt das Gewand der niedrigen Dienerin und versteckt die Lockenpracht unter der eng geschnürten Leinenhaube. Was der Kaiser in Konstantinopel kann, das kann Marozia auch in Rom! Wehe der guten Aglaia, wenn sie sich verplappert und öffentlich ihren Namen nennt!

Es funktioniert! Die Senatrix schlendert unerkannt durch die belebten Straßen und Gassen Roms und macht sich selbst ein Bild über die Stimmung im Volk. Sie redet mit Steinmetzen, Handwerkern und Hilfsarbeitern, die den Lateran restaurieren. Marozia erkundigt sich unverfänglich nach dem Wohlbefinden, dem Fortschritt der Arbeiten und ob sie von den Vorgesetzten anständig behandelt und bezahlt werden. Einige geben bereitwillig Auskunft, andere sind mürrisch, wieder andere widerwillig, etliche weisen sie fluchend weg oder lassen sie einfach stehen.

Eines muss Marozia unbedingt vermeiden: Sie darf keinesfalls den Baumeistern, Architekten oder einem ranghohen Geistlichen begegnen! Diese Herren haben freien Zutritt in die Engelsburg und kennen die durchlauchte Senatrix persönlich.

»Und das Baumaterial?«, fragt Aglaia, um auch mal was zu sagen. »Ist es Kalkstein? Oder Marmor?«

»Es ist weißer Marmor aus den Gruben von Candoglia, dort, wo der Fluss Toce in den Lago Maggiore mündet«, erwidert der junge Mann bereitwillig.

»Wären die Marmorbrüche von Carrara Rom nicht näher?«, schiebt Marozia unverzagt ein.

»Eigentlich wollte der Papst Carrara-Marmor verwenden«, schnaubt der Steinmetz hilflos. »Aber der durchlauchten Marozia ist der Carrara-Marmor zu teuer. Der Heilige Vater ist bloß ein willenloser Hampelmann in Marozias Krallen.«

Aglaia wechselt die Gesichtsfarbe von Bleich auf Rosa. Was für eine herbe Insultation! Sie hätte mindestens ein Dutzend Rutenstreiche zur Folge.

»Also geben wir uns mit dem minderwertigen Candoglia-Marmor zufrieden, wie es Marozia befahl. Diese … diese …« Er verbeißt sich das Kraftwort zwischen den Zähnen, das

Tyrannin heißen könnte. »Weshalb wollt ihr Marktweiber das wissen?«

»Weil wir interessierte Marktweiber sind.« Marozia lacht sympathisch. Sie lässt sich nicht provozieren, ihr Inkognito zu lüften. »Marktweiber sind nämlich genauso an Dingen interessiert wie Mannsbilder. Marktweiber sind keine Dummchen. – Komm, wir gehen jetzt zum Markt.«

Die Herrin Roms hängt den Arm bei ihrer Kammerzofe ein und zieht sie mit sich fort.

»Vielen Dank für die Auskunft, Steinmetz! Wie war doch dein Name?«, ruft sie ihm über die Schulter zu.

»Ich habe ihn nicht genannt, holde Maid!«, erwidert er und lacht. »Ich heiße Michele Brunotte. Vielleicht kommst du einmal wieder? Dann zeige ich dir meinen Meißel!«

Die Senatrix merkt sich den Namen. Michele Brunotte ahnt nicht, mit wem er gerade gesprochen und einen unsittlichen Antrag gemacht hat.

Mägde sind Freiwild für die Händler auf dem Markt. Sie werden angerufen, angesprochen, angemacht, mit obszönen Witzen eingedeckt. Aglaia kennt das als ältere Dame nicht in diesem Maße. Marozia kontert die flotten Sprüche auf schlagfertige Art und Weise und bedient sich ungeniert der Gassensprache.

Die feilgebotenen Waren bezeugen einen regen, eher lokalen Handel. Es gibt viel Billigramsch und einige bessere Qualitätsprodukte. Das Preis-Leistungs-Verhältnis des Leinens, der Damaste und Brokate fällt meistens zugunsten eines weit überhöhten Preises aus. Das führt zu bösem Streit. Aglaia liegt plötzlich im Schmutz am Boden, dann der Händler, den Marozia mit einem Tritt in den Unterleib niederstreckt. Die lautstarke Auseinandersetzung provoziert einen Volksauflauf und resultiert in einer blutig gebrochenen Nase des Verkaufsgehilfen durch Marozias Faust nach einem Fußtritt in den Hintern. Es sei minderwertiger Stoff. Der Preis sei Wucher, meint Marozia und tituliert die Händler als Betrüger, die man einsperren sollte.

Der Aufschrei einer Fischfrau: »Um Himmels willen, das ist ja die durchlauchte Marozia von Tusculum, unsere Fürstherrin!«, verhindert, dass die Auseinandersetzung zu einer handfesten Schlägerei ausartet. Der wogende Menschenknäuel verharrt plötzlich ehrfürchtig stumm und starr.

»Unsinn! Du bist ja verrückt! Das ist ein blöder Witz!«, kontert die Senatrix schnaufend. »Du musst mich verwechseln.«

Die Fischfrau fällt auf die Knie und beugt ergeben das Haupt. »Nein, nein, durchlauchte Senatrix et Patricia Romanorum! Ich kenne Euch! Ich habe Euch viele Male gesehen. Ihr seid Marozia, die edle Gemahlin unseres durchlauchtesten Konsuls und Stadtherrn, Graf Theophylaktus von Tusculum! Seid gesegnet, edle Herrin!«

»Ich bin nicht die, für die du mich hältst! Blödsinn! Ich bin eine einfache Magd, die allerdings etwas von Stoff versteht und sich von einem Gauner nicht betrügen lässt. Die beiden Händler da betreiben schamlosen Wucher«, verteidigt sie sich eifrig.

Es nützt nichts. Die Leute bilden einen dichten Kreis und wissen nicht, wem sie glauben sollen.

»Ihr seid ja alle verrückt, übergeschnappt, wenn ihr dem Fischweib glaubt!«, ruft Marozia aufgebracht in die Runde. »Ha, glaubt ihr ernsthaft, die Marozia würde sich herablassen und hier erscheinen? Sich mickrig kleiden? Sich als niedrige Dienerin und Leibeigene ausgeben?«

Sie deutet auf Aglaia, die vor Verlegenheit kaum weiß, wohin sie blicken soll.

»Fragt sie! Sie wird bestätigen, dass wir im gleichen Haushalt arbeiten! – Ha, zu gern wäre ich diese Marozia! Dann säße ich nämlich bequem im Castello und trüge wunderschöne Gewänder und teuren Schmuck. Meine Dienerinnen würden nicht auf dem Markt einkaufen, sondern in auserlesenen Geschäften. – So! Schluss jetzt mit dem Unsinn! Lasst uns durch! Wir wollen gehen.«

Die Aufforderung wirkt. Die Leute bilden eine Gasse. Niemand hindert die beiden Frauen beim Weggehen. Ist es Marozia? Ist sie's nicht? Es ist besser, auf der sicheren Seite zu stehen, bevor die brutale Marktaufsicht kommt und Soldaten ein paar Heißsporne verhaften. Die Menschenmenge löst sich auf. Wenig später ist's, als wäre nichts geschehen. Zurück bleiben der angeschuldigte Stoffhändler und sein Gehilfe. Der eine hält sich den Unterleib, der andere die blutige Nase …

Der Krieg gegen die ins Land gerufenen Araber und Ungarn verwüstet Norditalien. Das hat Auswirkungen auf die eh maroden Transportwege und die Versorgung der Bevölkerung. Viele Transportkolonnen erreichen Rom nicht mehr, weil sie ausgeplündert werden. Dann ist da der Getreideboykott der Sarazenen in Sizilien seit ihrer Vertreibung aus Latium und dem südlichen Italien. Hunger macht sich breit. Das Volk murrt. Ein hungriges Volk neigt zu Aufständen und Revolten und ist brandgefährlich. Marozias Feinde im Senat machen sich den Versorgungsengpass zu Nutze. Sie schieben Rädelsführer vor. Sie stiften Unruhe und hetzen gegen die Senatrix, die an der Misere Schuld sei. Marozia mobilisiert die Truppen, ohne einzugreifen, solange es in der Stadt ruhig bleibt.

Die Senatrix steigt ins finstere Verlies der Engelsburg hinab. Dort schmachtet Mohammad Omar Ali seit einem Jahr im Gefängnis. Der Gefangene war der Gouverneur von Latium und Kommandant der süditalienischen Sarazenenarmee. Er war ein wichtiger Mann! Er war ein sehr einflussreicher Mann! Er war ein mächtiger Mann, direkt dem Emir von Tunesien unterstellt.

»Aufmachen!«, befiehlt Marozia dem Gefängnisaufseher. Sie drückt ihm eine Münze in die Hand. Eiserne Schlüssel klirren. Die Gittertür quietscht schrecklich in den Angeln. Er geht der Herrin aus Sicherheitsgründen voraus in die Zelle. Sie ist klein und hoch. Eine Schießscharte aus früherer Zeit lässt oben einen schmalen Streifen Tageslicht herein. Die Fackel eines Wärtergehilfen erhellt ein trübes Bild.

»Losketten!«, befiehlt Marozia streng.

Der Oberaufseher zögert. Das sei nicht empfehlenswert. Der Stolz des Arabers sei noch nicht gebrochen.

»Mach schon! Losketten! Er wird mir nichts tun«, ist die Senatrix sich sicher. Der Befohlene tut wie geheißen, auf das Risiko der Herrin, angegriffen zu werden.

»Jetzt raus hier! Raus! Sofort! Ich will allein mit dem Gefangenen sprechen! Gib mir die Fackel! Raus!«

Mohammad Omar Ali reibt sich die wunden Handgelenke. Die Kette war gerade lang genug, die Pritsche zu erreichen, den Tisch, den Hocker davor, die Kotrinne und den Wasserkessel, aber zu kurz, um am Eingangsgitter jemand zu bedrohen. Bliebe die Tür versehentlich (oder gewollt!) unverschlossen, die Schellen vereitelten jeden Befreiungsversuch; es ist eine zusätzliche Sicherheitsmaßnahme.

Marozia hält die Fackel in der Hand, obwohl es an der Mauer eine Halterung gibt. Die Flamme versengte dem Sarazenen das Gesicht, sollte er eine Attacke wagen, um die Frau als Geisel zu nehmen.

»Weißt du, wer ich bin?«

Ein fast überlegenes Lächeln huscht über das Antlitz des Gefangenen. Seine Haare sind wirr und lang, der Bart struppig, die Kleidung stinkig und schmutzig. Marozia fächelt eine parfümierte Quaste vor der Nase.

»Du bist Marozia, die Tochter meines Feindes, der mich schmählich als Kriegstrophäe durch Rom schleppte und hier einkerkerte. Ist die Senatrix von Rom gekommen, um mich zu beleidigen, zu demütigen oder zum Märtyrer zu machen? Was willst du? Sprich!«

»Du bist nicht in der Position, Befehle zu erteilen, Gefangener«, lautet die gestrenge Feststellung. Marozia fügt aber milde hinzu: »Ich will nichts von dem, was du gesagt hast, Mohammad Omar Ali. Im Gegenteil. Ich lasse dich frei.«

Eine misstrauische Runzel erscheint oberhalb der Nasenwurzel auf der Stirn. Einfach so? Da ist gewiss ein Haken. Eine Falle? Eine Finte?

»Unter einer Bedingung.«

Aha! Hat er's doch gewusst!

»Unsere Völker haben sich genug bekriegt. Zu viele gute Männer sind gefallen. Wir sollten zum gegenseitigen Vorteil wieder Handel treiben. Ich überzeuge Berengar, der jetzt Römischer Kaiser ist, den Sarazenen das südliche Italien und die drei großen Mittelmeerinseln zu überlassen. Wir verpflichten uns zu einem gegenseitigen, zehn Jahre dauernden Friedensschluss. Du gehst mit meinem Bruder Adalbert von Tusculum mit viel Gold nach Sizilien und lieferst im Gegenzug Getreide nach Ostia. Du bist noch heute frei, wenn du vor deinem Gott versprichst und schwörst, zu tun, was ich vorgeschlagen habe. Der Emir wird gleichfalls Gold erhalten, wenn er mit dem Friedensschluss einverstanden ist.«

Gespannte Stille herrscht in der Gefängniszelle. Man hört das Knistern der Fackelflamme. Irgendwo geht eine schwere Eisentür. Schwere Schlüssel klirren. Jemand schreit. Wird da einer gefoltert?

»Und wenn ich dein Gold einfach nehme? Deinen Bruder Adalbert als Geisel köpfe? Dir kein Getreide nach Ostia liefere?«

Ein selbstsicheres Lächeln huscht über Marozias schönes Antlitz. »Dann wärst du ein Dieb. Dann wärst du ein Mörder. Dann wärst du ein Betrüger. Dann wärst du ein Meineidiger. Mohammad Omar Ali ist ein Ehrenmann, der einen Schwur hält vor seinem Gott«, erwidert die Senatrix überzeugt.

»Schwörst du vor deinem Gott, den die Juden in Jerusalem gekreuzigt haben, dass Kaiser Berengar uns auf den Ländereien in Süditalien unbehelligt leben und Handel treiben lässt? Und er seinerseits den zehnjährigen Friedensschluss einhält?«

»Das wird er tun, wenn du es tust«, lautet die Antwort selbstgerecht.

Mohammad Omar Ali überlegt. Kein Haken? Keine Falle? Keine Finte? Kann man ungläubigen Christen vertrauen?

Marozia verfolgt eine längerfristige Doppelstrategie. Gilt ein Friedensschluss für die Sarazenen in Süditalien, dann müssen die arabischen Armeen die Waffen gegen die norditalienischen Herzogtümer und Grafschaften gleichfalls niederlegen, insofern sie dem Emir von Tunesien unterstehen. Sollen sich die Sarazenen und die Ungarn gegenseitig zerfleischen und so weit schwächen, bis Berengars kaiserliches Heer eingreift, die Ungarn auf einen Schlag besiegt und aus dem Land jagt. Der lokale Handel blühte wieder auf (auch mit den Sarazenen). Die nördlichen Fürstentümer betreiben wieder die bekannte lokale Machtpolitik. Die Hauptsache ist für Marozia, dass Rom wieder von Sizilien und Norditalien mit Getreide versorgt wird. Die Senatrix-Patricia darf sich dann als Retterin der Stadt vor einer Hungersnot feiern lassen. Das stärkt das Ansehen und festigt die Macht.

»Sekretär!«

Ein älterer Mann, der draußen gewartet hat, betritt die Zelle. Er macht sich am Tisch hurtig schreibbereit.

»Wir besiegeln unsere Abmachung schriftlich, damit alles seine Gültigkeit und Ordnung hat und keiner später etwas anderes sagen kann, Mohammad Omar Ali«, meint Marozia in ihrer Position als Senatsvorsitzende von Rom. »Wir werden das Dokument vierfach ausfertigen: eines für dich, eines für den Emir von Tunesien, eines für mich und eines für den Kaiser. Keine Bange, Mohammad Omar Ali! Mein Sekretär schreibt sowohl Latein als auch Arabisch.«

Marozia erlässt Befehl, die streng bewachten Kornspeicher zu öffnen und dem Volk gerechte Getreideportionen auszugeben. Die Vorräte sind für eine langwierige Belagerung der Stadt vorgesehen. Sie reichen aus, bis die ersten Schiffe aus Sizilien in Ostia eintreffen, insofern Mohammad Omar Ali die Vereinbarung hält und nicht eidbrüchig wird. Ein Eid, einem Ungläubigen geschworen und dann noch einem niedrigen Weib, muss nicht unbedingt gehalten werden, vor allem, wenn er erzwungen ist. Ali würde sonst nie freikommen. Ein Vertrag mit Christen kann jederzeit zerrissen werden, ohne das Gesicht und die Ehre zu verlieren. Anderseits ist Mohammad Omar Ali ein stolzer, gottesfürchtiger Ehrenmann und ein großer Bewunderer schöner Frauen.

Marozia schickt einen Kurier mit dem Dokument zum Kaiser. Dieser ziert sich und wagt den offenen Widerspruch. Berengar verfolgt eigene Machtinteressen gegenüber Rom, schließlich sind die Magyaren (Ungarn) seine Verbündeten, die er gegen die Sarazenen, die auf Seiten Hugos von Arles kämpfen, selbst ins Land gerufen hat.

Da greift Papst Johannes (X.) ins Geschehen ein. Er droht den beiden Herrschern mit der Exkommunikation, sollten sie sich nicht für einen Friedensschluss entscheiden, oder schlimmer mit dem Interdikt. Da die Exkommunikation einen Einzelnen trifft, schließt der Kirchenbann ganze Ländereien mit allen dort lebenden Menschen von der katholischen Kirche aus. Es dürfen keine heiligen Messen gelesen, keine Beichten gehört, keine Ehen geschlossen, keine Kinder getauft, keine Hostie gespendet und kein Verstorbener in geweihter Erde beigesetzt werden. Die Priester müssen das Land verlassen. Das Interdikt ist die schwerstmögliche Strafe, die nur der Papst verhängen und wieder lösen kann. Kein Herrscher riskiert sein Seelenheil durch eine Exkommunikation oder den Kirchenbann seiner Untertanen. Heftige Revolten wären die unausweichliche Folge. Jeder Mann, jede Frau und jedes Kind weiß, dass die Senatrix und Patricia von Rom hinter dem Heiligen Vater wirkt: durch Befehl, etwas Gold und mit dem eigenen Körper! Marozia beherrscht die Menschen und deren Seelen durch den gefügigen Marionettenpapst. Sie ist die einflussreichste, mächtigste Fürstin in Italien! Ich brauche keine Kirche, die mit der Welt geht, sagt Marozia. Ich brauche eine Kirche, die durch mich die Welt bewegt! –

»Flieg, Nestor, flieg!«

Marozia lässt den Falken vom Unterarm aufsteigen. Sie sitzt im Damensattel hoch zu Ross eines edlen Rappen, umgeben von ihrer treu ergebenen Dienerschaft und der Leibeskorte. Es wäre höchst unschicklich, wie ein Mann mit gespreizten Beinen zu reiten. Ein Weib könnte Wollust empfinden, oder die Organe könnten während des Ritts aus dem Körper fallen, was man damals wirklich glaubte. Königin Viktoria von England ritt am Ende des 18. Jahrhunderts noch auf diese Weise.

Domestiken lassen ein Karnickel aus einem Käfig laufen und scheuchen es durch die Büsche. Der Falke zieht mit ruhig ausgebreiteten Schwingen seine Kreise. Ein Hase wird freigelassen. Er verschwindet in Panik im hohen Gras. Ein schriller Pfiff ertönt. Nestor erspäht die Beute.

»Seht! Gleich wird er niederstechen!«, prophezeit Marozia lächelnd. Alle verfolgen gespannt den ruhigen Flug des Falken.

»Eine Münze für jeden, wenn er zuerst den Hasen schlägt«, verspricht die Senatrix frohgemut.

Der Vogel sticht im Sturzflug hinab. Die Domestiken stürmen los. Marozia bläst die Falkenpfeife. Nestor fliegt sofort hoch und landet sicher auf ihrem ausgestreckten Unterarm. Das Karnickel ist die Beute, die die Diener Marozia präsentieren, nicht der Hase.

»Mein Liebling hat mir ein paar Münzen erspart«, frohlockt sie und streicht die Brustfedern des Raubvogels glatt. »Keine Bange, meine Getreuen! Jeder kriegt trotzdem eine Münze.«

Marozia gibt das Tier dem Falkner in Obhut, lässt dem Rappen die Zügel und galoppiert an. »Folgt mir! Auf zur Burg!«

Das Fußgesinde springt auf den Wagen. Die Begleiteskorte gibt den Pferden die Sporen. Die Senatrix ist eine hervorragende Reiterin. Sie erreicht die Engelsburg mit hundert Metern Vorsprung.

Die Stimmung der Stadtbevölkerung ist angespannt, bedrückt. Die aus den Vorratsspeichern ausgegebenen Getreideportionen seien viel zu klein, hört man Leute murren. Der Unmut steigert sich zur Verärgerung und eskaliert zum handfesten Aufstand gegen die Soldaten.

Eine Flotte Sarazenenschiffe legt in Ostia an. Marozias jüngerer Bruder, Graf Adalbert von Tusculum, hat gerade einen Kurier nach Rom geschickt. Mohammad Omar Ali hat mit einer großzügigen Getreidelieferung Wort gehalten. Die gute Kunde hat die Stadt noch nicht erreicht, um die aufgebrachte Bevölkerung zu beruhigen. Da passiert es! Aus heiterem Himmel! Volksgeschrei ertönt. Die Leute laufen aufgeregt durcheinander.

»Was ist denn los?«, fragt ein Obsthändler ein vorbeistürmendes Marktweib.

»Ein Anschlag! Ein Attentat auf die Senatrix!«

Eine Gewürzverkäuferin keift: »Die Marozia wurde von einem Pfeil getroffen! Jetzt schlachtet die Garde unschuldige Menschen ab!«

»Jetzt ist Zeit, dass die Tyrannin endlich stürzt! Ich hoffe, sie ist tot und brät in der Hölle!«, ruft ein Schmied in die Menge. Er behändigt sich einen Hammer und stürmt vorwärts.

»Ja, Marozia und ihre Sippe beuten uns elend aus! Jetzt ist Schluss! Kommt, Leute, wir gehen zum Kastell. Wir haben genug von Steuerjoch und Unterdrückung!«, agitiert ein Metzgergeselle. Er schwingt aufgebracht das Schlachtbeil.

Die Empörung eskaliert zum Volksaufstand. Garnisonssoldaten gehen auf der Brücke vor der Engelsburg in Stellung. Sie bilden mit den Schilden eine Mauer, aus der tödliche Lanzenspitzen hervorragen. Die wütende Menschenmenge stürmt heran. Die nachdrängenden Leute stoßen die vorderen in die blanken Spieße hinein. Unzählige werden durchbohrt. Es gibt viele Tote.

Hörner und Glocken alarmieren die Besatzung auf der Engelsburg. Das Burgportal wird verriegelt. Pfeile und Armbrustbolzen regnen von den Zinnen und den Schießscharten auf die wogende Volksmenge herab. Noch mehr Tote und Verletzte.

Die Senatrix-Patricia von Rom ist nicht tot! Sie zeigt sich dem Volk auf der hohen Brustwehr oben. Die Schulter ist einbandagiert, der linke Arm durch eine Schlinge fixiert. Das Mordgeschoss hat Marozia verwundet, aber nicht getötet. Das ist der Beweis, dass sie unter Gottes Segen steht, der ihren Tod nicht will.

Die Senatrix erteilt Befehl, die Revolte im Blut zu ertränken. Ein Trompetenstoß erschallt. Die Soldatenphalanx rückt Schild an Schild vorwärts auf der Brücke. Alle, die im Weg stehen, werden niedergemacht. Hinter ihren Reihen gibt es nur Tote und Verletzte. Keiner wird verschont, ob Frau, ob Greis, ob Kind. Die Rebellenhaufen werden zum Stadttor zurückgedrängt. Dieses wird geschlossen. Niemand überlebt, der draußen bleibt und der tödlichen Phalanx nicht entkommt.

Marozias Truppen schlagen den Aufruhr brutal nieder, um die Ordnung innerhalb des Stadtwalls wiederherzustellen und ihre Macht zu konsolidieren. Ein Mordanschlag auf ihre erlauchte Person und ein Volksaufstand sind das Schlimmste. Sie rechtfertigen die Raserei und den Blutdurst der Soldaten. Papst Johannes sieht hilflos zu, wie die Garnison das eigene Volk abschlachtet, das sich der Despotin entgegenstellt. Quält man eine Taube lang genug, wird sie plötzlich zum unerschrockenen Falken.

Die Schlächterei dauert bis zum Abend. Die Truppen ziehen sich in die Kasernen zurück. Sie hinterlassen ein fürchterliches Chaos der Zerstörung, unzählige Tote und noch mehr Verletzte. Sie schreien erbärmlich. Kinder weinen. Sie rufen ihren Eltern, oder sie kauern in Tränen neben den erschlagenen Müttern und Vätern. So viel Blut! Wahre Seen von Blut! So viele Tote, die da in Haufen liegen! An manchen Stellen lodern Flammenherde. Feuerwehren rücken auf pferdegezogenen Wasserspritzen heran. Ein Stadtbrand wäre verheerend. Er könnte tausenden das Leben kosten.

Attentate, Verschwörungen, Morde, Volksaufstände und Massaker gehören in Italien des 10. Jahrhunderts nahezu zur Tagesordnung. Außer bei Kriegen, drei, vier Tage später erinnert meistens nichts mehr an die grausigen Metzeleien. Vielleicht ein paar Blutspuren im Straßenschmutz oder auf dem Pflaster der Plätze vor den Kirchen, wenn es nicht geregnet hat. Die Toten sind rasch weggeschafft. Man befürchtet Seuchen, die schlimm sind wie die Pest. Das beschwerliche Tagwerk kehrt zurück und mit ihm die Ängste, Sorgen und Nöte. Was interessiert's den Herrscher?

»Wir haben ihn! Wollt Ihr ihn verhören, durchlauchte Herrin?«

Der Sekretär führt die Senatrix in einen finstern Keller der Engelsburg hinab, wo die Folterknechte geduldig warten. Sie haben einen Mann in den mittleren Jahren auf die Streckbank gespannt. Er ist nackt bis auf den Lendenschurz. Blutunterlaufene Prellungen bezeugen herbe Schläge bei der Festnahme durch die Soldaten. Ein Leutnant namens Mario hatte den Attentäter in flagranti ertappt. Er kam jedoch einen Sekundenbruchteil zu spät, um den Pfeilschuss zu verhindern. Er bezeugt: Der Mann auf der Folterbank ist der Mann, der den dreisten Anschlag auf Marozias Leben verübte.

Das Spannen der Seile gibt den Namen des Mannes preis. Er beansprucht in einer ersten Einvernahme, allein gehandelt zu haben. Wohl kaum! Assassinen sind bezahlte Werkzeuge von Verschwörern. Wer steht dahinter?

Der Gefolterte ächzt und stöhnt unter der Anspannung seines Körpers. Der Rücklaufriegel fällt ins Zahnrad. Der Folterknecht betätigt erbarmungslos den Hebel, der das Seil an den Handgelenken des Gefolterten über eine Umlenkrolle spannt.

»Rede! Sage: Wer hat dich geschickt? In wessen Auftrag handeltest du?«

Marozias Stimme ist empfindungslos, streng, fordernd. Es ist nicht das erste Mal, dass sie neben einem Streckbett steht. Das hat sie schon als kleines Mädchen tun müssen, kaum sechsjährig. Mutter Theodora meinte, einem Folterverhör beizuwohnen härte ab, für Mörder, Umstürzler und Verräter Mitleid zu empfinden.

Die Spannung verhindert das Sprechen. Der Gefolterte keucht, stöhnt, ächzt herzzerreißend. Schweiß dringt aus allen Poren. Die Senatrix gibt das Zeichen, das Spannseil zu lockern, aber die Pein aufrechtzuerhalten.

»Ich will Namen hören! Rede! Wer hat dich geschickt? Wer hat sich verschworen? Namen, Gefangener! Namen! Los! Rede! Sprich! Sage die Namen deines Auftraggebers! Ich höre!«

Der Gequälte hustet, schöpft Atem. Flammende Blicke. Hasserfüllte. Er speit Marozia an, ohne dass die Spucke das Gewand besudelt.

Die Senatrix nickt. Der Folterknecht spannt die Seile stärker.
»Tyrannin! Mörderin!«, schimpft er unter dem Spannungsschmerz. Gleich müssten die Gelenke aus dem Körper springen.
»Wir können die ganze Nacht so weitermachen, wenn du keine Namen nennst, Gefangener. Auch morgen. Den ganzen Tag. Oder übermorgen. Glaube mir, du wirst die Namen der Verschwörer sagen.«
»Papstfickerin!«, gurgelt er Gefolterte am Ende seiner Kräfte.
»Das Blei. Es ist jetzt flüssig«, vermerkt der Foltergeselle. Der Gehilfe schwenkt ein Gefäß über die Brust des Gefangenen. Er braucht nur …
»Wartet!«, befiehlt die Senatrix streng. »Tot nützt er nichts. Ich will die Namen der Verräter haben. Foltert den Mann, aber tötet ihn nicht. Ihr haftet mit dem Kopf für sein Leben!«
Die Herrin Roms wendet sich dem Gefangenen zu. »Hast du's gehört? Du wirst gefoltert, bis du den Namen deines Auftraggebers nennst, der dich bezahlt und geschickt hat, mich zu töten«, sagt sie kompromisslos, gnadenlos. »Erspare dir die Pein. Rede!«
Die Folter dauert an. Der Rücklaufriegel klackt zweimal in die nächste Zacke des Zahnrads. Der Widerstand des Gequälten bricht nach einer halben Stunde zusammen. Der Sohn des in der Engelsburg inhaftierten Senators, der gegen Marozia im Senat gesprochen und intrigiert hatte, bezahlte ihn für den Anschlag.
»Tomaso Gaius?«

Der Gefragte bejaht keuchend.

»Wie viel hat er dir bezahlt?«

»Fünf Goldmünzen.«

Marozia richtet sich auf und lacht spöttisch.

»Fünf Goldmünzen? Mehr bin ich nicht wert?«

Der Gefolterte schweigt. Die Senatrix lässt die Sperrarretierung der Spannseile lösen.

»Du hast genug Pein erlitten, Gefangener«, stellt Marozia fest. »Du bist zum Tod verurteilt. Töte ihn schnell und schmerzlos. Ohne das flüssige Blei.«

Der Folterknecht am Spannhebel zückt den kleinen Dolch am Gürtel. Ein kurzer scharfer Schnitt durch die Kehle, Marozias verhängtes Todesurteil ist vollstreckt.

»Leutnant Marius!«, befiehlt sie ohne Wimperzucken. »Folgt mir!«

Der Offizier gehorcht der Herrin Roms aufs Wort. Er steigt hinter ihr die steile Kellerstiege hoch.

Marozia stellt gegen die Familie des aufmüpfigen Senators einen kollektiven Haftbefehl aus und lässt sie in der Engelsburg ins Gefängnis werfen. Die kleinen Kinder werden nicht verschont. Sie sind jetzt Geiseln. Tomaso Gaius wird vom Verhaftungskommando einen Tag später in einem Versteck in der Stadtvilla aufgestöbert und festgesetzt. Diese fällt dem Eigentum der Grafen von Tusculum zu.

Die Senatrix-Patricia von Rom macht kurzen Prozess. Die Verschwörer werden im frühen Morgengrauen im Hof der Engelsburg durch den Strang hingerichtet – auch die beiden

Kinder, das Mädchen zehnjährig, der Knabe zwölf. Kinder von Feinden am Leben zu lassen und zu verbannen oder zeitlebens einzukerkern ist brandgefährlich. Sie wären eine ständige Bedrohung. Sie kehrten eines Tages zurück, wenn sie groß sind, oder sie würden befreit. Dann droht die Blutrache. Begnadigung und Verbannung sind ausgeschlossen, meint Marozia hartherzig. Was würde im umgekehrten Fall mit ihrer Familie und ihren Kindern geschehen?

Kompromisslose Macht sichert das eigene Überleben und fordert Opfer, schuldig oder nicht. Die Senatrix säubert den Senat radikal von Aufrührern, Verschwörern und Verrätern. Sie müssen sterben.

Der Kurier trifft von Ostia in der Engelsburg ein. Zimmerleute bauen gerade den Galgen im Hof ab. Marozia lässt es sich nicht nehmen, die frohe Botschaft der Getreidelieferung aus Sizilien dem Volk persönlich zu verkünden und sich als Wohltäterin und unumschränkte Herrscherin Roms zu präsentieren.

Dann schickt sie den besten Reiter zu ihrem Vater nach Tuszien los. Die Nachricht lautet: Attentäter gefasst und hingerichtet. Deine geliebte Tochter ist wohlauf und auf dem Weg der Genesung. Volksaufstand niedergeschlagen. Senat von Feinden Roms gesäubert und hingerichtet. Ruhe und Ordnung herrscht in der Stadt. - -

Marozia regiert mit eiserner Hand. Keiner wagt, eine offene Revolte anzuzetteln. Sie kontrolliert den Senat, den römischen Adel und das Papsttum. Sie nützt den Getreidemangel und den Volksaufstand, die Macht zu festigen und auszubauen. Die Absetzung des Vestararius Giovanni Crescentius, des fünfundzwanzig Jahre älteren Ehemanns von Theodora und seine Versetzung in den Senat durch Marozia, dehnt ihren Einfluss auf den Papst und die Kirchenpolitik weiter aus. Marozia besetzt das Amt des päpstlichen Finanzverwalters umgehend mit ihrer eigenen Person. Sie nennt sich fortan Marozia I., Gräfin von Tusculum, Vestaratrix et Senatrix Patricia Romanorum (Vestaratrix ist jetzt der erste weibliche Kämmerer und Finanzverwalter im Vatikan). Johannes (X.) fügt sich, das Kardinalskollegium ebenso. Offener Widerspruch ist sinnlos, verdeckter brandgefährlich. Marozia besitzt die Macht, geistliche und weltliche Würdenträger ein- und abzusetzen. Wer Amt und Rang verliert, den erwartet ein unbestimmtes Schicksal: Privilegienentzug, Versetzung in die Bedeutungslosigkeit, Verbannung, Kerker, Tod! Das gilt für Geistlichkeiten, Senatoren und Patrizier, die in der Stadtverwaltung hohe Ämter bekleiden. Marozia hat insgeheim das alte Amt der Diktatur ergriffen – und das ohne Wahl und Zeitbeschränkung! Das hätte in der Römischen Republik Argwohn und heftigen Widerstand heraufbeschworen. Marozia ist klug genug, sich bloß als Senatsvorsitzende zu bezeichnen.

Drei neue Gesichter im Lateran fallen auf. Johannes hat seinen Bruder Petrus zum persönlichen Berater ernannt. Aus dieser Ecke wittert Marozia vorerst keine Gefahr, die ihre Macht gefährdet. Anders ist es vielleicht beim Erzbischof von Capua. Leo ist der Sohn einer vornehmen römischen Familie. Der Vater sitzt im Senat und ist der Senatrix treu ergeben. Spione hauchen Marozia nichts Nachteiliges ins Ohr. Dann gibt es einen Bischof, der Stephan heißt. Sein Vater Theudemund lässt auf eine germanische Abstammung schließen. Beide besitzen das römische Bürgerrecht. Die Familie ist Marozia bis anhin politisch unauffällig. Hohe Geistlichkeiten, Senatoren und Patrizier können schnell die Hälse wenden, wenn es ihnen vorteilhaft erscheint. Sowohl Leo als auch Stephan haben ins Beutelchen gegriffen, um in den Vatikan, ins Machtzentrum der heiligen katholischen Kirche berufen zu werden. Die Simonie, der Ämterkauf, ist für den Papst ein durchaus einträgliches Geschäft, das diskret im Hintergrund abläuft. Geistlichkeiten sind gleichwohl ehrgeizig wie weltliche Würdenträger. Marozia verfügt über eine gut gefüllte Schatulle, um den Senat und den Adel in Schach zu halten, eine genehme Gefolgschaft sicherzustellen und auszubauen. Diese ist ausschließlich ihrer durchlauchten Person verpflichtet und erst an zweiter Stelle den Grafen von Tusculum oder dem Wohl der Stadt Rom.

Leo ist ein junger Mann, sehr ansehnlich mit blonden Haaren und groß gewachsen. Er ist vielleicht zwei, drei Jahre jünger als Marozia. Sein Anblick wirbelt Marozias Hormone gehörig durcheinander. Er ist ein sehr ehrgeiziger junger Mann. Er strebt nach ihrer Gunst und nach dem Kardinalshut, vielleicht später einmal nach dem Pontifikat.

Papst Johannes X. ist nicht mehr der Jüngste. Seine Potenz lässt merklich nach. Marozia beschließt, Leo von sich abhängig zu machen. Der Verstand des Mannes rutscht sehr rasch unter die Gürtellinie, wenn es um die weibliche Schönheit geht. Wer würde die Gunst der mächtigsten Frau in Rom und weit darüber hinaus zurückweisen? Ehrgeiz und Geschlechtstrieb sind für Marozia ein unfehlbares Machtinstrument, Männer für einen Aufstieg in ein höheres Amt zu konditionieren. Und wenn der Mann noch gut aussieht?

Die Vestaratrix, Senatrix und Patricia von Rom wird Leos Geliebte, seine Mätresse. Sie nährt unverfänglich sein Streben, zum Kardinalspriester aufzusteigen. Wer weiß? Vielleicht erhebt sie Leo eines Tages sogar zum Papst?

Marozia macht nie einen Hehl daraus, einen gut aussehenden Mann ins Bett zu holen, auch einen ohne Rang und Stand. Ihr Ehegatte, Graf Alberich (I.) von Spoleto, ist weit weg im Krieg im Norden an der Seite ihres Vaters. Alberich liebt sie nicht, und sie liebt ihn noch weniger. Ihre Heirat ist eine reine Zweckehe, die Macht der Grafen von Tusculum zu festigen. Da kommt ihr die Meldung ganz gelegen, Alberich sei im Kampf gefallen. Der Kurier berichtet mit geheuchelter Anteilnahme, der durchlauchte Graf von Spoleto habe mit seinem Schwiegervater Theophylakt von Tusculum (Marozias Vater) Berta von Lothringen und ihren Sohn Guido, Markgraf von Tuszien und Herzog von Lucca, aus einem

Gefängnis in Mantua befreit, in das König Rudolf II. von Hochburgund sie durch eine Palastverschwörung habe werfen lassen. Anstifter sind der Markgraf von Ivrea und der Bischof Lambert von Mailand. Sie haben Rudolf die Krone von Italien angetragen, die nach wie vor Kaiser Berengar I. auf dem Haupte trägt. Das ruft ihn als Gegner auf den Plan.

König Rudolf II. von Hochburgund unterschätzt die traditionell enge Bindung zwischen den Grafschaften Tuszien, der fränkischen Provence und von Niederburgund. Hugo I. (seit 912 durch Ehe mit Wila von Burgund, Tochter des Boso von Vienne und Witwe des Königs Rudolf I. von Burgund), nun Graf von Vienne, auch Hugo von der Provence und Graf von Arles genannt, greift in die Kriegswirren gegen König Rudolf II. ein. Er will seiner Mutter Berta von Lothringen und seinem Halbbruder Guido von Tuszien, Sohn der Berta aus zweiter Ehe mit dem Markgraf Adalbert II., dem Reichen, beistehen. Dann sind immer noch die Ungarn und die Sarazenen im Land, die Norditalien verunsichern, aber sehr zurückhaltend agieren. Die Sarazenen sind durch den Friedensschluss mit Rom und Kaiser Berengar dazu verpflichtet, den Waffenstillstand einzuhalten. Papst Johannes' (X.) Interdiktsdrohung (hinter der Marozia steht!), hatte gewirkt und Berengar gefügig gemacht. Jetzt droht ihm der Verlust der Königskrone von Italien!

Der Tod Alberichs I. von Spoleto macht Marozia für eine zweite Heirat frei. Um ihr Frausein zu leben, braucht sie keinen Ehemann. Dafür hat sie jetzt den ungestümen Leo im Bett, der ihr Freude macht, und er kostet ihre Lust und Schönheit aus. Dann gibt es hin und wieder und immer weniger den alternden Papst Johannes, mit dem sie das Lager teilt. Aber am liebsten begegnet Marozia einem Jüngling – inkognito natürlich, bei dem sie zu nichts verpflichtet ist und der keine Ahnung hat, mit wem er gerade Liebe macht. Die Senatrix hat sichergestellt, dass ein allfällig in ihrem Bauch gezeugter Bastard keinen Anspruch auf irgendetwas hat, es sei denn, es dient dem Interesse der Grafen von Tusculum. Anderweitig wäre das Problem sehr schnell gelöst. Eine Patrizierin weiß durchaus, eine Empfängnis zu verhüten. Fischblasen dienen als Kondome, Honigpessare sind bewährte Verhütungsmittel. Eine unverheiratete Adelsdame bestimmt allein über die Verwendung ihres Körpers und ist keinem Mann zu Willen, wie es später in der Ehe der Plan Gottes vorsieht. Die eheliche Treue hat Marozia nie eingehalten, wie es von einem verheirateten Weib gefordert wird, für den Gatten aber nicht strikt gilt.

Der ungestüme, von der Mutter (Berta von Lothringen) noch für minderjährig erklärte und gehaltene Guido von Tuszien hat Marozias sexuelle Fantasie durchaus angeregt und beflügelt. Er hat sie während der Kaiserkrönung Berengars in der Konstantinbasilika unverhohlen angemacht, in Gedanken nackt ausgezogen und wie ein brünstiger Stier gevögelt, dass das Begehren sogar Theodora aufgefallen war. In der Engelsburg fasste er Marozia schamlos zwischen die Schenkel, wofür er eine saftige Ohrfeige kassierte. Es war zu früh, unangemessen und unpässlich, dem Jüngling das Vergnügen ihres Körpers zu gewähren. Er wäre gewiss ein ungestümer Eber gewesen!

Die Senatrix ergreift die Initiative. Sie bittet den Herrn Vater, der nach dem Tod Theodoras (außer Gott) die einzige Autorität im Leben Marozias geblieben ist, sich mit Guido von Tuszien vermählen zu dürfen und die Erlaubnis der hochehrwürdigen, durchlauchtesten Berta von Lothringen, der Tochter Seiner Majestät, König Lothars II. – Gott habe ihn selig – für eine eheliche Verbindung zum Gedeihen der beiden Herrscherhäuser einzuholen.

In dieser Hinsicht wird auch die verwitwete jüngere Schwester Theodora zum politischen Spielball. Sie soll dem Johannes Scenci zu Willen sein. Es ist kein Geringerer als der greise Papst Johannes X., der jüngeres »Fleisch« begehrt, um seine Potenz aufrechtzuerhalten.

»Ich soll für diesen geilen Hurenbock die Beine breit machen?«, verwirft sie das Ansinnen der Schwester. »Das werde ich nicht, Marozia! Du verlangst zu viel von mir. Außerdem habe ich bereits drei Kinder. In meinem jungen Alter!«

»Ja, Töchter. Drei Töchter!«, fährt Marozia Theodora beinahe vorwurfsvoll an. »Wir brauchen Söhne. Söhne! Keine Töchter! Töchter kosten bloß eine teure Mitgift, um sie vorteilhaft zu verheiraten. Der obere Klerus darf nicht heiraten. Und das ist gut so. Die Geistlichkeiten würden sonst Dynastien gründen und eigene, uns Fürsten zuwiderlaufende Interessen verfolgen und durch Erbschaft die Kirche erst recht ausplündern (deshalb gilt das Zölibat). Nur Gemeindepriester und Mönche dürfen heiraten (erst das Konzil von Trient verfügte 1545, dass Ehe und Priesteramt sich gegenseitig ausschließen). Ach, und die armen Nonnen! Sie sind zeitlebens zur Keuschheit verdammt und dürfen bloß übers Ficken fantasieren. Bischöfe, Kardinäle und Päpste halten sich Mätressen, Konkubinen und Kurtisanen, weil sie unverheiratet bleiben müssen. Weshalb als Mätresse nicht gleich beim Pontifex höchstselbst einsteigen?«

»Weshalb soll eine meiner Töchter nicht Päpstin werden? Hatten wir vor sechzig Jahren nicht die Johanna auf dem Stuhl Petri sitzen?«, überrascht Theodora mit der Feststellung.

»Ja, die Engländerin, das stimmt«, gibt Marozia zu. »Sie regierte jedoch als Papst Johannes VIII., bis sie wegen einer Kindsgeburt aufflog und vom Volk mitsamt dem Bastard gesteinigt wurde. Jeder neu gewählte Papst muss sich seither auf dem »Sedia Stercoraria« einer Geschlechtskontrolle unterziehen, dass er Hoden hat und keine Vagina. Verstehst du, meine Teure? Eine Päpstin ist nie durchsetzbar, weder durch Wahl noch durch Ernennung. Nicht einmal eine »Episkopa« (Bischöfin) käme in Frage.«

Der »Sedia Stercoraria« ist ein spezieller Thron aus rotbraunem Porphyr mit einer Sitz- und Seitenöffnung. Ein Mönch konnte ins Throninnere greifen und die Männlichkeit des Pontifex überprüfen. Der Marmorstuhl steht heute im nicht öffentlich zugänglichen Vatikanmuseum.

Theodora weiß, es ist nicht machbar, eine Tochter aus dem Hause Tusculum auf den Papstthron zu erheben.

»Also: Werde eine päpstliche Mätresse«, kommt Marozia zum Thema zurück. »Mach es so wie ich: Augen zu! Die Zähne zusammenbeißen! Und durch! Du wirst doch wohl zehn Minuten Fickerei überstehen, Schwester?«

»Du hast mich mit dem alten Vestararius verkuppelt«, sträubt sich Theodora angeekelt. »Ich bin gerade über einundzwanzig, und Johannes ist bald sechzig. Weshalb tust du mir das an? Es kotzt mich an, mit greisen Männern zu schlafen. Sie stinken nach Motten, sind verrunzelt und von hässlichen Altersmalen übersät …«

»Ich war fünfzehn, als unsere Mutter mich Papst Sergius (III.) zuführte, gute Theodora. Er war vierzig Jahre älter als ich!«, unterbricht Marozia die Schwester. »Glaubst du, der alte Bock hätte mich nicht angeekelt? Was er alles mit mir anstellte, kotzt mich heute noch an, wenn ich daran denke. Ich musste mich eine Stunde lang im Sitzfass waschen, um seinen Geruch loszuwerden. Aber Mutter sagte: Wir brauchen Päpste für die Zukunft! Also zeuge einen! – Ich habe gehorcht und einen Sohn mit Sergius gezeugt, den Johannes. Ich habe ihn nicht minder lieb als Alberich (II.) von meinem verstorbenen Gatten – Gott habe ihn selig!«, fügt sie beiläufig hinzu. »Verstehst du, Alberich steht für den Fortbestand unserer Dynastie, mein Johannes für einen zukünftigen Papst, der unserer Familie verpflichtet ist.«

Theodora schweigt betroffen.

»Wir Patrizierfrauen haben Pflichten zu erfüllen und Kinder zu gebären, ob es uns passt oder nicht. Ich erwarte das Gleiche von dir, Schwesterherz.«

Theodoras Augen funkeln widerspenstig. »Und wenn ich mich weigere, den alten Bock zu vögeln? Bringst du mich dann um?«

Marozia ringt sich ein müdes Lächeln ab. »Ich bin überzeugt, du wirst für Rom tun, was nötig ist«, stellt sie kühl fest. Eine versteckte Drohung? Sie würde keinen Moment lang zögern, sie festzusetzen, bis sie gefügig wäre.

Theodora schluckt leer. »Was bist du für ein Mensch geworden, Marozia!«, stellt sie mit heiserer Stimme fest. »Ich werde nie so wie du sein, Schwester.«

»Das verlangt auch niemand von dir. Und du musst es auch gar nicht sein«, erwidert sie kalt wie Eis.

»Du vergießt viel unschuldiges Blut, Marozia«, wirft Theodora ein. »Bete, dass Gott dir das verzeiht.«

Jetzt ist die Senatrix verärgert. Sie wirft den Weinbecher an die Wand. »Begreife endlich: Ich tue bloß, was nötig ist, unsere Macht zu erhalten, damit unsere Dynastie nicht untergeht, denn das wird sie, wenn wir jeden Umsturzversuch nicht rigoros im Keim ersticken!«, schreit sie die Schwester an. »Sei froh und danke Gott, dass du kein unschuldiges Blut vergießen musst! Unschuldige bleiben immer auf der Strecke, wenn man hart durchgreifen muss. Das liegt in der Natur der Sache und lässt sich nicht vermeiden. Was meinst du, was passiert, wenn ich dem Volk, dem Adel und dem Senat die Zügel lasse?«

Theodora schluckt einmal leer.

»Die Ordnung würde zusammenbrechen. Es herrschte bares Chaos. Mord und Totschlag! Volksrevolte! Anarchie! Es würden viel mehr unschuldige Menschen sterben als bei einer Verschwörung. Sie muss gnadenlos niedergeschlagen werden, damit es abschreckend wirkt.«

Theodora schluckt zweimal leer.

»Ich bin die Senatrix von Rom. Es ist meine Pflicht, die geltenden Gesetze, die Ruhe und die Ordnung durchzusetzen und sicherzustellen, dass das Volk den Bauch vollkriegt. Ich muss verbrecherischen Abschaum bekämpfen und fiesen Intriganten das Handwerk legen, wenigstens so lange, bis unser Herr Vater wieder heimkehrt.«

Was soll Theodora dazu sagen? Irgendwie hat Marozia Recht.

Diese atmet brüsk aus und entspannt sich sichtlich. »Also, liebes Schwesterlein«, sagt sie mit sanfter Stimme, ihr Ungemach unter die Vernunft zwingend. »Ich erwarte, dass du einen Beitrag leistest und deine Pflicht für Rom erfüllst. Zeuge mit Papst Johannes einen Sohn, einen zukünftigen Pontifex, der einmal unserer Familie dient. Werde seine Mätresse. Kindermachen ist ein politisches Geschäft und hat nichts mit Moral und noch weniger mit Liebe zu tun. Wir Patrizierfrauen sind von Gott auserwählt. Es liegt nicht in unserer Hand, den Mann unseres Herzens zu lieben und zu heiraten. Wir dienen höheren Interessen.«

Theodora ringt sich ein verlegenes Lächeln ab. »Du wirst also diesen verrückten Guido oder Wido von Tuszien heiraten?«

»Wenn Papa es erlaubt und die königliche Berta von Lothringen einverstanden ist?« Marozia lächelt zurück.

»Liebst du ihn?«

»Ha! Das spielt nun wirklich keine Rolle.«

Die Senatrix legt den Arm freundschaftlich um die Schulter Theodoras und drückt sie schwesterlich an sich.

»Siehst du? Wir beide sind gehorsame, pflichtbewusste Patriziertöchter. Wir tun, was getan werden muss: Ich ehelige den Wido und du wirst die päpstliche Kurtisane.«

Berta von Lothringen, in zweiter Ehe dem Hause Tusziens zugehörig, sieht in der Verbindung mit der mächtigen Herrscherfamilie Roms und Tusculums einen willkommenen Machtausbau, der die bisherige politische und militärische Allianz gegen König Rudolf II. von Hochburgund festigt. Umgekehrt vermischt sich durch Guido das königliche Blut Lothars II. mit dem Herrscherhaus der Theophylakts, und dieses hat plötzlich einen (zwar illegitimen) Erbanspruch auf die Ländereien von Lothringen.

Marozias Ansinnen wird gutgeheißen. Ein für beide Adelshäuser vorteilhafter Heiratsvertrag wird ausgehandelt und besiegelt. Guido hat sich ungefragt zu fügen. Nach alter Tradition zieht die Braut mitsamt der Mitgift ins Haus des Gatten. Das ist bei einer Vestaratrix et Senatrix Patricia Romanorum unmöglich. Sie würde ihre Macht verlieren. Marozia will sich beim Volk von Rom mit einer rauschenden Hochzeit als Wohltäterin profilieren, und ein päpstlich abgesegneter Ehebund wäre für Tuszien ein hohes Prestige. Man einigt sich auf Rom. Guido ist es als Ehemann freigestellt, ob er in Tuszien oder in Rom residieren will. Wählt er Rom bei seiner Gattin, dann müsste er Hugo von der Provence, seinem Stiefbruder, das Feld in der Toskana überlassen. Also wählt Wido beide Domizile als Wohnsitz, was wiederum Hugo missfällt. Eine Machtaufteilung zwischen Brüdern ist äußerst problematisch, wenn Berta, ihre gemeinsame Mutter, einmal das Zeitliche segnet.

Es ist eine schillernde Hochzeitsgesellschaft. Sie erscheint mit viel Pomp, Fahnen, Pauken und Trompeten auf dem Platz vor der Petersbasilika und schreitet feierlich die zahlreichen Stufen hoch. Das Volk jubelt. Die Glocken läuten im Vatikan und in ganz Rom.

Die königliche Berta von Lothringen führt den Bräutigam feierlich am Arm zum Altar. Die Söhne und Töchter der Senatsmitglieder sind angehalten, den zehn Meter langen und drei Meter breiten Brautschleier zu tragen. Kleine Buben und Mädchen streuen duftende Rosenblätter vor die Füße der erhaben daherschreitenden Marozia. Konsul Theophylakt führt seine strahlend schön gewandete Tochter am Arm an Guidos Seite. Gemeinsam kniet das Brautpaar vor dem Papst nieder. Man gibt sich öffentlich das Jawort und verspricht eheliche Treue. Jeder weiß, die eheliche Treue ist eine Farce. Weder Marozia noch Guido werden sie halten. Papst Johannes lässt tunlichst die Eidesformel weg, dass das Weib dem Mann gehorsam und untertan sei …

Hugo ist absent. Er führt in Abwesenheit seines Bruders und der Mutter die Regenz in Tuszien. Die militärische Lage ist brisant. König Rudolf II. von Hochburgund lässt seine Truppen aufmarschieren, Kaiser Berengar ebenso. Er verteidigt die Königskrone von Italien, die der Markgraf von Ivrea und Bischof Lambert von Mailand König Rudolf angetragen hatten, wenn Berengar gestürzt wäre. Die Armeen treffen am 29. Juli 923 bei Fiorenzuola in der Nähe von Piacenza aufeinander. Der Blutzoll ist hoch. Das Gemetzel fürchterlich. Die Söldner der kaiserlichen Truppen desertieren im entscheidenden Moment, in die Flanken des Feindes vorzustoßen, um ihn zu vernichten. Die Condottiere (Söldnerführer) wurden mit reichlich Gold bestochen, keinesfalls in den Kampf einzugreifen. Das bringt die Wende im Schlachtverlauf. Kaiser Berengar wird besiegt, sein Heer niedergemacht oder in alle Winde verstreut. Er zieht sich mit einem kläglichen Rest seiner Armee nach Verona zurück. König Rudolf II. von Hochburgund lässt sich wenig später zum König von Italien krönen.

Der lokale Adel von Verona heißt den Kaiser willkommen. Nicht für lange. Man will gegen Hochburgund keinen Krieg anfangen. Und man zürnt unter vorgehaltener Hand, dass Berengar ein weiteres Mal die Ungarn als Verbündete aufstachelt, ihm mit Waffengewalt zurückzuholen, was er beansprucht: die Königskrone von Italien.

Viele Patrizier fallen von Berengar ab. Eine Verschwörung bildet sich gegen den Kaiser.

Am 7. April 924 stürzen sich plötzlich Assassinen auf die Majestät. Fischer ziehen am nächsten Morgen eine Leiche aus dem Fluss Adige. Die Hände sind auf den Rücken gefesselt, die Kehle aufgeschlitzt, der Körper von vierundzwanzig Dolchstichen durchbohrt …

Achtunddreißig Jahre gibt es keinen Kaiser in Italien mehr. Römisch Deutschland ist seit 887, dem Tod von Kaiser Karl III., dem Dicken, in fünf unabhängige Königreiche zerfallen. Der deutsche König Otto I. wird das Interregnum erst 962 beenden. Die römische Kaisertradition bleibt fortan ununterbrochen bis 1806 bestehen. - -

Marozia bestätigt nach der Eheschließung mit Guido von Tuszien jetzt ganz offen ihrer Schwiegermutter Berta von Lothringen die Allianz Roms und der Grafen von Tusculum gegen Rudolf II. Beide Herrscherinnen sehen ihn als Usurpator der italienischen Krone. Er ist zudem seit je Bertas Erzfeind gewesen. Er hat den Plan nie aufgegeben, die lothringischen Ländereien mit Gewalt in sein hochburgundisches Reich einzuverleiben. Marozias einflussreicher Arm reicht jetzt durch die neugeschlossene Familienbande bis nach Lothringen und Niederburgund. In der niederburgundischen Provence herrscht Hugo, Graf von Arles, Bertas Sohn aus erster Ehe.

Die Senatrix nützt ihre hinzugewonnene Macht, direkt in die kriegerischen Wirren in Norditalien einzugreifen: Rudolf II. soll gestürzt und vertrieben, Hugo soll König von Italien werden! Weshalb nicht Guido, ihr Ehemann? Weil Hugo der ältere (Stief-)Bruder von Guido ist und deshalb den Vortritt für das Königreich Italien hat. Guido oder Wido soll dafür die Toskana erhalten und den Nachfolgestreit nach dem Ableben Bertas, ihrer gemeinsamen Mutter, beilegen.

Aber Hugo will beides! Er will zum König von Italien gekrönt und Herrscher über das mächtige Tuszien sein, was wiederum Guido unversöhnlich auf den Plan ruft. Er droht, den Stiefbruder militärisch nicht zu unterstützen, wenn es zum Krieg kommt, denn Krieg wird es unvermeidlich geben: Rudolf II. wird mit Sicherheit die Krone nicht kampflos aufgeben. Der mächtige Konsul Theophylakt von Rom und Graf von Tusculum und seine Tochter Marozia, Guidos Eheweib, würden ihre Truppen zurückbeordern. Hugo wäre zu schwach, Rudolf allein zu besiegen. Berta droht gleichfalls, ihre Unterstützung zu entziehen. Hugo muss den Machtkampf gegen seinen ungeliebten Stiefbruder aufgeben. Kommt Zeit, kommt Rat. Wenn er einmal König von Italien ist!

Papst Johannes X. verschmäht kein attraktives Weib im Bett, schon gar nicht die schöne Theodora. Sie verführt ihn sehr schnell mit ihren weiblichen Reizen. Dass Marozias jüngere Schwester bereits drei Töchtern das Leben geschenkt hat, scheint den Heiligen Vater nicht zu stören. Er ist der makellosen Schönheit und Eleganz Theodoras erlegen. Jungfrauen sind zwar schön und gut, sie stellen sich aber häufig im Bett gehemmt und unbeholfen an. Theodora besitzt als Kurtisane eine reiche Erfahrung. Sie weiß die verborgenen Wünsche eines geilen Mannes zu erkennen und zu befriedigen. Sie tut, was Marozia ihr geraten oder insgeheim befohlen hat: Augen zu! Zähne zusammenbeißen! Und durch! In möglichst kurzer Zeit! Das Badewasser im Sitzfass ist vorbereitet.

Johannes ist glasklar, Theodora ist Marozias Aug und Ohr. Er vermeidet tunlichst jede politische Äußerung, die der Vestaratrix und Senatrix von Rom missfallen könnte. Seine Heiligkeit lässt aber auch unverfänglich durchsickern, was Marozia erfahren soll. Theodora ist ein ideales Sprachrohr, von seinen wahren Absichten abzulenken, Marozia mit gezielten Informationen in eine ihm genehme Richtung zu führen. Johannes betont wiederholt ausdrücklich, wie dankbar er ihr und der Familie Theophylakt für das Pontifikat sei. Theodora wird es zweifellos der mächtigen Schwester zutragen.

Johannes gerät unter den zunehmenden Einfluss des Bruders, seines engsten, vertrautesten Beraters und Privatsekretärs.

»Es ist mir völlig unverständlich, wie du dich dem Willen dieses grausamen, durch und durch verderbten Weibsbildes unterwirfst«, setzt Petrus ihm den Stachel der Erniedrigung, Demütigung und des schmählichen Gehorsams ins Fleisch.

»Du bist eine willenlose Marionette, ein Hampelmann, den sie nach Belieben tanzen lässt. Wer bist du denn? Du bist der Heilige Vater! Du bist der Papst, dem die heilige katholische Kirche untersteht. Du bist der Stellvertreter Christi auf Erden! Sei endlich energisch! Verfolge eine andere Politik, als dir dieses fürchterliche Weib gebietet. Jetzt ist ein guter Zeitpunkt. Unterstütze insgeheim den Hugo von der Provence als König von Italien. Mache ihn abhängig, solange der Machtkampf zwischen seiner Mutter Berta und dem Stiefsohn Wido um die Toskana tobt. Streue Salz in ihre Wunden! Versprich dem Wido, diesem sexbesessenen Lümmel, das Königtum Italien, wenn es dir dienlich ist. Spiele jeden gegen jeden zu deinem Vorteil aus. Zum Vorteil unserer Kirche.«

Die Luft hängt bleiern im päpstlichen Privatgemach.

»Ein unbedachtes Wort und wir sind tot! Kein Spion ist mir näher als die schöne Theodora. Ich kann und will nicht auf ihr makelloses Fleisch verzichten. Hast du vergessen, dass sie uns als Sprachrohr zu ihrer Schwester dient?«

Petrus verwirft die Hände und schreitet von Ungemach getrieben den Raum auf und ab und hin und her. Johannes sitzt im durchwühlten Kastenbett. Vor einer knappen Viertelstunde hat er Theodora noch gefickt, dass die Bettstatt beinahe zusammenkrachte. Er schickte sie in ihre Gemächer, weil sein jüngerer Bruder ihn in seiner Eigenschaft als engster päpstlicher Berater auf ein Wort unter vier Augen zu sprechen wünschte.

»Ach, dumme Kuh! Die blöde Theodora ist gleichfalls Marozias willenloses Spielzeug, Bruder!«, ruft Petrus ungehalten aus. »Dein Schwanz macht dich zum Sklaven. Theodora und schöne Weiber machen dich blind und rauben dir den Verstand.«

»Theodora ist keine Kuh. Theodora ist nicht blöd. Ich lasse nicht zu, dass du sie beleidigst, hörst du?«

Petrus bleibt stehen und hebt bezeichnend die Hand. »Ja! So ist's gut! Genau so! Du hast mir widersprochen. Also widerspreche auch dem Teufelsweib von Rom.«

»Wenn ich Marozia offen widerrede, verliere ich mein Pontifikat und dann den Kopf. – Früher oder später«, ergänzt Johannes kleinlaut.

Petrus tritt einen Schritt vor, um seinen Bruder zu überzeugen. »Nein, nicht offen. Ihr insgeheim zuwiderhandeln nach unseren eigenen Interessen. Das ist es!«, sagt er mit gedämpfter Stimme. »Fange damit an und unterstütze Hugo! Betreibe eine eigenständige Kirchenpolitik im Balkan, denn dort lässt dir die Teufelin freie Hand. Das böse Weib steht doch mit dem Leibhaftigen im Bunde! Sie ist jetzt mit den Wirren Roms und in der Toskana mit der Vergabe der Königskrone Italiens beschäftigt. Nütze die Gelegenheit! Zu deinem Vorteil. Zum Vorteil der Kirche. Gott der Herr würde den Sturz dieser vermaledeiten Hexe bestimmt befürworten. Es wäre keine Sünde, sie aus dem Weg zu räumen.«

»Du gehst zu weit, Bruder«, bemerkt Johannes unter größten Bedenken des Gelingens eines solch gefährlichen Unterfangens.

Petrus entspannt sich sichtlich. Er füllt Wein in den Becher. Er schmeckt bitter. Ist er vergiftet? Mit Arsen angereichert, das erst nach Tagen oder Wochen wirkt? Ist das plötzliche Gefühl eine Warnung? Falls Marozia das Komplott entdeckt, sie zu stürzen? Zu ermorden?

»Du hast Recht. Alles zu seiner Zeit. Und höchst geheim. Nur wir beide dürfen es wissen. Also fangen wir mit Hugo an und verfolgen weiterhin die Politik auf dem Balkan, die die Senatrix nicht sonderlich zu interessieren scheint. Das verfluchte Weib können wir später zur Hölle schicken.«

Hätte Theodora das im Sitzfass ein paar Türen weiter gehört, sie würde unverzüglich zu ihrer mächtigen Schwester laufen …

Die religiösen Beziehungen zwischen Rom und Byzanz stehen trotz der politischen Zusammenarbeit gegen die Sarazenen (Schlacht am Garigliano) nicht zum Besten. Die Tatsache, dass 924 zwischen Byzanz und Bulgarien ein Friede geschlossen wird und Simeon die Zarenwürde zugesprochen bekommt, stärkt seine Bindung zur orthodoxen Kirche. Papst Johannes X. verzichtet nicht auf sein Bestreben, die Bulgaren zu beeinflussen. Er schickt eine päpstliche Gesandtschaft zu Simeon. Sie soll einen Frieden zwischen Bulgarien und Kroatien vermitteln. Ein päpstlich gesiegeltes Schreiben an den kroatischen Fürsten Tomislav anerkennt sein Königtum und bestätigt es ausdrücklich. Seine Heiligkeit suggeriert mit dieser Botschaft, das kroatische Königreich verdanke dem Papsttum seine Entstehung und den wahren Glauben der heiligen katholischen Kirche. Tomislav findet seine Königswürde durch den Vatikan gestärkt.

Johannes lehnt jegliche Duldung der Lehren des byzantinischen Patriarchen Methodios energisch ab. Er mahnt den Bischof von Split unmissverständlich, die slawische Sprache im Gottesdienst abzuschaffen. Das vom Papstlegaten 925 in Split einberufene Konzil soll die dringlichen Fragen der Kirchenzucht und der kirchlichen Organisation in Kroatien lösen. Es kommt zum Streit zwischen dem Bischof von Nin, dem Verfechter der die Volkssprache respektierenden Strömung in der kroatischen Kirche, und dem papsttreuen Erzbischof Johannes von Split. Der Papst beendet kraftvoll den unversöhnlichen Konflikt mit einem Machtwort: Seine Heiligkeit verbannt Gregor in seine Bischofsstadt Nin (er kann froh sein, nicht degradiert und als Gemeindepriester an irgendeinen unbedeutenden Ort versetzt zu werden) und anerkennt die Metropolitanrechte des Johannes von Split. Die Versuche, die Liturgiesprache zu latensisieren werden aufgegeben.

Marozia betrachtet stillschweigend die eigenmächtige Einflussnahme des Vatikans in Bulgarien und Kroatien. Der Papst ist ihr verlängerter Arm in diese fernen Gebiete. Sie kann politisch eingreifen, wann immer es ihr beliebt …

Der Heilige Vater spendet den Armen Roms großzügig Almosen an Sonn- und Feiertagen. Er unterstützt wohlwollend etliche Klöster mit klingender Münze auf dem Gebiet des »Patrimonium Petri« (dem späteren Kirchenstaat) und der Stadt. Er übereignet den Konventen Privilegien betreffend den Landschenkungen von reichen Patrizierfamilien, die ihre Söhne und Töchter gegen ein Plätzchen im Himmel eintauschten. Marozia schluckt die Kröte über den Verlust dieser römischen Ländereien. Weshalb? Weil die Vestaratrix et Senatrix Patricia Romanorum den Papst und weitgehend die Kurie kontrolliert und diese wiederum die Klöster, die jetzt das neu erworbene Land für die Selbstversorgung ohne staatlich bezahlte Sklaven bebauen.

Johannes' Versuch, eine Äbtissin zu verführen, scheitert an ihrer Standhaftigkeit. Sie hält ihre Keuschheit als Braut Christi gegen den Bruch des Gehorsamsgelübdes aufrecht, was in diesem ganz besonderen Fall die höhere Priorität vor Gott genießt. Johannes ist fair genug, sie nicht zu vergewaltigen und dem Kloster trotzdem die Privilegien zu gewähren. Theodora löscht anschließend die heiße Glut der Venus in seinen Adern …

Für König Rudolf II. von Hochburgund wird die Lage brenzlig. Die militärische Übermacht des italienischen Adels und von Hugos fränkischen Truppen ist zu groß. Rudolf zieht sich zurück, ohne den Anspruch auf die Krone Italiens aufzugeben. Unruhen im eigenen Land rufen nach seiner Anwesenheit. Der Weg zu Hugos Krönung ist jetzt frei. Er wird 925 in Pavia zum König von Italien erhoben. Alle seine Verbündeten sind zu den pompösen Feierlichkeiten eingeladen, allen voran seine Mutter Berta, der mächtige Theophylakt von Tusculum und Konsul Roms und auf Geheiß Marozias ein päpstlicher Gesandter. Das war für den Heiligen Vater und seinen Bruder Petrus eine herbe Überraschung, zu erfahren, dass auch Marozia den Hugo unterstützt.

Hugos jüngerer Stiefbruder Guido, Marozias zweiter Ehegatte, glänzt durch Abwesenheit. Nicht aus Neid oder Zorn. Seine Anwesenheit wird im Hause Tuszien gebraucht, die Ruhe und die Ordnung aufrechtzuerhalten und eine Revolte niederzuschlagen, die feindlich gesinnte Intriganten lostreten könnten. Es gibt genug von denen, die Hugos Krönung ein arger Dorn im Auge ist und fürchten, die Privilegien König Rudolfs II. zu verlieren. Etliche werden den Hals wenden, je nachdem, wie sich die Machtverhältnisse verschieben.

Marozia hätte gern das glänzende Krönungsgefolge mit ihrer Anwesenheit bereichert. Die politische Lage in Rom ist instabil und verbietet eine Reise nach Pavia. Ihre Schwester Theodora und die Brüder wären zu schwach, einen aus jedwelcher Ecke angezettelten Volksaufstand zu brechen, den Senat in Schach zu halten und den Vatikan zu kontrollieren. Marozia übt jetzt mehr Macht aus, als ihre Mutter Theodora sie je besessen hatte. Kehrt eines Tages der Herr Papa nach Rom zurück, dann wird sie an seiner Seite residieren und in einer Vater-Tochter-Beziehung regieren. Er ist Marozias einzige anerkannte Autorität (und nicht mehr Gott!), der sie sich unterordnet, der sie sich fügt, wenn ihre Macht beschnitten würde. Sie weiß, sie wird nach dem Tod des Vaters die unumschränkte Herrscherin in Rom sein und vielleicht seinen Titel »Konsul aller Römer« erben. Ihre Liebe zu Papa ist zu groß im Herzen, als dass sie seinem Ableben etwas nachhelfen wollte!

Ein Kurier trifft wenige Wochen nach Hugos Krönung in der Engelsburg ein. Er berichtet, Konsul Theophylakt von Rom und aller Römer sei auf dem Weg zur Ewigen Stadt, in Begleitung von Guido von Tuszien, Marozias Ehemann. Marozia ordnet unverzüglich einen brausenden Empfang durch Volk und Adel an. Julius Cäsar soll nach dem Sieg in Gallien kaum stürmischer in Rom begrüßt worden sein. Die Freude hält sich bei Volk und Ständen in Grenzen. Die Senatrix trifft Sicherheitsmaßnahmen. Sie versetzt die Leibgarde in Alarmbereitschaft und zieht ihre treu ergebenen Truppen vor und in Rom zusammen. Marozia schickt dem Vater eine Reiterei entgegen. Sie steht unter dem Kommando ihres Bruders, Graf Bonifatius von Tusculum. Sie soll Papa in Ehren nach Rom zum rauschenden Empfang eskortieren.

Die Reiterschar trifft vor Viterbo auf ein Schlachtfeld. Es ist kein übliches Schlachtfeld, wo feindliche Soldaten sich gegenseitig niedermetzeln. Es sieht eher nach einem Überfall von Mörderbanden aus. Da liegen weit verstreut die Soldatenleichen nur einer Kriegspartei. Sie tragen das Wappen des Grafen von Tusculum auf den Uniformen, und zerrissene Standarten liegen im Schmutz. Dann gibt es ziviles Trosspersonal, Pferdeknechte, Fuhrwerker, ein paar Mägde, Köchinnen und Liebesdienerinnen. Sie fehlen nie in einem Soldatentross. Die

Toten wurden tüchtig ausgeplündert. Goldzähne wurden aus den Mäulern herausgebrochen und Finger abgeschnitten, weil ein wertvoller Ring nicht abgestreift werden konnte. Glutnester glimmen in den abgefackelten Wagen, die in Trümmern liegen. Rauch hängt über dem Ort des Grauens.

Theophylakts Gefolge geriet in einen mörderischen Hinterhalt. Es gibt keine Waffen, keine Pferde, keine Überlebenden. Alles, was von Wert war, wurde mitgenommen, vielleicht ein paar Gefangene, um Lösegelder zu erpressen, und sämtliche Verwundete und Gefallene der eigenen Bande. Es muss ein äußerst heftiger Kampf, ein grausiges Massaker stattgefunden haben. Alle zurückgelassenen Leichen zeigen schwere Verletzungen, nicht nur eine – tödliche. Sie sind von Hieben, Stichen und bösen Platzwunden übersät. Frauen und Kinder sind von den Leichenfledderern nicht verschont geblieben.

Bonifatius von Tusculum findet seinen Vater in einem Leichenhaufen. Er muss bis zum letzten Atemzug gekämpft haben. Tote Leibgardisten liegen herum, die ihn schützen wollten. Sie hatten gegen die Übermacht wohl keine Chance.

Es waren keine Sarazenen oder Magyaren, die das schreckliche Massaker anrichteten. Bauern bestätigen den scheußlichen Überfall der Mörderbanden, die in der Gegend marodieren. Die Lokalbevölkerung hilft, die vielen Toten würdig zu begraben. Ein Priester aus dem Dorf ist gekommen. Er erteilt die Absolution, spricht den letzten Segen und verspritzt Weihwasser über dem Massengrab. Es geschieht zum Seelenheil der getöteten Männer, Frauen und Kinder.

Graf Bonifatius wirft dem Priester einen Geldbeutel zu für die Mühe der Bestattung und den schlichten Sarg für seinen verblichenen Vater. Der Konsul aller Römer soll standesgemäß in Rom beigesetzt werden. Marozia befiehlt als oberste Stadtherrin ein Staatsbegräbnis in einem Meer von Blumen mit militärischen Ehren. In allen Kirchen Roms werden während dreißig Trauertagen Totenmessen für das Seelenheil des verstorbenen »Tyrannen« gelesen.

Der Tod des geliebten Herrn Papa trifft Marozia tiefer als ein vermisster Ehemann, dessen Leiche man nicht finden konnte und dessen Kind sie unter dem Herzen trägt. Ob es das Kind von Guido ist? Er war in den letzten Monaten nur viermal in Rom, um seine Ehepflicht zu erfüllen. Sie haben gewiss sechzig Mal miteinander geschlafen, während in der gleichen Zeit nur ein paar wenige Liebhaber Marozias Lager teilten. Eine Schwangere zu berühren gilt als unrein und unschicklich, selbst wenn's der eigene Gatte ist. Die Senatrix-Patricia wird bis zur Geburt des Kindes und über das Kindbett hinaus unberührt bleiben.

Die Trauer über den hinterhältigen Tod des Vaters lässt Marozia ein paar Jahre älter erscheinen. Theodora trägt Papas Ableben mit Fassung. Sie wurde von den Eltern nie so gegängelt wie die Schwester. Marozia ist der älteste Spross der Familie und deshalb die Prinzessin. Sie verschmäht allerdings diesen Titel. Er erinnert zu sehr an das in der römischen Republik verhasste Königtum. Marozia dürfte es nie wagen, einen einzigen Gedanken daran zu verschwenden. Sie hätte ganz Rom gegen sich. Die Treusten der Getreuen würden von ihr abfallen. Sie fände unter einer scharfen Klinge ein schmerzvolles, unrühmliches Ende. Das ist die Grenze, die kein Herrscher Roms überschreiten darf ...

Soldaten ergreifen einen ausgehungerten, zerlumpten, jungen Mann vor dem Festungstor der Engelsburg. Es stellt sich schnell heraus – wie ist es möglich?! –, es ist Graf Guido von Tuszien, der Markgraf von Lucca, Marozias Ehemann!

»Mein Gott! Du lebst! Ich dachte, du wärst tot! Gefallen!«, bricht es zwischen Wiedersehensfreude und Überraschung aus Marozia heraus. Sie umarmt und küsst ihn förmlich. »Sage, was ist geschehen? Wie hast du überlebt?«

»Ein hinterlistiger, hundsgemeiner Überfall von Räubern und Banditen«, erwidert Guido müde. Aglaia, Marozias Kammerzofe, reicht dem Erschöpften Wein, Brot, Käse und eine Keule Hühnerfleisch. Er verschlingt es heißhungrig und spricht mit vollem Mund: »Wir kämpften wie die Barbaren. Bis zum letzten Blutstropfen. Sie waren in der Überzahl. Ich wurde überwältigt, nachdem ich ein paar von ihnen getötet hatte, und gefangen gesetzt. Sie verlangten Gold als Lösegeld für meine Freilassung. Aber ich konnte den Mordbuben entfliehen. Jetzt bin ich da! Bei dir und meinem ungeborenen Kind, mein teures Eheweib!«

»Ist das alles?«

Guido lässt die Schultern fallen. »Das ist alles. Schnell erzählt, wie? Jetzt lasst mich allein. Ich will mein Mahl verzehren, mich baden und dann eine Woche schlafen. Raus! Alle raus hier! Außer meinem Eheweib.«

Marozia kann ihre Überraschung nicht verhehlen. Sie war gerade dabei, sich als Witwe in zweiter Ehe abzufinden. Jetzt das! Es hätte ihr wenig ausgemacht, wenn Guido tot gewesen wäre. Das Kind im Bauch ist ihre Pflichterfüllung als »liebende« Gattin. Es wird ihr später nützlich sein – wenn es groß ist, vom Blute zweier Herrscherhäuser abstammt und großmütterlicherseits sogar das königliche Blut Lothars II. in sich trägt.

Marozia betrachtet das Kinderkriegen vorausschauend unter machtpolitischen Aspekten. Das gilt für das ungeborene Baby in ihr. Das gilt für ihre beiden Söhne, die zu stattlichen Jünglingen heranwachsen: Alberich (II.) von ihrem verstorbenen ersten Ehemann, Graf Alberich von Spoleto, und Johannes, der Sohn, den ihr Papst Sergius III. zeugte. Wie Marozia ihrer Schwester unlängst sagte: Ihr erstes Geblüt dient dem Erhalt der Dynastie, das zweite dem Machterhalt der Tusculaner innerhalb der Kirche. In welche zweckmäßige Ämter Marozia die Brüder Adalbert, Bonifatius und den gelähmten Theophylakt befördern will, ist offen und zweitrangig, doch nicht unwichtig. Das Erbe der Theophylakts geht über die Prinzessin, die Erstgeborene, und dann auf ihre Söhne. Das ist Gesetz. Die Brüder bilden eine Art stille Reserve, um unvorhergesehene Familieninteressen in hohen Ämtern zu wahren. Diese Politik hatte schon die machtbewusste Theodora, Marozias Mutter, betrieben.

Guido erholt sich erstaunlich schnell von den Strapazen des mörderischen Überfalls in der Nähe von Viterbo und der Flucht nach Rom. Er findet auch die sexuelle Begierde wieder. Er belästigt die schöne Theodora, die aber standhaft bleibt. Sie riskiert niemals die Konfrontation mit der Schwester, dem Ehebruch ihres Gatten nachgegeben zu haben. Es ist für Theodora eine durchaus große Versuchung, mit einem jungen Mann zu schlafen, statt die Liebesbrunst des alten Bocks Johannes zu ertragen. Es ist etwas völlig anderes, niedrige Mägde oder unbedeutende Adelstöchter bei Hofe zu verführen als die leibliche Schwester Marozias. Sie würde den Seitensprung mit ihrem Ehemann wohl kaum verzeihen, auch wenn Liebe keine Rolle spielt. Jedes andere Weib ist für Marozia unbedeutend. Guido vergisst solche Abenteuer eine Stunde später.

Kunde trifft in der Engelsburg ein, die Guido von Tuszien abberuft. Der weibliche Hofstaat unter zwanzig Jahren atmet erleichtert auf. Marozia verabschiedet ihren Ehegatten am Festungsportal. Eine förmliche Umarmung ihrerseits, ein kühler Kuss auf die Stirn seinerseits. Die schwangere Senatrix wird den jüngsten Spross der Familie ohne seinen Vater gebären. Guido verlangt es nicht danach, zu erfahren, ob es ein Bub oder ein Mädchen ist. Die Mutter soll dem Kind den Namen geben und es taufen lassen. Er hat jetzt wichtigere Geschäfte zu erledigen. Er eilt seinem Stiefbruder Hugo zu Hilfe – auf Geheiß der Mutter Berta. König Rudolf II. von Hochburgund ist auf dem Weg, seinen Anspruch auf die Krone Italiens einzufordern. Krieg steht bevor. Rudolf hat ein gewaltiges Heer im Gefolge. Er wird mit Gewalt zurückholen, was er als ihm gehörend betrachtet.

Etliche Lokalfürsten haben sich dem hochburgundischen Herrscher angeschlossen. Sie wollen die erhaltenen Privilegien und Staatsämter unter keinen Umständen verlieren. Hugo hat sie nämlich als erste Amtshandlung als König von Italien annulliert und für null und nichtig erklärt. Er regiert seit dem ersten Tag seiner Krönung kräftig, hart und grausam. Er hat es innerhalb einer Woche geschafft, das Volk von Pavia zu vergraulen. Er führte das »Jus primae Noctis« wieder ein, das Recht des Fürsten auf die erste Nacht mit der Braut eines frisch vermählten Ehepaares. Er fordert es nach Belieben ein, wenn das Weib anmutig von Antlitz und schön von Gestalt ist.

Hugo bringt den Erzbischof von Pavia gegen sich auf wegen selbstherrlicher geistlicher und weltlicher Ämtervergabe gegen reiche Münze. Es sind unwürdige, unfähige Günstlinge bei Hofe und nahe Verwandte aus der Provence. Man nennt das Simonie und Nepotismus. Es sei alles viel schlimmer geworden als unter König und Kaiser Berengar, bevor er hinterhältig in Verona ermordet wurde, munkelt man unter vorgehaltener Hand, ja es sei noch schlimmer, als es unter König Rudolf II. gewesen war. Gerüchte kreisen in Pavia, dem königlichen Regierungssitz. Viele wünschten die grausame Herrschaft Hugos gegen die von Rudolf wieder einzutauschen. Ein tiefer Riss spaltet die Adelshäuser und die Bevölkerung im Kampf um die Krone in Norditalien.

Rudolfs Armee, die Soldatenkontingente seiner adligen Anhänger und ein gewichtiges Söldnerheer kampferprobter Eidgenossen marschiert stetig näher. Ein Krieg ist unvermeidlich. Hugo und seine Verbündeten stellen sich entgegen: Die beiden königlichen Heere treffen 926 vor Novara aufeinander. Der Zusammenprall ist schrecklich, der Blutzoll hoch. König Rudolf wähnt sich als Sieger. Da stürmen plötzlich Kavallerieeinheiten die nahen Hügelzüge herab. Sie stoßen vernichtend in die Flanke von Rudolfs Armee. Die Wirkung ist verheerend. Der König von Hochburgund lässt die Signalhörner blasen und die Einsatzfahnen schwingen. Sie rufen seine Reserveeinheiten aufs Schlachtfeld. Es kommen keine. Graf Guido von Tuszien hat sie aus dem Hinterhalt angegriffen. Bogen- und Armbrustschützen metzelten sie mit einem Pfeil- und Bolzenhagel nieder. Die Schlacht ist ohne militärische Verstärkung für König Rudolf verloren. Er und sein Stab ziehen sich zurück – und wenig später aus Italien. Hugo behält dank Guido die Krone Italiens auf dem Haupte. Eigentlich verachten sich die beiden Stiefbrüder. Ob Guido freiwillig aufs Schlachtfeld gekommen ist? Hugo ahnt, ihre gemeinsame Mutter Berta von Lothringen schickte ihn, ihm beizustehen, ihren Erzfeind vor der eigenen Haustür zu bekämpfen, zu vertreiben, am besten zu vernichten. Es ging ihr in zweiter Linie um Hugos Königskrone.

Rudolf II. von Hochburgund bleibt ein Starrkopf. Er gibt

den Anspruch auf die Krone Italiens nicht auf. Kommt Zeit! Kommt Rat! Machtverhältnisse ändern sich schnell. Die Schlacht von Novara ging verloren – nicht der Krieg um die Herrschaft in Norditalien! - -

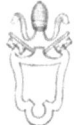

Emsige Geschäftigkeit herrscht in Marozias Privatgemächern in der Engelsburg. Es ist so weit. Die Geburtswehen setzen ein. Die holde Senatrix und Patricia Roms bringt ein Kind zur Welt. Aglaia, Hebamme, Kindermädchen und erste Kammerzofe in Personalunion, breitet schneeweiße Laken aus. Zwei Mägde richten das Badewasser in einer kleinen Wanne. Man wünscht, jetzt nicht gestört zu werden. Frauensache.

Marozia krümmt sich vor Schmerzen, keucht, grunzt und schreit. Sie presst und atmet nach Anweisung der Hebamme.

»Weshalb müssen Weiber immer unter Schmerzen gebären!?«, murrt Marozia in Wehenpein.

»Es ist Gottes Wille«, tröstet Aglaia die Gebärende. »Geburtsschmerzen sind die Erbstrafe für Evas Ungehorsam, den Adam mit dem Apfel verführt zu haben, denn der Herr sprach zu ihr: ‚Viel Mühsal bereite Ich dir, sooft du schwanger wirst! Unter Schmerzen gebierst du deine Kinder!'« (Genesis 3,16)

»Wir büßen für etwas, das wir nicht verschulden? Gott

waltet ungerecht«, beschwert sich Marozia schweißgebadet. Sie beißt die Zähne zusammen, knirscht, keucht, kreischt und presst.

Die Geburt verläuft normal. Die Hebamme amtet ruhig und besonnen. Aglaia hat in ihrem Leben einige Kinder der Familie Theophylakt gesund und munter ans Tageslicht gebracht.

Jetzt! Ein letztes Pressen! Entspannungsschrei! Aglaia hält ein niedliches Menschlein in den Händen. Sie durchtrennt behänd die Nabelschnur.

»Was ist es? Junge? Oder Mädchen?«

Aglaia wickelt das kleine schreiende Wesen in ein Laken und legt es der erschöpft lächelnden Mutter an die Brust.

»Es ist ein Mädchen. Ein gesundes, gut entwickeltes Mädchen, frei von Fehl und Tadel.«

Marozia hätte lieber einen Sohn geboren. Er wäre der Dynastie dienlicher gewesen als eine Tochter, die eine teure Mitgift kostet. Die Mutter freut sich trotzdem sehr: Was für eine herzige, winzige, stolze Theophylaktin! Sie wird gewiss einmal eine große Patrizierdame werden, gleich der großen Theodora, Marozias Mutter, und ihr höchstselbst, der Senatrix von Rom und Vestaratrix des Vatikans.

Der Säugling schreit mit vibrierender Zunge, was die kleinen Lungen hergeben.

»Wie soll sie denn heißen? Habt Ihr einen Namen?«, erkundigt sich Aglaia gespannt.

Marozia überlegt nicht lange. »Berta-Theodora.«

»Berta-Theodora? Einen Doppelnamen?«, echot die Hebamme ein wenig ungläubig. »Weshalb gerade diese Namen?«

»Berta steht zu Ehren meiner königlichen Schwiegermutter von Lothringen, Theodora zum Gedenken meiner Mutter. Berta-Theodora von Tusculum. Das passt doch. Oder etwa nicht, meine gute Aglaia?«

Die Gefragte nickt und ringt sich ein verlegenes Lächeln ab. Natürlich passt es.

»Ich gratuliere Euch zu Eurer kleinen Berta-Theodora, teure Marozia«, sagt sie gefasst und hoch erfreut, die blutigen Geburtslaken wegräumend. »Ihr habt es sehr gut gemacht …«

»Es ist ja nicht mein erstes Kind«, schiebt Marozia ein und grinst verhalten.

»Ich werde jetzt die kleine Berta-Theodora nehmen und sie baden. Sie wird ganz schnell wieder in Euren Armen liegen«, ignoriert die Hebamme die Bemerkung. »Dann könnt Ihr Euer Töchterlein dem draußen wartenden Hofstaat präsentieren.«

»Sabina!«

Sabina ist Aglaias junge Geburtshelferin in Ausbildung. Sie reagiert sofort auf den Aufruf, um Befehle zu empfangen und auszuführen.

»Sage meinem Sekretär: Er soll den Papst anweisen, die Taufe der kleinen Berta-Theodora vorzubereiten. In zehn Tagen. Im Lateran. In Anwesenheit meiner Familie. In Anwesenheit der Senatsmitglieder. Das normale Volk darf der Taufzeremonie beiwohnen. Hast du verstanden?«

Sabina bejaht schüchtern. Sie ist eine gehorsame, flinke Magd und macht den höfischen Knicks.

»Und«, hält Marozia die Dienerin zurück, »ein Bote soll die freudige Nachricht der Geburt einer Tochter nach Tuszien überbringen – nicht meinem Gemahl! Meine Schwiegermutter soll erfahren, dass ich den jüngsten Spross der Tusculaner ihr zu Ehren auf ihren Namen taufe. Nun geh!«

Sabina macht erneut den Hofknicks, um Gehorsam und Respekt zu zollen. Dann tut sie schleunigst wie geheißen.

Die Taufe der Berta-Theodora soll ein Volksfest sein. Almosen sollen den Armen ausgegeben werden, finanziert aus Marozias Privatschatulle. Das fördert die Popularität und zeigt, wer die Herrin der Stadt ist – und weit darüber hinaus.

Berta von Lothringen fühlt sich von Marozias Ehrerbietung sehr geschmeichelt. Guido reagiert eher kühl auf die Geburt einer Tochter. Ein Sohn wäre Tuszien und den Grafen von Tusculum nützlicher gewesen.

Berta bricht unverzüglich nach Rom auf. Sie will unbedingt an der Taufe ihrer kleinen Nichte teilnehmen. Sohn Guido schließt sich eher widerwillig dem Gefolge der Mutter an. Er besitzt jetzt de facto die Macht im Land, de jure wäre es nach dem Geburtsrecht Hugo, weil er der Ältere ist. Berta hat gehofft, die Stiefbrüder durch die Regelung zu versöhnen: das Königtum Italiens an Hugo, die Grafschaft Tuszien an Guido. Sie selbst zieht die Fäden in einer heiklen Dreieckspositon: Lothringen, Tuszien und Italien. Sie ist die graue Eminenz im Hintergrund und besitzt die Autorität der Mutter. Spione behalten die Söhne scharf im Auge. Sie könnten sich gegen sie verbünden, oder einer könnte einen Umsturz wagen. Viele Söhne haben sich gegen ihre Mütter (und Väter) gewendet, wenn es um die Macht ging, sie eiskalt in den Kerker geworfen und oftmals brutal ermordet. Man lese in den Geschichtsbüchern nach.

Berta überlässt den Einzug in Rom ihrem Sohn Guido, schließlich ist er Marozias Ehemann und de jure Herrscher über die Stadt seit dem Tod des mächtigen »Konsuls aller Römer«, Graf Theophylakt von Tusculum. De facto übt Marozia jetzt die Macht in Rom aus, mit oder gegen den Senat. Guido steht in ihrem Schatten und wird es auch bleiben. Sie würde jegliches Ansinnen auf den geringsten Machtanspruch schon im Ansatz mit eiserner Faust abschmettern. Er säße im Kerker oder wäre tot, ehe er sich's versehen hat.

Berta von Lothringen zieht inkognito in Rom ein. Marozia bereitet ihr einen warmen Empfang in der Engelsburg. Die beiden Frauen mögen sich auf Anhieb, solange sie sich nicht in ihrer Herrschaft in die Quere kommen. Beide werden es wegen der bestehenden labilen Machtverhältnisse in ihren Ländern tunlichst vermeiden.

»Seid herzlich willkommen, liebe Cousine«, begrüßt Marozia ihren königlichen Gast erfreut. »Bitte verzeiht, dass ich Euch nicht gebührend empfangen kann. Ich bin zurzeit im Kindbett.«

»Ach, bleibt liegen! Ich freue mich, Euch endlich persönlich kennenzulernen, edle Senatrix et Patricia Romanorum, Vestaratrix des Heiligen Vaters, Konsulin aller Römer!«

»Den letzten Titel verschmähe ich, wie Ihr aus der Geschichte Roms ermessen könnt, teure Berta. Bitte lassen wir die Förmlichkeiten. Seien wir einfach gute Freundinnen. Ich versichere Euch meines herzlichsten, aufrichtigsten Dankes, dass Ihr zur Taufe des jüngsten Sprosses des Hauses Tusculum und Tusziens von so weit her nach Rom gereist seid.«

»Aber bitte, liebe Marozia«, sagt Berta munter. »Das ist doch selbstverständlich. Eine Großmutter möchte ihre kleine Nichte doch sehen und beim so wichtigen Taufereignis dabei sein. Ich gestehe, ich fühle mich sehr geehrt, dass Ihr das Kind auf den ersten Namen Berta taufen lässt und dann auf den Namen Eurer großen Mutter Theodora – Gott habe sie selig! Ich frage Euch: Sind Mutter und Kind wohlauf?«

»Wir sind wohlauf, edle Berta«, versichert Marozia fröhlich. »Ich könnte bereits wieder Bäume ausreißen.«

»Nananana!« Die königliche Berta schnalzt warnend mit der Zunge. »Bitte unterschätzt nicht die Gefahren der Geburt, meine Liebe.«

»Wir haben die Taufe um ein paar Tage verschoben, als ich erfuhr, dass Ihr kommen werdet. Ich versichere Euch, die Mutter der kleinen Berta-Theodora wird bei der Taufzeremonie im Lateran gesund und munter anwesend sein. – Das ist übrigens meine Schwester Theodora von Tusculum, sie wird die Patin sein. Dann meine Brüder Adalbert, Bonifatius und Theophylakt, der II. dieses Names. Adalbert wird die Patenschaft übernehmen. Der Edelmann neben der Tür ist mein Sekretär. Und meinen Gemahl kennt Ihr ja von Geburt auf, nicht wahr, meine Teure?« Marozia lächelt verschmitzt.

Die Vorgestellten zollen Respekt mit einer höfischen Verbeugung; der Gatte begrüßt Marozia mit einem förmlichen Kuss auf die Stirn.

»Es ist schön, dass du gekommen bist, mein Gemahl«, flüstert sie ihm ins Ohr. »Es ist halt nur eine Tochter.«

Guido ringt sich ein Lächeln ab und geht schweigend auf seinen Platz zurück. Kein Wort über das Befinden von Mutter und Kind? Ist das Liebesfeuer erloschen? Was man jederzeit haben kann, lässt das Blut schnell erkalten und wallt bei einem neuen weiblichen Reiz heiß auf.

»Darf ich die kleine Berta-Theodora sehen?«, fragt Berta von Lothringen gespannt.

Aglaia bringt den Säugling herein und bettet ihn der Mutter an die Brust. Marozia schlägt liebevoll das Laken zurück.

»Das ist jetzt Euer kleine Nichte Berta-Theodora. Ist sie nicht niedlich? – Und Guido, wenn du dein Töchterchen sehen willst? Tritt näher!«

Berta-Theodora schläft den Schlaf der Gerechten.

»Darf ich sie halten, teure Freundin?«

Die königliche Berta von Lothringen nimmt das zerbrechliche Wesen liebevoll auf den Arm. Sie wiegt es leise vor der Brust und mustert es mit mütterlichen Augen. Sie streichelt zärtlich die rosa Pausbäckchen. Die Kleine dreht das

Köpfchen, grunzt und schnalzt und nuckelt zufrieden am Däumchen.

»Ich gratuliere Euch, liebe Marozia«, sagt Berta, von mütterlichen Gefühlen überwältigt. »Das habt Ihr ausgezeichnet gemacht.« Sie atmet erfreut ein und aus. »Meine kleine Nichte Berta-Theodora von Tusculum und Tuszien! Ich hoffe, sie wird einmal Gast an unserem Hof in der Toskana sein. Wenn sie größer ist – mit ihrer ehrwürdigen Mutter natürlich. Es wäre mir und meinem Hofstaat eine außerordentliche Freude«, fügt sie aufrichtig hinzu.

Marozia quittiert mit einem zustimmenden Nicken. Wenn es die politische Lage in Rom erlaubt? Es laut auszusprechen wäre ein Affront gewesen.

»Jetzt ist es Zeit, dass mein Sohn und Euer Ehemann das Kind auf den Arm nimmt«, überfällt Berta von Lothringen ihr Geblüht. Ehe Guido sich's versieht, hält er das kleine Bündel in der Hand.

»Ach Himmel, bist du unbeholfen!«, ruft sie ungehalten aus. »Es ist deine Tochter. Keine Holzkiste.«

Er wiegt den Säugling hin und her.

»Nicht so fest! Berta-Theodora ist keine Kelle, mit der du die Suppe rührst«, korrigiert die königliche Mutter die Bewegung kopfschüttelnd.

»Ja, so ist's besser. Jetzt liebkose deine Tochter. Hat sie nicht wunderschöne rosa Bäckchen?«

Er tut es mit der Rückseite des Zeigefingers. Marozia verbeißt sich ein verborgenes Lächeln zwischen den Zähnen. Männer!

»Siehst du, mein Sohn? Die Kleine lächelt«, meint Berta motivierend. »Sie grunzt zufrieden und schreit nicht mal, so wie du sie hin und her schaukelst. Wenn du so weitermachst, wird ihr noch schlecht.«

Die winzige Hand packt reflexartig Guidos Finger, ohne ihn wegzustoßen.

»Siehst du, sie mag dich. Sie hält dich, weil sie mag, wie du sie streichelst. Du bist ihr Vater«, ergänzt Berta von Lothringen mit sanfter Stimme.

Kaum gesagt, stößt der Säugling einen Rülpser aus, man hätte es dem Winzling kaum zugetraut, und ein Furz fährt in die Windeln. Guido hätte sein Töchterlein beinahe erschrocken fallen gelassen. Jetzt schreit Berta-Theodora los, als müsste sie sterben.

»Das sind nun die kleinen unangenehmen Dinge«, meint Marozia verschmitzt.

Guido schluckt leer. Er ist total überfordert. »Warum schreit sie denn? Die schreit ja wie am Spieß. Habe ich etwas falsch gemacht? – Oach, das stinkt ja fürchterlich!« Er rümpft die Nase.

»Was glaubst du denn? Du hast genauso gestunken, als du ein Säugling warst, mein Lieber.« Berta lacht sarkastisch.

»Ich habe sie unlängst gefüttert«, vermerkt Marozia im Kindbett schelmisch. »Sie hat gerade ihre Portion gemacht. Da stinkt's, schreit's und riecht's nun mal, mein teurer Ehegatte.«

Marozia winkt Aglaia herbei. Guido ist heilfroh und sehr erleichtert, das Schreihälschen der Zofe überlassen zu können. Sie verschwindet in der Nebenkammer und kümmert sich um alles. Ein fast schadenfrohes Lachen über Guidos Unbeholfenheit erfüllt Marozias Schlafgemach.

»Darf ich Euch etwas fragen, teure Marozia?«

»Sprecht frei und offen.«

»Wäre es dem Hause Tusculum und dem Hause Tuszien nicht förderlicher, wenn mein jüngster Sohn Berta-Theodoras Patenschaft übernimmt? Es würde die Verbundenheit unserer Dynastien vertiefen und weiter festigen.«

»Ihr habt einen dritten Sohn?« Marozia räuspert sich erstaunt. »Das wusste ich nicht, verzeiht.«

Das war eine Lüge. Natürlich weiß die Herrin Roms über die Familienverhältnisse der Berta von Lothringen bestens Bescheid.

»Ja, den Lambert, ein Markgraf von Tuszien«, bestätigt Berta von Lothringen. »Er ist noch jung, aber tüchtig und verantwortungsvoll. Was meint Ihr, liebe Freundin?«

Gespannte Stille herrscht im Raum. Ein paar politische Überlegungen blitzen Marozia durchs Gehirn. Was ist Rom vorteilhafter: eine vertiefte Bindung mit dem Hause Tuszien? Oder Berta-Theodoras Zukunft gänzlich im Hause Tusculum zu behalten? Politische Bündnisse wechseln oft schnell. Eine Patenschaft kann gelöst werden, wenn es aufkeimende Feindschaften erfordern. Berta von Lothringen könnte Marozia bei einer Weigerung vielleicht grollen, und das wäre für Rom von Nachteil.

Die Senatrix weicht aus: »Die Entscheidung möchte ich

meinem Bruder Adalbert überlassen, ob er die Patenschaft meiner Tochter dem Markgrafen Lambert von Tuszien überlassen möchte.«

Sagt der Bruder nein, dann müsste Berta dem Adalbert von Tusculum grollen und nicht Marozia, was die Freundschaft trüben könnte.

Adalbert ist völlig überrumpelt. Er bringt kein Wort heraus.

»Wie du meinst, Schwester«, stammelt er verlegen.

»Was meine ich denn?«, treibt Marozia den Bruder in die Enge.

Die Blicke der Anwesenden gehen zwischen der Frau im Kindbett und Adalbert von Tusculum hin und her. Man könnte die Luft vor Anspannung in Stücke schneiden.

»Sag ja, Bruder«, unterbricht Theodora die bleierne Stille im Schlafgemach der mächtigen Schwester. »Betrachte den Verzicht als ein Geschenk an die Königliche Hoheit von Lothringen und ihren ehrenwerten Sohn Lambert, den Markgrafen von Tuszien.«

Graf Adalberts Adamsapfel tanzt auf und ab. Hochspannung herrscht. Höchstspannung. Sekundenlang. Weshalb äußert sich Marozia nicht?

»Also gut. Der edle Markgraf Lambert von Tuszien soll der Pate von Berta-Theodora sein«, krächzt er mit heiserer Stimme.

»Ihr seid sehr großzügig, Graf von Tusculum. Seid meines aufrichtigen Dankes gewiss«, sagt Berta von Lothringen erfreut. Es ist eine Entscheidung ganz in ihrem Sinne. Alle Augen richten sich auf Marozia im Kindbett.

»Dann soll es so sein«, nickt die Senatrix und Patricia von Rom die Entscheidung ihres Bruders wohlwollend ab. Berta hat ihren jüngsten Spross in Erwartung einer zu seinen Gunsten ausfallenden Patenschaft im Gefolge mitgebracht. Guido hält seinen jüngeren Bruder für einen Schwächling. Lambert ist gerade gut genug, die Patenschaft eines kleinen, unwichtigen Mädchens zu übernehmen, das in der Erbfolge der Tusculaner wohl kaum eine Rolle spielen wird …

Der Weg von der Engelsburg zum Baptisterium im Lateran misst wenige hundert Meter. Es ist eine glänzende Prozession. Das Volk säumt jubelnd die Straßen. Alle sind neugierig und wollen den Täufling sehen. Marozia fühlt sich stark genug, die Distanz an der Seite ihres Gatten Guido zu Fuß zu gehen und ihren neugeborenen Sprössling vor der Brust zu tragen. Soldaten sorgen für die Sicherheit der prunkvollen Taufgesellschaft. Man weiß nie. Eine Klinge ist schnell gezückt, ein Verhasster niedergestreckt. Ein hinterhältiges Attentat ist jederzeit möglich.

Das Taufhaus gehört zum ältesten im 4. Jahrhundert durch Konstantin den Großen auf dem Besitz der Laterani erbauten Gebäudekomplex. Herausragend sind die Petrusbasilika, der päpstliche Palast und das Baptisterium. Seine ursprüngliche achteckige Form blieb seit dem Wiederaufbau durch Papst Sixtus III. (432–440) fast vollständig erhalten. Es ist das einzige monumentale Taufhaus aus frühchristlicher Zeit in

Rom und das bauliche Vorbild für später errichtete Baptisterien.

Papst Johannes X. erwartet den Täufling vor dem Hauptportal des oktogonen Taufhauses im Kreis der Kurienkardinäle. Unter ihnen befindet sich neuerdings der ehemalige Erzbischof von Capua; Marozia hat ihren Geliebten zum Kardinalpriester erhoben, ohne dass er tief ins Beutelchen hätte greifen müssen. Leo ist ihr Auge und Ohr in der nächsten Umgebung des Papstes und seines engsten Beraters, Sekretärs und Bruders Petrus. Ihre Mätressenschaft scheint sich langsam zu lohnen. Petrus scheint nicht der zu sein, den er vorgibt zu sein. Johannes gerät je länger je mehr unter den Einfluss des Petrus. Was Leo in der Kurie ist, erfüllt Theodora im Bett des Papstes. Marozias Spionagenetz ist effizient ausgelegt. Die Simonie und der Nepotismus von Getreuen leisten exzellente Dienste. Als Vestaratrix kontrolliert sie die päpstlichen Finanzen und hat Einblick in die dunklen Machenschaften der Kardinäle, Erzbischöfe und Bischöfe. Das macht sie sich zunutze, um neue Abhängigkeiten zu schaffen.

Acht Porphyrsäulen tragen ein reich profiliertes Gebälk, auf dem acht weiße Marmorsäulen die Decke stützen. In der Mitte steht das Taufbecken. Fresken aus dem 5. und 6. Jahrhundert schmücken den altehrwürdigen Bau (etliche sind erhalten; sie wurden sorgfältig restauriert). Pate Lambert von Tuszien und Patin Theodora von Tusculum übernehmen den kleinen Täufling. Der Heilige Vater zelebriert den langwierigen Taufritus.

»… Hier sollen die Flecken aller Sünden getilgt, hier soll die Natur, zu Deinem Bilde, oh Herr, geschaffen und in der Würde des paradiesischen Ursprungs wiederhergestellt, von allem Schmutz des alten Menschen gereinigt werden, dass jeder Mensch, der in dieses Mysterium der Wiedergeburt eingeht, zu einer neuen Kindheit wahrer Unschuld wiedergeboren werde – durch unseren Herrn Jesus Christus, Deinen Sohn, der für uns am Kreuz gestorben, auferstanden und in den Himmel aufgefahren ist …«

Marozia muss sich auf dem Arm des Gatten abstützen. Die Geburt hat ihren Körper geschwächt. Vielleicht hat sie sich doch ein wenig übernommen und hätte im Kindbett bleiben sollen. Berta von Lothringen stützt sie auf der anderen Seite. Aglaia tritt sanft an die Stelle der königlichen Dame. Wenn eine Herrscherin die Senatrix stützt, könnte dies als Schwäche ihrer Herrschaft verstanden werden.

Ein Stuhl wird schleunigst herbeigebracht. Marozia muss sich setzen. Die Knie sind weich. Es ist ihr weiß vor den Augen und schwindelig. Der Medikus tritt an ihre Seite. Er reicht ein Kräuterblatt zum Kauen, ohne es zu schlucken. Die Wirkung soll Marozias Krise überwinden. Alles geschieht still, leise und ohne Hast. Die Taufzeremonie soll nicht gestört werden.

Ist der Schwächeanfall kein Schwächeanfall? Ist es ein heimtückischer Anschlag auf Marozias Leben? Mit Gift? Arsen? Ein schnell wirkendes Gift, das jetzt seine tödliche Wirkung entfaltet? Öffentlich? Vor aller Augen? Die Senatrix hat mächtige Feinde in Rom und anderswo. Sie intrigieren und operieren verdeckt, verborgen. Wollen dunkle Hintermänner die schändliche Hurenherrschaft Marozias brechen und sie stürzen?

Ein leises Raunen geht durch die versammelte Taufgemeinde. Die Senatrix ist nur ein Mensch, ein schwaches Weib, wie alle anderen, die unlängst ein Kind geboren haben. Einige können sich ein schadenfrohes Grinsen nicht verhehlen.

Dann endlich! Der Papst verkündet feierlich: »… Ich taufe dich im Namen des Vaters – und des Sohnes – und des Heiligen Geistes auf den Namen Berta-Theodora. – Amen.«

Johannes gießt aus einer goldenen Kanne ein wenig Wasser über den Kopf des Täuflings. Das Mädchen beginnt zu weinen und zu schreien, weil es nicht weiß, was mit ihm geschieht. Man hält es für kaum möglich, wie laut das kleine Wesen schreit. Das Stimmchen tönt zetermordio durch das hohe Gewölbe.

Ein feierlicher Chorgesang der Diakone begleitet den Auszug der Taufgemeinschaft aus dem Baptisterium nach dem päpstlichen Segen. Marozia schwankt unsicher zwischen Aglaia und dem Medikus, die sie unter den Armen stützen. Guido hat veranlasst, eine Tragsänfte bereitzustellen.

»Sei mir nicht gram, mein Gatte, und verzeiht mir, teure Berta, wenn ich die Prozession in einer Sänfte zur Engelsburg begleite«, entschuldigt sich Marozia. »Ich bin sicher, es geht mir gleich viel besser. Ihr hattet Recht: Ich hätte im Kindbett bleiben sollen.«

Wenn eine ältere Magd das Zeitliche segnet, dann bestätigt ein Assistent des Medikus den Tod, und der Hauskaplan segnete die Verblichene, bevor die Leiche weggebracht wird. Es ist kein erwähnenswertes Ereignis im Hofstaat der Engelsburg. Wenn aber eine junge, gesunde Magd plötzlich und unerwartet im Sterben liegt, ist das etwas anderes.

Sabina wird in schweren Krämpfen in Marozias Schlafgemach aufgefunden. Es ist das junge hübsche Mädchen, das Aglaia bei der Geburt der kleinen Berta-Theodora beigestanden und Marozias Befehle an den Sekretär weitergeleitet hatte. Sie erbricht schwarz gekalltes Blut, verdreht furchterregend die Augen, die zarten Glieder schütteln wie Espenlaub, als wäre ein Teufel in die zierliche Gestalt eingefahren. Marozia, Berta, Theodora, die beiden Brüder, Guido, Lambert und alle anderen im Gefolge bekreuzigen sich erschrocken bei dem scheußlichen Anblick.

Der Medikus dreht Sabina auf den Rücken. Er sieht auf den ersten Blick: Es ist keine Epilepsie, denn dann hätte sie Schaum vor dem Mund. Es ist keine dämonische Besessenheit, denn dann würde sie auf das Kreuz des Kaplans mit Höllenflüchen reagieren. Es handelt sich um ein starkes Gift, das die heftigen Symptome verursacht. Ein Giftanschlag auf eine niedrige Magd? Unmöglich! Er muss Marozia gegolten, aber die Magd getroffen haben.

»Es tut mir leid«, röchelt Sabina in den letzten Zügen. »Ich wollte bloß die Pomade meiner durchlauchtesten Herrin …«

Die Worte verhauchen auf dem Mund. Die arg geschüttelten Glieder entspannen sich im Tod. Der Hauskaplan schlägt das Kreuz über der Leiche und murmelt den letzten Segen. Es ist grabesstill im Raum. Was hat Sabina gemeint?

»Das Gefäß – dort – auf dem Boden – neben der Toten«, weist Guido zur Ankleideecke des Gemachs, wo vor einem Spiegel Marozias Schminkkasten steht. Er ist offen. Marozia schließt ihn immer. Sabina muss ihn aufgemacht haben. Weshalb?

»Das ist ja mein Lippenpomadendöschen«, stellt Marozia erstaunt und zugleich entsetzt fest. Der Medikus untersucht Sabinas Lippe. Der Sekretär will das kunstvoll verzierte Kleinod aufheben.

»Liegen lassen!«, warnt der Medikus schnell. »Holt ein Stück Fleisch und einen Hund. Die Lippenpomade ist vergiftet. Es scheint, die Magd hat von Eurer Lippenpomade ein bisschen stibitzen wollen, durchlauchte Senatrix. Sie hat Euch das Leben gerettet.«

Alle stehen stumm und starr. Fragen elektrisieren die Luft in Marozias Gemach: Hat Sabina das Gefäß aus dem Schminkkasten herausgenommen? Oder es hineintun wollen? War es schon im Kasten drin, dann ist Sabina dem Giftanschlag selbst zum Opfer gefallen. Wer hat es dann hineingetan? Wollte die Magd es in den Kasten stellen, dann könnte sie die Assassinin sein. Dann hätte sie aber niemals ihren Mund mit der vergifteten Pomade geschminkt.

Gibt es eine dritte Möglichkeit? Sabina hat dem Assassinen Zutritt in Marozias Gemach verschafft. Oder sie hat den Täter zufälligerweise überrascht. Aus welchem anderen Grund sollte er die Magd mit dem Gift aus dem Weg räumen, das die Senatrix hätte töten sollen?

Fazit: Der Giftanschlag galt eindeutig Marozia, hat aber die Falsche getroffen. Dass die Lippenpomade vergiftet war, beweist der Hund. Er verschlingt gierig das Fleisch, das mit ein wenig Pomade angereichert ist. Das Tier verendet zum Entsetzen aller in bösen Krämpfen gleich der armen Sabina!

Der Sekretär tritt ans Kastenbett und flüstert Marozia ins Ohr, so dass es niemand im Raum versteht: »Ohne einen konkreten Verdacht äußern zu wollen und mit dem Giftanschlag in Verbindung zu bringen: Wusstet Ihr, Durchlauchteste, dass Sabina die Geliebte von Petrus war? Petrus, der Bruder, engster Berater und Privatsekretär des Papstes? Glaubt Ihr, die Spur könnte in den Vatikan führen?« - -

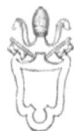

Marozia erholt sich schnell vom Kindbett. Es war ein einmaliger Schwächeanfall, den sie im Baptisterium erlitt. Das missglückte Attentat macht wie ein Lauffeuer die Runde in der Stadt und weit darüber hinaus. Die Gerüchteküche brodelt heiß über die Täterschaft und deren Hintermänner. Spekulationen sind für längere Zeit Stadtgespräch Nummer eins. Einige bedauern insgeheim den Fehlschlag. Dass eine

Unschuldige anstelle der Tyrannin sterben musste, war wohl Gottes Wille. Marozia lässt für Sabina eine Totenmesse in der Hauskapelle der Engelsburg lesen. Die niedrige Magd hatte der Senatrix durch ihre Neugierde für die Kosmetika das Leben gerettet.

Marozia lässt von Roms Kanzeln verkünden, dass ihre erhabene Person und ihre strenge Herrschaft unter Gottes Schutz stehen. Ohne ihre ordnende Hand herrsche Aufruhr und Chaos in der Stadt und auf dem Land. Es sei eine verdammenswerte Sünde am römischen Volk, das durch Umsturz ändern zu wollen. Gott höchstselbst lasse niemals zu, dass Marozia durch Pfeil und Gift getötet werde. Die Hand Gottes schwebe über ihrem edlen Haupt und ihrer Herrschaft. Sie sei die Mutter und die Wohltäterin Roms, die für ihre Kinder sorgt. Dann lässt Marozia Brot auf Staatskosten der Bevölkerung verteilen. Die Römer sollen für ihre Unversehrtheit in den Kirchen beten und dem Herrgott für ihren mütterlichen Schutz danken.

Die Senatrix legt Papst Johannes X. nahe, die durch ihr Überleben neu erworbene göttliche Glorie um ihre erhabene Person und die gottgewollte Herrschaft öffentlich zu bestätigen. Das führt zu einer tiefgreifenden Meinungsverschiedenheit.

»Du forderst Gott heraus, Marozia«, quält er sich zu sagen. »Du darfst deinen Herrn und Gott nicht versuchen, steht geschrieben …«

»Ich weiß, was geschrieben steht!«, fährt sie Seine Heiligkeit barsch an. »Es scheint, ich bin zu lasch mit dir, mein Lieber! Ich rate dir: Vergiss nie, wem du das Pontifikat verdankst!«

Das war deutlich. Der Papst ist eine Marionette, die Marozia nach Belieben tanzen lassen kann. Die Abhängigkeit des Papsttums ist eine Kröte, die Johannes immer weniger schlucken will.

»Und was gedenkst du jetzt zu tun?«, fordert Marozia zu wissen. Ihre Augen funkeln gleich einer Rachegöttin.

Der Heilige Vater schluckt leer. »Ich werde tun, was du befiehlst, edle Marozia, erhabene Senatrix et Patricia Romanorum und hochehrwürdige Vestaratrix des Vatikans«, gurgelt Johannes hilflos und ergeben. Er wäre am liebsten im Boden versunken. Es ist so erniedrigend und demütigend. Und diese unberechenbare Pornokratin, sprich Hurenherrscherin, hat er heiß geliebt – und er liebt sie noch immer!

»So ist's recht, mein Guter.« Sie nickt zufrieden. Sie hätte auch gar nichts anderes akzeptiert. »Und sage deinem Bruder, er solle zukünftig seine Finger von meinen Mägden in der Engelsburg lassen. Es gehen genügend Dirnen im Lateran ein und aus. Er soll gefälligst eine von diesen nehmen.«

Mit einer Herrscherin vom Kaliber einer Marozia legt man sich niemals an, wenn man in Amt und Würden bleiben und das Leben nicht riskieren will. Marozia hat ungeheuer feine Wahrnehmungsantennen für ihre Umwelt entwickelt, wer ihr ergeben ist, wer nur vorgibt, ihr ergeben zu sein und von woher Wendehälse und Gefahren für einen Umsturz drohen.

Dann heiligt der Zweck die Mittel. Das brachte ihr schon ihre Mutter Theodora als kleines Mädchen bei.

Marozia war gerade sieben, als Mama und Papa sie in den Lateran zum schaurigen Prozess des Papstes Formosus (891–896) mitnahmen. Papst Stephan VI., einer der makabersten Figuren der Papstgeschichte überhaupt, führte den Vorsitz. Als Anhänger des wiedererstarkten Hauses von Spoleto (dem Marozias erster Ehemann entstammte) ließ er den schon neun Monate im Grab ruhenden Formosus ausgraben und in päpstliche Gewänder gehüllt auf einen Thron setzen, um ein Totengericht abzuhalten. Obwohl Stephan vor seiner Wahl zum Papst der von Formosus eingesetzte Bischof von Anagni gewesen war, wurde dem Leichnam neben zahlreichen erfundenen Anschuldigungen die Translation vom Bistum Porto auf den Stuhl Petri vorgeworfen und als rechtswidrig annulliert. Stephan erklärte alle Weihen des Formosus für ungültig, um nicht selbst dieser unrechtmäßigen Überschreibung bezichtigt zu werden. Dann ließ er dem Toten die Segensfinger der rechten Hand abhauen und den halb verfaulten Leichnam in den Tiber werfen. Das Volk von Rom schleppte das päpstliche Monstrum kurz darauf in den Kerker, wo man es langsam erwürgte. Neun Päpste kamen und starben zwischen 897 und 914, bis Johannes X. (Theodoras Günstling) auf den Papstthron gesetzt wurde (siehe Papstliste Seite 7). Diese in die Geschichte eingegangene »Leichensynode« hat das kleine Mädchen damals mächtig beeindruckt. Wie grausam und brutal Menschen sein können! Es ist anzunehmen, dass jenes schaurige Ereignis den Charakter Marozias auf Lebzeit traumatisiert und ihre Handlungsweisen beeinflusst hat ...

Marozias feiner Riecher für die Vorgänge in ihrem Umfeld und die fast unfehlbare Intuition sind ein Warngefühl. Johannes scheint unter dem Einfluss des Bruders ein anderer geworden zu sein, als er vorgibt zu sein. Ob Petrus den Giftanschlag auf Marozia veranlasst hat? Die schüchterne Sabina war sein williges Lustobjekt im Bett gewesen. War die Magd ein Werkzeug, Marozias Privatgemächer auszuspionieren? Hat sie in ihrer kindlichen Naivität ein Attentat auf Roms Herrscherin ermöglicht?

Marozias untrügliches Bauchgefühl richtet sich auf die immer gleichen Informationen, die Theodora, ihre Schwester, aus dem Bett des Papstes zuträgt. Sie sind vermehrt widersprüchlich zu den Aussagen, die der blonde Schönling Kardinal Leo in ihrem Bett verrät. Leutnant Marius, der das Pfeilattentat auf Marozia nicht verhindern konnte, aber auf ihren Befehl den Tomaso Gaius als ein Hintermann verhaftete und die kollektive Hinrichtung seiner Familie am Galgen im Hof der Engelsburg kommandierte, hat neuerdings als Generalhauptmann der Leibgarde den Weg ins Bett der Senatrix gefunden. Er ist ihr Liebhaber, ein guter Stecher, ein brünstiger Hengst, wie Marozia es mag.

Keiner weiß etwas Genaues, was im Vatikan vorgeht. Dass etwas Ungutes vorgeht, dessen ist sich die Herrin Roms gewiss. Sie vermutet Petrus als die treibende Kraft dahinter, der Mann mit dem unschuldigen Gesicht, der vornherum lächelt und hinten den Dolch verborgen im Gewande trägt. Die Magyaren haben plötzlich den Waffenstillstand gebrochen, ohne dass sie provoziert oder angegriffen worden wären. Ob Petrus sie aufgestachelt hat? Was flüstern Spione der Senatrix zu?

Marozia sieht sich zum Handeln gezwungen. Sie muss jedem Umsturzversuch zuvorkommen, aus welcher Richtung er auch droht. Die Senatrix erlässt insgeheim und pro forma einen Haftbefehl und diktiert dem Privatsekretär die Anklageschrift.

»Bring ihn mir, liebster Mario! Lieber tot als lebendig!«, munkelt sie dem Hauptmann der Leibgarde und Geliebten zu. Sie verabschiedet ihn mit einem zärtlichen Kuss und schickt ihn mit ein paar Soldaten los.

Marozias Leibgardisten haben freien Zutritt in den Lateran. Mario findet Papst Johannes in der Privatkapelle im Vatikanspalast im Gebet. Neben ihm kniet sein Bruder, Berater und Sekretär.

»Ihr wagt es, in Waffen das Haus Gottes zu betreten und Seine Heiligkeit im Gebet zu stören?«, fährt Petrus verärgert auf. »Hinaus! Sofort hinaus! Blasphemie …!«

»Schweigt! Seid still! Und kniet!«, fällt Mario ihm ins Wort. Zwei Gardisten zwingen den Mann mit hartem Griff nieder.

»Ihr wagt es? Lasst mich los! Sofort! Der Fluch des Herrn fahre auf euch herab!«, speit Petrus es wütend hinaus. Sein Gesicht ist zorngerötet. Die Halsschlagadern sind dick angeschwollen. Er wehrt sich heftig gegen die niederhaltende Kraft der Soldaten.

»Noch ein Wort und ich stopfe dir das Maul!«, lautet der Befehl im Ton sehr streng.

»Was wollt ihr von meinem Bruder? Meinem Sekretär? Was liegt vor?«, mischt sich Johannes verbal ins Handgemenge ein. Er will schlichten. Es ist gewiss ein dummes Missverständnis.

»Ihr schweigt jetzt, Heiligkeit! Hört, was gegen Euren Bruder vorliegt!«

Ein Korporal reicht dem Hauptmann die Anklageschrift, der sie entrollt. Die Anschuldigungen lauten auf Volksverhetzung, Umsturzversuch, Verrat und Unmoral, die eines Geistlichen unwürdig ist. Petrus wird ferner des Giftanschlags auf Marozias erhabene Person bezichtigt und die Magyaren zum Krieg gegen Rom aufgerufen zu haben. Jeder Anklagepunkt, außer der moralische, ist ein todeswürdiges Verbrechen.

»Ihr seid ja verrückt!«, wehrt sich Petrus heftig und schüttelt den Kopf.

»Ist das alles, was Ihr zu sagen habt?«

»Nichts ist wahr«, bestreitet er die Beschuldigungen empört. »Es ist eine Farce. Eine gemeine Farce! Alles Lügen! Hinterhältige Verleumdungen! Eine böse Intrige aus Marozias Hexenküche. Die arglistige Pornokratin hasst mich mehr als den Leibhaftigen.«

Hauptmann Mario präsentiert den Haftbefehl und liest ihn vor. Dann fügt er hinzu: »Seid Ihr bereit, Eure Unschuld auf der Folter zu beweisen?«

»Jeder bestätigt auf der Folter, er sei ein Affe, ein Gott oder ein Teufel, wenn er danach gefragt wird. Nein! Niemals! Es ist eine Farce. Eine gemeine Farce!«

Angespannte Stille herrscht in der Kapelle.

»Ihr seid zum Tod verurteilt! – Vollstrecken!«

Es zischt, so schnell zieht der Korporal das Schwert aus der Scheide.

Petrus hebt erschrocken die Arme. »Nein! Wartet!«

Zu spät! Blut spritzt auf den Boden und den Altar. Der Kopf rollt über die Stufen und bleibt vor dem entsetzten Johannes liegen. Er ist geschockt, unfähig, sich zu bekreuzigen. Lähmende Stimmung. Totenstille. Ein dicker Blutschwall pulst lautlos mit dem letzten Herzschlag aus dem zusammengebrochenen Körper. Seine Heiligkeit versteht Marozias unmissverständliche Botschaft: unbedingte Gefolgschaft – oder Tod!

Das Ableben des Petrus erregt keine große Aufmerksamkeit im Lateran und noch weniger in der Stadt. Kardinal Leo verkündet in der Kurie auf Ansinnen seiner Mätresse Marozias Version von Petrus' Tod: Er habe sich dem Haftbefehl widersetzt, sich vor Gericht zu den vorgelegten Anschuldigungen zu verantworten. Er habe die Todsünde des feigen Selbstmordes begangen, um sich dem Prozess zu entziehen. Ein Selbstmörder schneidet sich selbst den Kopf ab? Da war Marozia wohl nicht richtig über die wahre Todesursache informiert.

Selbstmörder dürfen nicht in geweihter Erde bestattet werden. Zwei anonyme Totengräber verscharren den Leichnam tief nachts im Dreck an einer unbekannten Weggabelung. Es gibt Hunderte von Wegkreuzungen vor den Mauern Roms. Ein flacher Erdhügel fällt keinem auf, der zufälligerweise vorübergeht …

Guido II. (oder Wido) von Tuszien ist eigentlich bloß ein weiterer Mann, der mit Marozia des Lager teilt. Als ihr Gatte in zweiter Ehe ist er immer noch sehr erpicht, ihre Fraulichkeit und Schönheit auszukosten. Sie schenkt ihm ihre Lust; er ist nach wie vor ein Held im Bett. Das kann die Senatrix nicht von jedem Liebhaber behaupten. Etliche stellen sich unbeholfen an, anderen muss Marozia mit ihrer Liebeskunst nachhelfen, bei weiteren macht sie es, wie sie es ihrer Schwester Theodora empfohlen hat: Augen zu! Zähne zusammenbeißen! Und durch! In möglichst kurzer Zeit!

Nach einem erschöpfenden Liebesakt stützt Guido sich plötzlich auf die Ellbogen und meint: »Sag mal, mein süßes Kleinod, weshalb hast du den Papst nicht mitangeklagt und gleich mit Petrus abserviert? Zwei Fliegen auf einen Streich hätte keinen Mehraufwand bedeutet.«

Marozia räuspert sich. Sie zieht die Decke über die wohlgeformten Beine und die Brüste.

»Ein Papst ist kein Sekretär, mein Lieber«, stellt sie fest. »Würdest du an einen Selbstmord des Heiligen Vaters glauben? Sicher nicht. Johannes ist mir dienlich …«

»Aber nicht mehr ergeben«, fällt Guido der Gemahlin ins Wort. »Petrus hat ihn verdorben und ihm die päpstliche Eigenständigkeit schmackhaft gemacht. Er wird sich gegen dich verschwören und den Tod seines Bruders rächen wollen. Nimm dich in Acht!«

»Mein liebes Schwesterherz liegt in seinem Bett, ein wenig widerwillig zwar, aber sie macht für den alten Bock die Beine breit, um ihn unauffällig auszuhorchen. Theodora ist mir ergeben. Sie ist ein gutes, zuverlässiges Mädchen«, erwidert die Senatrix überzeugt.

»Ich sage dir, serviere den Johannes ab! Er ist gefährlich. Sein Herz ist jetzt erst recht hasserfüllt wegen Petrus' Tod.«

»Und was schlägst du vor, mein teurer Gatte?«

»Ach, du musst den Johannes ja nicht gleich umbringen. Setze ihn ab. Kerkere ihn ein. Mache ihn gefügig. Oder, noch besser, mache ihn unschädlich, ich meine mundtot, verstehst du?«, schlägt Guido vor.

»Unter welcher Anklage stoße ich den Johannes vom Stuhl Petri und werfe ihn ins Gefängnis?«, will Marozia erfahren.

»Das Übliche: Intrige – Verrat – Verschwörung. Es gibt zahlreiche Möglichkeiten. Wir hängen ihm einfach ein todeswürdiges Verbrechen an. Wir sagen, er stehe mit dem Teufel und Dämonen im Bunde. Johannes hat zudem meinen verfluchten Stiefbruder unterstützt. Hugo hat mir die Krone Italiens gestohlen und gibt seinen Anspruch auf die Toskana nicht auf. Er verdrängt mich. Ich hasse ihn!«

Marozia lässt den Deckensaum durch die Finger gleiten und überlegt. Guido scheint nicht zu wissen, dass Marozia Hugo damals gegen Rudolf II. von Hochburgund für das italienische Königtum unterstützte.

»Gesetzt den Fall, ich lasse den Johannes absetzen und ins Gefängnis werfen, was dann? Wem soll ich das Pontifikat geben?«

»Wer wäre besser geeignet, unsere Familieninteressen im Papsttum zu bewahren, als ...« Guido unterbricht sich.

»Als?«, echot Marozia gespannt.

»... als dein Sohn Johannes, den du von Papst Sergius hast«, lautet die Antwort kühn.

Die Reaktion erfolgt spontan. »Ha! Johannes ist ein Bastard und gerade sechzehn! Ein halbes Kind auf dem Stuhl Petri gäbe dem Papstamt den letzten Rest an Glaubwürdigkeit. Johannes kann es nicht einmal an kirchlichen Feiertagen wagen, durch Roms Straßen zu prozessieren, weil das Volk ihn für seine Schwäche verachtet«, verwirft Marozia den absurden Vorschlag prompt und fügt hinzu: »Und nenne jetzt nicht Alberich, meinen Sohn aus erster Ehe. Er ist erst fünfzehn. Mit ihm habe ich anderes vor. Wenn es dann so weit ist. Und er alt genug geworden ist.«

Guido drängt sich unter der Decke an Marozias Körper. Er ist schmiegsam und warm. Sie spürt, sein Glied ist wieder steif. Sie bettet sich zu ihm und fasst es mit zarten Fingern.

»Ich werde es mir überlegen, mein teurer Gemahl«, haucht sie, seine Erregung übernehmend. »Ja, ich glaube, ich habe da vielleicht einen geeigneten Kandidaten. Er ist mir treu ergeben und giert nach dem Pontifikat. Wenn es dann so weit ist ...« --

Marozia sieht sich zum Handeln gezwungen. Guido hat Recht: Hass und Rache sind Sumpfblüten. Sie lassen die Saat des Bösen schnell aufgehen. Papst Johannes besitzt zudem zwei wirksame Waffen, die Marozia ihm nicht nehmen kann: die Exkommunikation und das Interdikt. Letzteres wäre verheerend. Der allgemeine Kirchenbann bedeutet den Untergang des Hauses Tusculum.

Mario, Generalhauptmann der Leibgarde und Geliebter, ist ihr willig ergeben. Seine Soldaten stürmen am helllichten Tag den Lateran und setzen die vatikanische Bewachung außer Gefecht. Das geschieht ohne großes Blutvergießen. Johannes verbarrikadiert sich in den päpstlichen Gemächern. Umsonst. Die Türen sind schnell aufgebrochen, die wenigen Soldatenwächter zur Aufgabe gezwungen. Johannes hebt das Kreuz vor seine Brust.

»Weichet! Weichet zurück! Im Namen unseres Herrn Jesus Christus, weichet! Verlasst sofort mein Gemach oder ihr seid verdammt! Eure dreckigen Füße beschmutzen heiligen Boden!«

Mario lässt die päpstliche Drohung unbeeindruckt. »Festsetzen!«

Die Gardisten gehorchen aufs Wort. Sie legen Seine Heiligkeit in Fesseln.

»Ihr wagt, den Stellvertreter Gottes zu entweihen?! Schergen! Lasst ab von mir! Sofort! Ich verfluche euch!«

Weder der verbale noch der körperliche Widerstand zeigen Wirkung. Rohe Gewalt zwingt Johannes auf die Knie. Der

Hauptmann tritt zur Seite. Die Gardisten bilden eine Gasse. Marozia betritt das päpstliche Gemach. Das gealterte Gesicht des Heiligen Vaters ist ein einziges Fragezeichen.

»Was soll das? Was tust du da? Was willst du von mir?«

Die Senatrix präsentiert zwei Dokumentrollen. »Weißt du, was das ist?«

Johannes schüttelt das kahle Haupt, das einen schmalen weißen Haarkranz umgibt. »Wohl mein Todesurteil. Du bezahlst mich jetzt für meine Ergebenheit.«

Die Senatrix lacht spöttisch auf. Das sei fern von ihr. »Mein Vater – Gott habe ihn selig – hat dich zum Papst erhoben. Seine Tochter hat nun auch das Recht, dich vom Stuhl Petri zu entfernen. Du bist abgesetzt«, verkündet Marozia feierlich, als wäre es das Selbstverständlichste auf der Welt.

Die Feststellung wirkt gleich einem Donnerschlag.

»Nein! Zweimal nein! Du hast nicht das Recht! Du hast die Macht! Das ist wohl ein gewaltiger Unterschied!«, schleudert's Johannes ihr ins Antlitz.

»Ich habe das Recht und die Macht, Johannes. Falls du das vergessen haben solltest«, lautet die Antwort sarkastisch.

»Das Kanonische Recht besagt, ein Papst ist auf Lebzeiten von der Kurie gewählt. Der Stellvertreter Christi auf Erden kann nicht abgesetzt werden. Das ist, als würdest du Jesus Christus, unseren Herrn und Gott, absetzen. Der Papst kann nur abdanken. Falls du das vergessen haben solltest.«

In der Kirchengeschichte sind lediglich zwei Papstabdankungen vermerkt: Coelestin V. (1294–1294 nach sechsmonatigem Pontifikat) und Benedikt XVI. (2005–2013).

Marozia lässt die Schultern fallen und meint beinahe unschuldig: »Dann danke ab. Du hast die Wahl.«

Johannes schüttelt sich empört unter dem niederhaltenden Soldatengriff.

»Das werde ich nicht«, widerspricht er stolz. »Ich bin Papst Johannes, der X. dieses Namens. Das Kanonische Recht besagt …«

»Das Kanonische Recht ist abgeändert!«, fällt Marozia ihm barsch ins Wort. »Abführen!«

Die Soldaten zerren den Verhafteten auf die Beine. Er sträubt sich vehement.

»Das wirst du büßen! Sei verflucht, Marozia von Tusculum! Papsthure! Tyrannin! Mörderin …!«

Ein Soldat legt dem Widerspenstigen eine Würgeschlinge um die Kehle, um den Wutentbrannten gefügig zu machen. Johannes' beschwörende Stimme erstickt in einem Röcheln. Die Leibgardisten stehen stumm und starr.

»Ist Euch aufgefallen, Hauptmann«, stellt die Senatrix und Patricia von Rom ruhig fest, »er hat nicht einmal gefragt, weshalb ich ihn absetze. Ist das nicht erstaunlich?«

Mario schweigt verdrießlich.

»Kerkert den Gefangenen in der Engelsburg ein!«, laut der Befehl.

Marozia ergreift am nächsten Tag nach der Heiligen Messe

in der Petersbasilika das Wort vor versammelter Kurie, den Adelsleuten und dem Volk. Sie präsentiert eine Schriftrolle und klagt Papst Johannes X. unverschämter Verbrechen und der Unmoral an, ohne näher ins Detail zu gehen, die ihn für das Pontifikat unwürdig machen. Die Kurie habe ihm die Abdankung nahegelegt. Er werde lebenslänglich in ein Kloster verbannt.

Diakone platzieren einen Prunkstuhl neben dem Altar. Der Kardinaldekan zerstört den Fischerring des X. Johannes mit dem Meißel und zwei Hammerschlägen vor aller Augen. Es ist ein symbolischer Akt, der das Pontifikat eines Papstes endgültig beendigt.

»Habemus Papam!«, verkündet er dem Volk und den Ständen, so dass es alle hören mögen. »Leo! – Leo, der VI. dieses Namens!«

Die Glocken der Basilika beginnen zu läuten. Der neu berufene Pontifex erscheint unter der Sakristeitür, eingekleidet, mit allen erforderlichen Amtsinsignien versehen: den roten Pantoffeln, dem Cape, dem Ring des Apostels Petrus und dem Hirtenstab. Er ist bereits mit der päpstlichen Mitra gekrönt.

Leo schreitet gleich einem Römischen Kaiser zum Thronstuhl neben den Altar. Die Inthronisation hat hinter den Kulissen stattgefunden. Es wäre zu provokativ gewesen, wenn Marozia den jungen blonden Schönling aus ihrem Bett öffentlich zum Papst erhoben hätte. Es geht jetzt darum, den neuen Stellvertreter Gottes auf Erden der Öffentlichkeit vorzuführen und ihm huldigen zu lassen.

Ein Papst soll sich nach vielen Jahren wieder einmal in den Straßen Roms zeigen dürfen und den Menschen seinen Segen spenden. Ein so junger Heiliger Vater von kaum fünfundzwanzig Jahren wirkt befremdlich.

Die Ernennung Leos VI. zum neuen Papst verbreitet sich wie ein Lauffeuer in ganz Italien und weit darüber hinaus. Viele haben kein Vertrauen. Er ist wie sein Vorgänger genauso ein abhängiger Günstling Marozias, mit dem sie das Lager teilt. Einige hoffen, dass Leo mehr Stärke zeigen wird. Wer glaubt schon der Senatrix, die Kurie hätte den X. Johannes abgesetzt, ins Kloster verbannt und den Leo erwählt? Keine Frage, sie hat den Alten abgesetzt und den Neuen auf den Stuhl Petri gesetzt. Niemand weiß etwas Genaues. Die Herrin Roms hält die Kurie und den Papst fest in den Krallen. Sie bestimmt im Hintergrund die Kirchenpolitik der gesamten katholischen Welt des Abendlandes. Marozia herrscht über die Körper und die Seelen der Menschen. Das Papsttum ist auf dem Tiefpunkt der Geschichte angelangt! - -

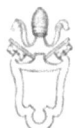

Marozia gibt dem Hofstaat ein rauschendes Fest in der Engelsburg. Gaukler treten auf, Bänkelsänger, Zauberer, Akrobaten, Feuerschlucker und Musikanten. Der Wettstreit, wer die grässlichste Grimasse schneidet, ist besonders lustig.

Frauen sind ausdrücklich zugelassen, denn die natürliche Hässlichkeit einiger Küchenmägde ist vorteilhaft. Man braucht bloß den Kopf durch ein Loch im Bühnendekor zu stecken …

Die Senatrix verleiht dem Sieger die Narrenkappe. Er darf dann eine Runde vor den versammelten Höflingen paradieren und die Honorationen entgegennehmen. Eine Münze aus Marozias Hand ist am Schluss die Belohnung für den fürchterlichsten Grimassenschneider.

Buntes Treiben herrscht. Sexuelle Anzüglichkeiten fehlen nicht unter dem Einfluss von Wein und Bier. Ein ganzer Ochse und Wildschweine braten über offenem Feuer im Hof. Die Herrin Roms lässt sich nicht lumpen, ihre Höflinge treu und gefügig zu halten. Leibgardisten sind stets in nächster Nähe ihrer erlauchten Person. Eine scharfe Klinge ist schnell gezückt, ein hinterhältiges Attentat ausgeführt.

Marozias Schwester und die Brüder sind auch anwesend, sogar der gelähmte Theophylakt, der jüngste Spross der Familie. Er ist zu einem stattlichen Jüngling herangewachsen. Marozia schenkt seinem Wohlbefinden im Rollstuhl große Aufmerksamkeit. Sie lässt ihm die schönsten Edeldirnen zukommen, die ihn reiten. Theophylakt erledigt im Sekretariat unwichtige Arbeiten, die Marozia ihm als wichtig suggeriert. Ein vernachlässigter Bruder könnte rasch in eine Verschwörung verwickelt werden. Es gibt immer Dunkelmänner, die einen Hilflosen zum eigenen Vorteil ausnützen und der Herrin Roms und des Vatikans schaden wollen.

Theodora ist ihrer mächtigen Schwester dankbar, nicht mehr Johannes' Bettobjekt und Spionin sein zu müssen. Marozia hält jetzt den Leo unter ihrer persönlichen Kontrolle mit Geld, dem eigenen Körper sowie durch das Amt der Vestaratrix des Laterans. Mario, Generalhauptmann der Leibgarde, ist ihr Geliebter, und einige mehr, die der Senatrix nützlich sind oder eines Tages nützlich sein könnten, um in Amt und Würden ihre Interessen zu vertreten. Das stört Theodora nicht. Sie holt ebenfalls den Mann ins Bett, der ihr gefällt, ob Geistlicher, von Adelsstand oder ein Abenteurer, der sie nicht kennt. Sie ist mit Senator Giovanni Crescentius verheiratet und hat ihm drei Töchter geboren. Ihr ältestes Geblüt ist Johannes, eine ungewollte Leibesfrucht aus der Mätressenzeit mit Papst Johannes X.

»Wirst du ihn hinrichten lassen?«, fragt Theodora nach einem kräftigen Schluck Wein.

Marozia lacht auf. »Aber nein, liebes Schwesterherz, nein. Wollte ich das, dann hätte ich es sofort veranlasst. Wer weiß, vielleicht ist er uns einmal dienlich. Tot nützt er nichts.«

Theodora nickt stumpf vor sich hin. Marozia zögerte keinen Augenblick, wenn sie Papst Johannes hätte umbringen wollen.

»Sag mal, was hältst du davon, meine Liebe, wenn du mit deinen Töchtern nach Tusculum gehst und dort das Zepter übernimmst?«, wechselt Marozia abrupt das Thema.

Theodora schaut aus großen Augen. Sie lächelt verlegen, überrumpelt und wagt nicht zu fragen, weshalb.

»Keine Bange, Theodora«, beschwichtigt Marozia sofort. Sie sieht die Frage auf den Lippen brennen. »Du bist meine Schwester, meine beste Freundin. Wir sind von gleichem Blut. Ich möchte dich keinesfalls aus Rom wegschicken. Es ist nun aber so, ich vertraue den Gutsverwaltern nicht mehr so wie früher. Sie werden eigenständig und könnten revoltieren. Unsere Familie braucht eine starke Hand vor Ort, die nach dem Rechten sieht. Du bist eine Gräfin von Tusculum und hast aufgrund deines Standes die gottgegebene Vollmacht, mit allen Mitteln durchzugreifen. Ich bin immer für dich da, wenn du mich brauchst oder einen Rat benötigst, versprochen!«

Theodora schluckt verdrießlich ein paarmal leer.

»Ich soll getrennt von Giovanni leben? Meinem Ehemann? Er wird seine Position im Senat wohl kaum aufgeben und mit Marozia (II.), Stephania, Theodora (III.) und mir aufs Land ziehen wollen. Oder willst du ihn aus dem Senat entfernen?«

»Die Crescentier halten still, seit du mit Giovanni verheiratet bist«, fährt Marozia fort. »Es gibt keinen Grund, deinen Gemahl aus dem Senat zu entlassen. Du kannst jederzeit nach Rom zurückkehren, falls dir das Landleben in unserem Palast in Tusculum nicht behagt. Dann werde ich für die Herrschaft vor Ort eine andere Lösung finden.«

»Was ist mit meinem Sohn Johannes, den mir der Papst gemacht hat? Soll er ebenfalls nach Tusculum kommen?«

»Johannes hat eine geistliche Laufbahn im Vatikan eingeschlagen«, erwidert Marozia kühl. »Er ist jetzt achtzehn, ein Bischof. Vielleicht mit zwanzig ein Kardinal. Er könnte durchaus eines Tages zum Papst berufen werden, nicht wahr, meine Liebe?«

Wie vorausschauend die Senatrix die Karriere ihres Neffen plant! Theodora bringt vor Erstaunen einen Moment kein Wort heraus.

»Darf ich dich fragen, weshalb schickst du nicht einen unserer Brüder nach Tusculum? Adalbert? Oder Bonifatius?«

Marozia atmet tief ein und langsam aus. »Die brauche ich hier in Rom, um das Überleben unsere Dynastie zu sichern. Wäre es für dich nicht an der Zeit, Verantwortung zu übernehmen? Ich weiß, du schaffst das. Du bist ein guter und gerechter Mensch – im Gegensatz zu mir …«

»Aber nein. Du bist nicht schlecht, Marozia«, wirft Theodora ein. »Manchmal vielleicht ein bisschen streng.«

»Nicht streng – konsequent, Schwesterherz«, korrigiert die Senatrix das Wort. »Ich habe eine schwarze Seele. Sie wird wegen meiner Taten einmal in der Hölle brennen. Wenn Gott mir überhaupt eine Seele gab.«

»Das darfst du nicht sagen, Schwester. Das ist Blasphemie.«

»Ach, ich musste und muss so viele schlechte, böse Dinge tun, Blut vergießen, ob schuldig oder nicht. Es ist mir ein Gräuel, ob du es glaubst oder nicht. Vielleicht verstehst du's besser, wenn du selbst einmal gezwungen bist, Dinge zu tun, die dir zutiefst widerstreben, mein teures Schwesterlein. Wenn man Leben nehmen muss, um die Ordnung aufrechtzuerhalten. Wenn man Menschen Schmerz und Leid zufügen muss, die dir übel wollen.«

Theodora schweigt betroffen und blickt zu Boden. Tausend Gedanken rasen durch den Kopf. Die Herrschaft über Tusculum wird sie zweifellos in die Lage bringen, Dinge zu tun, die sie verabscheut. Gott bewahre, dass sie einmal töten muss!

»Wann reise ich ab?«, fragt sie nach einer kleinen Weile. Ihre sanfte Stimme ist ganz heiser geworden.

Marozia hebt zärtlich Theodoras Haupt am Kinn. »Wann du willst«, sagt sie mit wässrigen Augen. Sie zeigen ihr Schuldbewusstsein; Gott wird ihre Taten nie verzeihen und sie ins Höllenfeuer werfen. Theodora hat bei ihrer mächtigen Schwester nie feuchte Augen gesehen. Das ist jetzt die andere, verborgene Seite Marozias: Sie ist innerlich zart, einfühlend, liebend, fromm, reuig, leidend, zerrissen …

»Du bestimmst den Zeitpunkt. Ich schreibe dir nichts vor. Ich liebe dich, Theodora.«

Sie umarmt ihr schwesterliches Fleisch und Blut. Sie ist nach Mutters und Vaters Tod der einzige Mensch, der ihr geblieben ist, den sie wirklich von Herzen liebt. Natürlich liebt sie auch die Brüder, aber da ist es etwas anderes.

Ein Soldat vom Tor der Engelsburg tritt herbei.

»Was?« Die gestrenge Stimme gehört wieder der Herrscherin Marozia.

»Ein arabischer Gesandter begehrt Einlass in die Burg, Herrin«, meldet er militärisch stramm. Er überreicht auf

Knien das Sendungsschreiben. Die Senatrix bricht das Siegel. Es trägt tatsächlich ein arabisches Schriftzeichen. Der Inhalt ist in Latein verfasst.

»Führt den Gesandten in den Empfangsraum und gebt ihm Wein und Brot!«, befiehlt Marozia dem Soldatenwächter. Sie kann ihr Erstaunen kaum verbergen.

»Kein Wein, Herrin«, sagt der Soldat ergeben. »Moslems trinken keinen Alkohol.«

»Ach, dann gebt ihm zu trinken, was er wünscht. – Weg!« Der Befohlene salutiert und geht.

»Ich glaube es nicht! Ein sarazenischer Abgesandter!«, sagt sie mehr zu sich als zu Theodora. »Möchtest du dabei sein, Schwesterherz? Ich bin gespannt, was ein Gesandter von Sizilien von Rom begehrt.«

Die Senatrix sitzt unter dem Baldachin auf einem vergoldeten Thronsessel, der auf einem Podium steht und gewährt erhaben Audienz. Das Wappen und die Fahne der Theophylakts und der Vasallen entfalten sich über der Adlerskulptur von Rom. Theodora steht an der Seite ihrer Schwester. Der Sekretär macht sich am Stehpult schreibbereit.

»Sprecht!«, fordert die Herrin Roms den Gesandten auf. Der Mann in den mittleren Jahren beugt kurz das Haupt, um Respekt zu erweisen. Es sei Mohammad Omar Ali, der ihn geschickt habe. Er sei jetzt Vizekönig von Tunesien und gebiete über Sizilien und die großen Mittelmeerinseln. Er ersuche die edle Marozia, die hochehrwürdige Senatrix und Patricia von Rom, den vor zehn Jahren abgeschlossenen

Waffenstillstand um weitere zehn Jahre zu verlängern. Der Frieden sei dem Handel mit Italien förderlicher als der Krieg.

Der Abgesandte legt das vorbereitete Vertragspapier vor und ein zweites daneben. Es ist ein Vertrag über eine Getreidelieferung von fünfzehn Schiffsladungen zum halben Preis für die Versorgung der Stadt Rom. Allerdings fehlen dem Vize-Emir die Schiffe. Seine Königliche Hoheit benötige sie für den Handel mit Ägypten und der Levante. Die Fracht liege in vier Wochen im sizilianischen Hafen Cefalu bereit.

Wittert Marozia eine Finte? Eine Falle, römische Schiffe zu kapern? Weshalb sollte Mohammad Omar Ali das tun? Er wurde schmachvoll in der Schlacht am Garigliano besiegt. Er saß ein paar Monate in Marozias Gefängnis, bevor sie ihn entließ und er sich als ein Ehrenmann erwies.

Die Senatrix schweigt. Der arabische Gesandte räuspert sich und meint: »Ihr, durchlaucht Marozia von Rom, habt meinem Vizekönig die Freiheit gewährt und ehrenvoll Euer Wort gehalten. Er war jahrelang Euer erbitterter Feind im Latium, und Ihr habt ihm Gnade gewährt und ihn nicht hinrichten lassen. Der neue Friedensvertrag und die Getreidelieferung seien ein bescheidener Dank des erhabenen Vize-Emirs, auch dafür, dass Ihr seinen ärgsten Feind, den Papst, vom Thron gestoßen habt.«

Die Senatrix schweigt. Der Abgesandte weiß nicht, was er hinzufügen soll. Er senkt respektvoll das Haupt in Erwartung einer Antwort.

»Das ist meine Schwester Theodora, die Gräfin von Tusculum. Wie war doch gleich Euer Name, Abgesandter?«, sagt Marozia in die zum Zerreißen angespannte Stille.

Der Mann, der die vorspringende Nase eines Falkenschnabels hat, senkt abermals höflich und diplomatisch ergeben das Haupt und erwidert nach arabischer Sitte stolz und zugleich bescheiden: »Verzeiht, hochehrwürdige Senatrix Roms. Ich habe mich noch nicht vorgestellt. Ich bin Abu Raschid Ibn Maimun Ibn Tarik Ibn Jusuf Ibn Malik Ibn Mahmud Al-Saiid, und ich grüße Eure erhabene Schwester Theodora, die durchlauchte Gräfin von Tusculum.«

»Ihr habt einen imponierenden Namen«, bestätigt Marozia unbeeindruckt. Dafür ist Theodora umso mehr beeindruckt. Sie wurde in ihrem ganzen Leben noch nie so freundlich sanft mit Rang und Namen angesprochen. Die Kielfeder des Sekretärs kratzt über das Pergamentprotokoll.

»Theodora«, spricht die Herrscherin Roms die Schwester an. »Was rätst du mir? Soll ich unterzeichnen? Soll ich den Verträgen das Siegel des römischen Senats gewähren? Soll ich den Abu Raschid Ibn Maimun Ibn Tarik und so weiter unverrichteter Dinge nach Sizilien zurückschicken? Soll ich ihn festsetzen lassen, weil ich die Finten seines Vizekönigs durchschaue? Und für die Freilassung ein hohes Lösegeld verlangen? Was würdest du an meiner Stelle tun?«

Theodora ist völlig überrumpelt. Marozia hat sie noch nie um Rat gefragt. Jetzt geht es um einen Friedens- und einen Handelsvertrag mit den verhassten Sarazenen und um das

Wohl von Rom, eine außenpolitische Angelegenheit von großer Tragweite.

»Sprich!«, fordert Marozia sie auf.

»Der Herr Abgesandte von Sizilien ist ein Ehrenmann«, meint die Schwester nach tiefem Räuspern überzeugt. »Er würde sich niemals zu Täuschung und Betrug hinreißen lassen. Ich würde die Verträge unterzeichnen und vom Senat beglaubigen lassen – zum Wohl des Friedens und der Bürger Roms.«

Die Senatrix nickt vor sich hin. Wohl gesprochen!

»Und wo kriegst du die Schiffe her? Rom entbehrt keine fünfzehn Schiffe, die nach Sizilien segeln können«, fragt Marozia im sachlichen Ton.

Theodora überlegt, denkt angestrengt nach. »Genua«, kommt es spontan über ihre wohlgeformten Lippen. »Genua hat viele Schiffe. Genua ist eine aufstrebende See- und Handelsmacht. Rom mietet zu einem angemessenen Preis die fünfzehn Schiffe an, die nach Sizilien und dann nach Ostia segeln.«

Marozia ist erstaunt über den spontanen Einfall ihrer Schwester. Blitzschnell schätzt die Senatrix allfällige Folgen ab: Genuas Territorium besitzt eine gemeinsame Grenze mit der Grafschaft der Toskana und zu Hugos italienischem Königreich, und die Landverbindung wäre kürzer zur fränkischen Provence. Eine kluge Politik eröffnet da plötzlich neue Möglichkeiten …

»Ihr habt es aus dem Munde meiner ehrenwerten Schwester gehört, Herr Abgesandter. Wohlan! So soll es sein! So soll es geschehen!«, bestätigt Marozia Theodoras Ratschlag.

»Sekretär! Leitet unverzüglich alle notwendigen Maßnahmen ein!«

»Auch die fünfzehn genuesischen Schiffe, Durchlauchteste?«

»Auch die fünfzehn genuesischen Schiffe«, wiederholt die Herrin Roms fast vorwurfsvoll. Was für eine Frage!

Es war Theodoras erste Entscheidung solcher Art. Als Gräfin und Herrscherin von Tusculum wird sie eines Tages ähnliche Entschlüsse fassen müssen, zum Wohl und Gedeihen ihrer Ländereien.

Marozia legt die beiden Verträge der Sarazenen dem Senat zur Ratifizierung vor – pro forma, denn was die Senatrix und Patricia Roms beschlossen hat, das tut sie mit, ohne oder gegen den Senat. Ihre Günstlinge und getreuen Anhänger besitzen meistens die Mehrheit bei einer Abstimmung. Anderweitig legt die Vorsitzende das Veto ein, das sie neben dem eines Konsuls allein besitzt. Sie ließ das Amt seit dem Tod ihres Herrn Papa wohlweislich unbesetzt. Sie nahm auch nicht den Titel »Konsul aller Römer« an. Das Amt des Diktators von Rom anzustreben, wäre ihr Untergang. Julius Cäsar ist ein warnendes Beispiel. Der Senat verkörpert de facto Marozias politischen Willen, das Pontifikat ihren kirchlich-religiösen.

Der Diskurs über die Vor- und Nachteile einer Ratifizierung der sarazenischen Verträge dauert gerade eine Viertelstunde. Eine Enthaltung und zwei Gegenvoten, die sowieso von unverbesserlichen Islamhassern kommen, sind das Resultat der

Abstimmung. Marozia zweifelte keinen Moment an der Ratifizierung der Verträge, anderweitig hätte sie vom Vetorecht Gebrauch gemacht und getan, was sie für notwendig erachtet.

Die wunderschöne Wasseruhr, die der Vize-Emir Mohammad Omar Ali von Tunesien zur Besiegelung eines guten Friedens und gedeihlichen Handels zwischen den beiden Völkern durch seinen Gesandten der Herrin Roms überreichen lässt, verschenkt sie großzügig dem Vatikan. Die Glocken sollen die Gläubigen noch pünktlicher zur Vesper, zur Predigt und zum Abendmahl rufen.

Die arabischen Ingenieure konstruierten im 10. Jahrhundert die präzisesten Wasseruhren der damaligen Zeit, außer vielleicht den Chinesen. Die ersten mechanischen Uhren, die sogenannten Räderuhren, die von Gewichten an einer Schnur bewegt werden, kommen rund dreihundertfünfzig Jahre später (ab 1290) in Italien und in England auf.

Dem Papst Leo VI., von seiner Mätresse Marozia für den abgesetzten Johannes X. auf den Stuhl Petri erhoben, steigt das Pontifikat in den Kopf. Cäsarenwahnsinn! Er verwandelt den Vatikan in ein fürstliches Bordell. Der Schwanz und üppige Feste sind ihm wichtiger als das Seelenheil seiner anvertrauten Schäfchen. Niedrige Gassenhuren gehen im Lateran frei ein und aus. Lukullische Gelage sind ausschweifende Sexorgien. Der letzte Mönch hat sein Freudenmädchen. Die Moral sinkt noch tiefer, als sie unter Leos Vorgänger Johannes X. gewesen war.

Jede vierte Frau in Rom ist eine Prostituierte. Das hat mehrere Gründe: Der Verdienst liegt unvergleichlich höher als in den anderen Städten Italiens und auf dem Lande. Viele Ehefrauen, Witwen, Verstoßene sind durch Armut und Not zur Prostitution gezwungen, um ihre Kinder mit Nahrung zu versorgen. Nicht jede Dirne ist eine Römerin. Die Hälfte aller »Hübschnerinnen« in der Stadt sind Ausländerinnen, die aus halb Europa kommen. Sie stehen in harter Konkurrenz mit den einheimischen Huren. Da fliegen die Fetzen und ausgerissene Haarbüschel im Kampf um die besten Standplätze in den Gassen. Die Dirnen in den Bordellen, damals als Frauenhäuser bezeichnet, müssen herbe Einbußen hinnehmen. Die Frauenwirte und -wirtinnen (sprich Bordellbetreiber und -besitzerInnen) machen Eingaben im Senat und fordern hurenfreie Zonen um ihre Freudenhäuser. Einige drohen sogar mit Streiks. Das bedeutete Lizenzeinbußen für die Stadtfinanzen. Jede fehlende Münze ist eine verlorene Münze im Steuersäckel. Die besten Standplätze vor den Herbergen, Pilgerstätten, Kneipen und Spielhöllen sind gebührenpflichtig. Das ist bei der Menge der Gassenhuren nicht durchsetzbar. Mann fickt in dunklen Ecken, Schuppen und in Ställen. Manche Familie rückt enger zusammen und vermietet ein Zimmer für einen Zusatzbatzen. Marozia weiß, ein Dirnenstreik könnte sich wie ein Stadtbrand ausbreiten; Rom würde bei der Menge der Pilger explodieren, denn der männliche Geschlechtstrieb ist unbezwingbar. Keine Frau wäre vor einer Vergewaltigung mehr sicher. Chaos, Aufstand und Revolte bedrohten die Herrschaft.

Der Senat beschließt unter Marozias Vorsitz, alle ausländischen Gassenhuren bei herben Prügel- und Schandpfahlstrafen aus der Stadt zu verbannen; sie müssen ihre Liebesdienste außerhalb den Toren Roms anbieten. Davon profitieren die vielen hundert Pilger, die innerhalb der Stadtmauern keine Unterkunft finden. Sie hausen in Zelten, die zu Dörfern angewachsen sind. Manche campieren unter freiem Himmel für ihr Seelenheil und die Vergebung der Sünden. Die Maßnahme der Stadtausweisung lässt Dampf aus dem Kessel ab. Die Frauenhäuser erhalten das Recht, im Umkreis von fünfzig Metern freie Gassenhuren mit Gewalt zu vertreiben, wenn sie nicht freiwillig das Feld räumen. Schlägertrupps werden angeworben, die gegen ein kleines Entgelt diese Aufgabe übernehmen. Die Heilige Stadt besitzt den zweifelhaften Ruf eines schändlichen Sündenpfuhls …

Die Senatrix und Patricia von Rom lässt Papst Leo VI. fallen. Jedes Kind in der Stadt und weit über die Landesgrenzen hinaus weiß, dass er das Pontifikat seiner Mätresse verdankt und Johannes im Kerker schmort. Das Volk murrt über die herrschenden Zustände von Unmoral und fürstlichen Gebarens im Vatikan. Der überwiegende Teil der Bevölkerung gibt noch etwas auf die Moral und die Zehn Gebote. Marozia wittert Gefahr für ihre Herrschaft. Rädelsführer und arglistig gesinnte Senatoren könnten diese Unzufriedenheit ausnützen und das Volk im Namen der Wiederherstellung der Moral im Lateran zu Aufstand und Umsturz aufhetzen, schließlich hat die Senatrix den größenwahnsinnig und sexbesessen gewordenen Leo selbstherrlich auf den Stuhl Petri berufen.

Marozia handelt überlegt, entschlossen, schnell. Generalhauptmann Mario lässt die Leibgarde aufmarschieren. Marozia bezichtigt Leo der Unmoral, der Eigenmächtigkeit und des Verrats und setzt ihn ab nach nur sieben Monaten im Amt. Aus seinem Pontifikat sind lediglich Maßnahmen überliefert, die die Metropolitanrechte von Split in Dalmatien und Kroatien betreffen, die sein Amtsvorgänger Johannes X. gesprochen hatte.

Jetzt schmoren zwei unwürdige, abgesetzte Päpste im Kerker der Engelsburg. Das Konklave wählt auf Marozias Geheiß (und das ist ein Befehl!) den germanischstämmigen Stephan zum neuen Papst.

Marozia handelt offiziell, vor den Augen und Ohren des Volkes in der Petersbasilika. Der Kardinaldekan proklamiert den als fromm und moralisch geltenden Stephan zum neuen Pontifex, des VII. dieses Namens. Er wurde gleich Leo VI. bereits inthronisiert und mit den erforderlichen Amtsinsignien versehen. Stephan musste der Senatrix von Rom allerdings seine bedingungslose Ergebenheit und unbedingte Gefolgschaft schwören. Ein Meineid hätte den sofortigen Verlust des Pontifikats zur Folge. Es wäre ein Verrat an Gott und an der Herrscherin Roms mit allen unabsehbaren Konsequenzen. Stephan war vor seiner Ernennung Kardinalprespyter von Santa Susanna in Rom. Böse Stimmen werden laut, die Marozia als selbstherrliche Diktatorin und sexsüchtige Pornokratin verunglimpfen – Pornokratin, was so viel wie Hurenherrscherin heißt! - -

Fechtmeister Odo muss sich während der dreimal wöchentlich angesetzten Übungsstunde gegen Marozias Klinge (mit oder ohne Schild, der nicht nur als Abwehrwaffe dient) und die Parierstange gehörig wehren. Sie hat ihre Schnelligkeit, Gewandtheit und technischen Fähigkeiten merklich verbessert. Odo hat drei Assistenten hinzugezogen, um die Amazone im Kampf gegen mehrere Gegner zu üben. Das Training findet jetzt nicht mehr in der Waffenkammer statt, sondern vor aller Augen im Hof der Engelsburg. Die Zieldistanz für den Lanzenwurf, den Pfeil und den Armbrustbolzen ist jetzt doppelt weiter. Marozia erhöht die Trefferquote des schwarzen Punktes auf der Scheibe erstaunlich schnell. Jeder Volltreffer bringt die Höflinge zum Staunen. Marozia wäre gewiss eine exzellente »Essedria« im alten Rom gewesen, eine Gladiatorin, die vom Streitwagen herab mit Pfeil und Bogen, der Lanze oder mit blankem Schwert gegen eine Überzahl männlicher Gegner in der Arena kämpft.

Es liege nicht im Plan Gottes, dass eine Frau wie ein Soldat streitet, meinen einige adlige Hofschranzen unter vorgehaltener Hand. Ein Weib soll Kinder zeugen, eine gute, fromme

Mutter und dem Mann zu Willen sein, kochen, waschen, spinnen und den Haushalt führen. Es gibt im 10. Jahrhundert (und bis zum Ende des 18. Jahrhunderts) nur vier Kategorien von Frauen: die Ehrbare, die Nonne, die Hexe und die Hure.

Marozia verfolgt mit den öffentlichen Übungsauftritten eine andere Absicht, als den Hofstaat zu unterhalten. Sie setzt auf Abschreckung. Keiner darf es wagen, sie zu attackieren. Alle sollen sehen, alle sollen wissen: Jeder Angriff auf ihre erlauchte Person verliefe tödlich!

Der Hauptmann von Marozias Leibgarde tritt auf sie zu.

»Auf ein Wort, edle Herrin – bitte.«

Die Senatrix drückt Odo die Armbrust in die Hände und geht etwas abseits. Keiner soll hören, was gesprochen wird.

»Es muss wohl wichtig sein, dass du den Abend nicht erwarten kannst, mein lieber Mario«, stellt sie verschmitzt fest. Ihre Augen funkeln verführerisch. Köcheln da die Hormone?

Der Offizier winkt einen Gardisten herbei. Er ist für die Bewachung der Gefängnisse in der Engelsburg zuständig.

»Sage deiner Herrin, was du mir gerade gemeldet hast, Korporal. Wiederhole alles Wort für Wort! Rede!«

»Sprich frei und offen!«, doppelt Marozia nach. »Du hast nichts zu befürchten.«

Der Gardist will vor der mächtigen Senatrix niederknien.

»Steh aufrecht. Ich will dein Gesicht sehen, wenn du sprichst.«

Im Gefängnis herrsche Unrast, sagt der Korporal. Der arretierte Johannes X. habe ihn und weitere Kameraden zu bestechen versucht. Er drohte mit der Exkommunikation, wenn wir ihm nicht zur Flucht verhelfen. Er wolle sich über die Mauer der Engelsburg abseilen …

Marozia gibt sich höchst gelassen, obwohl sie innerlich überrascht ist.

»Hat er Helfershelfer außerhalb der Festung erwähnt? Namen, Korporal!«

Der Gefragte schüttelt den Kopf und verneint.

»Keine Nachricht nach draußen?«

»Keine Nachricht, durchlauchte Herrin«, bestätigt der Gardist.

»Gebt ihm eine Münze, Hauptmann!«, lautet Marozias Befehl. Sie liest aus dem Gesichtsausdruck des Soldaten, dass er die Wahrheit sagt. »Du kannst jetzt gehen. Du hast richtig gehandelt. Weiter so!«

Der Korporal salutiert stramm und läuft auf seinen Posten zurück. Marozia geht ein paar Schritte weiter abseits, den Generalhauptmann Mario ergeben im Schlepptau.

»Ha, der alte Bock will sich über fünfzig Meter hohe Mauern abseilen! Reiner Selbstmord«, spottet die Senatrix und grinst. »Glaubst du, wir sollten ihn in den Tod stürzen lassen?«

»Und wenn die Flucht gelingt? Was dann? Er könnte aus dem Exil schweres Unheil anrichten«, rät Mario von dem Vorhaben ab. »Er besitzt als abgesetzter Papst nach wie vor eine hohe Autorität. Er hat gewiss einige Anhänger, die ihm helfen – innen und außerhalb der Burg. Johannes und Leo könnten für eine Verschwörung zusammenspannen.«

»Johannes und Leo sind abgesetzt. Von allen Weihen enthoben. Sie haben keine kirchlichen Befugnisse mehr.« Marozia ballt die Hand zur Faust. »Wie kann Johannes es wagen, mit der Exkommunikation zu drohen? Gerade deshalb und wegen einer allfälligen Verhängung des Interdikts über Rom habe ich ihn vom Stuhl Petri gestürzt. Und auch den Leo, bevor er böses Unheil anrichtet«, gesteht Marozia dem Geliebten.

Es herrscht wieder der normale Tagesbetrieb im Hof der Engelsburg. Mägde und Bedienstete eilen. Hühner gackern. Wachhunde bellen. Die Zielscheiben werden von den Wachen weggeräumt.

»Was gedenkst du jetzt zu tun? Kannst du den Johannes gewähren lassen?«

Marozia dreht Mario den Rücken zu und verschränkt die Arme vor der Brust. »Du hast Recht. Ein abgesetzter Papst in Gefangenschaft ist und bleibt gefährlich«, sagt sie schließlich. Die Stimme ist leise, entschlossen. Sie hat gerade eine konsequente Entscheidung getroffen – vielleicht treffen müssen. Sie atmet tief ein und aus. »Johannes ist ein alter Mann. Es muss aussehen, als wäre er eines natürlichen Todes gestorben. Seine sterbliche Hülle muss unversehrt bleiben. Also: kein Gift, das entstellt! Kein Würgemal am Hals! Kein Dolchstich im Körper! Kein Wasser, das ihn aufdunsen lässt!«

Marozia dreht sich langsam dem Hauptmann zu. Ihr Blick ist eiskalt, man könnte erschauern. Sekundenlanges Schweigen. Dann entspannt sich plötzlich ihr schönes Antlitz. Ihr Mund lächelt. Ihre Stimme munkelt: »Könntest du dich vielleicht darum kümmern, mein geliebter Mario? Johannes soll ein würdiges Begräbnis von Volk und Ständen erhalten. Mit Leo werde ich mich später befassen.«

Es ist erwiesen, dass Marozia den Mord an dem von ihr abgesetzten Papst Johannes X. befahl – und auch die folgende Begebenheit:

Es ist eine rabenschwarze Nacht. Blitze zucken. Donner krachen. Es regnet aus geöffneten Himmelsschleusen. Es ist ein heftiges Gewitter, das über Rom niedergeht. Ein so fürchterliches Unwetter hat sich seit Jahren nicht mehr über der Stadt entladen. Es ist, als würde der Himmel zürnen: zwei Päpste absetzen – einen Papst ermorden!!!

Johannes X. ist nicht der Erste, dem dieses Schicksal widerfährt. Etliche Vorgänger fanden durch Gift und Dolch, Erwürgen und Ertränken ein tragisches Ende. Jetzt soll Seine Heiligkeit weder durch Gift noch Dolch, noch durch Erwürgen oder Ertränken in die Hölle fahren? Die Leiche darf keine Mordspuren aufweisen. Das hat Marozia befohlen. Wie das Todesurteil vollstrecken?

Ein prallgefüllter Geldbeutel wechselt den Besitzer, übergeben von unbekannter Hand. Es wäre äußerst unklug, die Gefängniswächter einfach zu überfallen und die Kehle aufzuschlitzen. Man betäubt sie mit Wein und verschafft sich insgeheim Zugang in die Zelle, wenn sie schlafen, um die Mordtat auszuführen.

Johannes liegt auf der Pritsche. Er schläft tief und regt sich nicht. Die Häscher schleichen lautlos durch den finsteren Kerker. Einer hält ein Kissen. Es senkt sich langsam auf das Gesicht des Heiligen Vaters. Johannes fährt plötzlich hoch, als ahnte er die tödliche Gefahr. Zu spät! Der Schrei erstickt unter dem Kissen. Der Helfer fixiert den Strampelnden an den Schultern auf dem Bett. Das Opfer hat keine Chance, sich zu befreien. Das Geschrei erstirbt zum Röcheln. Die Bewegungen der Glieder werden langsamer. Sie beginnen zu zucken. Sie strecken sich und – erstarren. Grabesstille herrscht in der Zelle. Die Mörder halten das Opfer eine Weile fest. Sie müssen sicher sein, dass es tot ist und nicht nur bewusstlos.

Papst Johannes hat gerollte Augen, die aus den Höhlen hervortreten. Sie starren leer ins Nirgendwo. Das Gesicht ist rötlich blau, der Mund weit aufgerissen, gleich einem verendeten Fisch an Land geworfen. Der Häscher fühlt den Puls am Hals und hält ein Spiegelchen an die Nase. Nichts! Papst Johannes ist mausetot. Seine Seele brennt jetzt im Fegefeuer oder schmort auf ewig in flammender Höllenglut.

Seine Heiligkeit wird hergerichtet und friedlich hingebettet. Es macht den Anschein, als wäre Johannes in der Nacht friedlich eingeschlafen und eines natürlichen Todes gestorben. Die Wachablösung wird den Leichnam am nächsten Morgen aus der Engelsburg schaffen und der Kurie übergeben.

Die Zeitspanne zwischen Absetzung und Tod gibt Anlass zu heftigen Spekulationen. Die Kunde der Unversehrtheit der Leiche widerlegt jeden Mordverdacht und bringt den letzten Zweifler zum Schweigen. Johannes wird im engsten Kreis der hohen Geistlichkeit im Vatikan beigesetzt. Ein abgesetzter Papst habe keinen Anspruch auf ein öffentliches Begräbnis, meint Marozia. Eine feierliche Abdankung rege bloß das Volk auf und wecke unnötige Fragen. Und Leo? Der Exgeliebte? Er soll im Kerker ein vergessenes Leben führen, für die schändliche Unmoral und die Ausschweifungen büßen und eines Tages unauffällig verschwinden.

Papst Stephan VII. ist jetzt der Pontifex in Amt und Würden. Er ist ein frommer Mann und sehr bemüht, der Moral im Lateran wieder Geltung zu verschaffen. Es ist ein hoffnungsloses Unterfangen. Fast jeder Kurienkardinal, jeder Erzbischof und Bischof besitzt eine Konkubine, Kurtisane oder Mätresse. Stephan setzt aber durch, und Marozia ist es recht, dass diese leichten Frauen nicht mehr im Lateran wohnen und die Gassendirnen diesen nicht mehr betreten dürfen. Der niedrige Klerus muss fortan das »Geschäft« außerhalb der »Leontinischen Mauer« verrichten. Er leitet ansatzweise eine Kirchenreform im Sinne des Klosters Cluny ein. Stephan ist Marozia hündisch ergeben. Sie könnte ihn mit einem Fingerschnippen vom Stuhl Petri stoßen. Die Absetzung von zwei Amtsvorgängern ist Stephan eine Warnung …

Graf Guido (oder Wido) von Tuszien hat auf Marozias päpstliche Angelegenheiten und die Senatsgeschäfte keinen Einfluss. Er widmet sich ausgiebig dem Vergnügen, der

Falkenjagd, den schönen Frauen im Bett und teilt hin und wieder das Lager mit Marozia, seiner Gattin, die gleichfalls ein paar Liebhaber gängelt. Die eheliche Untreue stört beide nicht. Die Ehe ist eine formale Verbindung aus machtpolitischen Überlegungen und hat wenig mit Liebe zu tun.

Guido besitzt die Dreistigkeit, Theodora vor der Abreise nach Tusculum sexuell zu bedrängen. Er hätte sie vergewaltigt, wäre sie ihm nicht mit einem herben Kniestoß in die Hoden zuvorgekommen. Der Übergriff auf die schöne Theodora geht der mächtigen Schwester eindeutig zu weit. Die Senatrix von Rom schickt Guido nach Tuszien zurück. Sie hält ihm ein Schreiben unter die Nase, das Berta von Lothringen ihr hat zukommen lassen.

»Deine Mutter verlangt nach dir!«, vermerkt sie streng. »König Hugo von Italien hat Lambert, deinen (Halb-)Bruder, blenden lassen. Also sehe nach dem Rechten, bevor er dir die Herrschaft streitig macht. Reite nach Tuszien und stehe deiner Mutter bei!«

»Weshalb sagst du mir das erst jetzt? Die Nachricht ist zehn Tage alt«, wirft er Marozia vor.

»Weil der Kurier erst gestern hier eingetroffen ist, deshalb«, erwidert sie ungehalten. »Du musstest dich ja in Rom mit leichten Weibern herumtreiben, so dass ich dich nicht finden konnte.«

»Dann musst du mich eben suchen!«, herrscht er die Gattin an.

»Dann suche eine Nadel im Heuhaufen bei der Menge von Bordellen, Spielhöllen und Saufbuden in Rom! Ich werde mich dir als Ehefrau verweigern, wenn dein Schwanz vom Rumvögeln krank ist! Dein ungehöriges Verhalten ist deiner Stellung unwürdig!«, weist sie den Vorwurf verärgert zurück.

»Ha, dass ich nicht lache! Du fickst genauso rum wie ich, mein teures Eheweib! Machen wir uns nichts vor …«

»Ich will mich nicht mit dir streiten!«, fällt sie ihm barsch ins Wort. »Geh schon! Reite! Hilf deiner Mutter! Räche Lamberts Blendung, bevor Hugo ihn noch ganz umbringt! Rette, was noch zu retten ist! Ich will so wenig wie du, dass Hugo die Macht in Tuszien ergreift.«

Marozia ist glasklar bewusst, ihr Machteinfluss in Tuszien und in Lothringen hängt von Guido ab. Deshalb hat sie ihn auch geheiratet. Wird er ausgeschaltet, dann ist da noch die Freundschaft mit Berta, die einen starken Arm gegen Rudolf II. von Hochburgund besitzt und die königliche (illegitime) Tochter Lothars II. von Lothringen ist.

Marozia verfolgt ab sofort eine zweigleisige Politik: Fällt die Grafschaft Tuszien an den König von Italien, dann will Marozia Hugo nicht vergrault zum Feind haben. Die Idee keimt auf, Hugo, den König von Italien, Graf von Arles und der fränkischen Provence, selbst zu heiraten. Seine Scheidung von Wila von Burgund wäre vom Papst schnell ausgesprochen. Marozia ist überzeugt, Hugo könnte ihrem Lockvogelversprechen niemals widerstehen, vom Papst zum Römischen Kaiser gekrönt zu werden. Sie wäre ihm wichtiger als die Liebe zu Wila. Es wäre für Marozia ein Machtgewinn ohnegleichen! Sie könnte Römische Kaiserin werden! - -

Guido muss feststellen: Nichts ist in Tuszien, wie es gewesen war, als er es verließ. Zwei schwarze Löcher klaffen in Lamberts Kopf, wo die Augen sein müssten. Er kann froh sein, dass er noch lebt. Er ist ein bemitleidenswertes, hilfloses Häufchen Elend. König Hugo hat ihn seiner Herrschaft enthoben und mit glühenden Kohlen geblendet. Dasselbe Schicksal erfuhr Jahre zuvor König Ludwig III. von Burgund: Hugo raubte ihm das Augenlicht mit einem Eisenstab, machte ihn regierungsunfähig und usurpierte die Macht.

Hugo übergab Markgraf Lamberts Ländereien großzügig Graf Boso von Vienne, dessen Tochter Wila er 912 geheiratet hatte. Der König von Italien zwang Berta von Lothringen, seine eigene Mutter, unter Androhung roher Gewalt, die Translation im Doppel zu beurkunden.

Guido ist wutentbrannt. Graf Boso von Vienne ist gerade dabei, Berta zu desposieren und die Macht in Tuszien an sich zu reißen. Guido schaltet die kleine Begleitgarnison des Grafen nach kurzem Gefecht aus und setzt Boso in Geiselhaft. Er muss ein wirksames Pfand haben, wenn er sich mit Hugo anlegt, um die Translation rückgängig zu machen.

Guido zerreißt das Pergament, erklärt es für null und nichtig und wirft es ins Kaminfeuer. Das bedeutet den endgültigen Bruch zwischen den (Halb-)Brüdern mit derselben Mutter.

Berta verflucht Hugo für die unverschämte Dreistigkeit, der Frau rohe Gewalt, sogar Folter und Tod anzudrohen, die ihm das Leben schenkte. Der Fluch einer Mutter über das eigene Fleisch und Blut wiegt so schwer wie eine päpstlich verhängte Exkommunikation. Das Seelenheil ist verwirkt und kann nur durch schwere Buße wieder aufgehoben werden. Hugos unverzügliche Abreise mit seinem königlichen Tross mag am schlechten Gewissen liegen, aber auch an einem Volksaufstand in Pavia, der Hauptstadt des Königreichs Italien. Wäre Hugo noch vor Ort gewesen, es wäre zum tödlichen Zweikampf gekommen. Guido hätte keinen Wimpernschlag gezögert, ihn zur Hölle zu schicken. So bleiben ihm die Rache, der Hass, die Feindschaft, die Intrige und der Krieg übrig.

Die aufständischen Bürger in Pavia verlangen, dass Hugo das »Jus primae Noctis«, das Recht auf die erste Nacht mit einer frisch vermählten Braut, zurücknimmt.

»Ihr verlangt? Ihr verlangt!? Niemand verlangt von einem König! Man bittet ihn! Und er gewährt, wann es ihm beliebt«, verkündet er. »Ich bin nicht gewillt, das ‚Jus primae Noctis' aufzugeben. Es ist das Recht eines jeden Landesherrn, eines jeden Fürsten und erst recht eines Königs, es von seinen Untertanen einzufordern. – Jetzt geht nach Hause, Bürger von Pavia! Beruhigt euch! Oder ich lasse eure aufrührerische Versammlung von meinen Soldaten auseinandertreiben.«

Hässliche Rufe ertönen in der Menschenmenge vor den Palastmauern. Die Unzufriedenheit, der brodelnde Zorn der Bürger, reicht vom selbstherrlichen Recht auf die erste Nacht über das ausbeuterische Steuerjoch, das die Bauern verhungern lässt und die Ärmsten noch ärmer macht, die maßlosen Festgepränge des Königshauses, bis zu Mord, Totschlag und Vergewaltigung ehrbarer Frauen durch die königlichen Soldaten. Zudem suchen barbarische Ungarnhorden das Land heim. Sie brandschatzen, missbrauchen Frauen, stehlen das Vieh, beschlagnahmen die Ernten oder brennen die Felder nieder, und der König von Italien tue nichts dagegen. Unter König Rudolf II. von Hochburgund sei alles besser gewesen. Hugo betreibe eine tyrannische Misswirtschaft.

»Verrat!«, schreit Hugo und gibt das Zeichen. Die Palastgarde stößt in die Kriegsposaunen. Wachsoldaten stoßen das Festungsportal auf. Eine schwer bewaffnete Reiterei stürmt heraus. Sie schlägt eine blutige Gasse in die schreiend auseinanderstiebende Menschenmenge. Pfeile und Armbrustbolzen regnen tödlich von der Palastfestung auf die Leute herab. Sie stoßen auf unüberwindbare Schildermauern heranmarschierender Phalanxen. Die Soldaten kreisen die Aufständischen ein. Sie machen jeden nieder, ob Greis, Frau oder Kind, die in die Enge gedrängt und nicht mehr ausweichen können. Ein Herrscher ertränkt jede Volksrevolte im Blut, die seine Macht gefährdet. Würde Marozia anders handeln?

Guido von Tuszien hält die Unruhen für den geeigneten Zeitpunkt, mit seinen Soldaten gegen Pavia zu marschieren, um sich zu rächen.

»Dein Hass macht dich blind, mein Sohn! Du hast keine Chance, Hugo militärisch zu besiegen. Das königliche Heer ist stark und uns weit überlegen. Du würdest alles schlimmer machen«, warnt Berta ihr Geblüt. Sie ist nach wie vor die graue Eminenz in Tuszien, die im Hintergrund die Fäden zieht.

»Dann schneide ich Boso von Vienne eben gleich die Kehle durch!«, sagt Guido und zieht den Dolch aus dem Waffengurt.

Berta von Lothringen drückt die spitze Klinge in seiner Hand sanft nieder. »Steck das wieder weg. Das brauchst du nicht«, sagt sie gefasst. »Es wäre sehr unklug, eine Geisel einfach umzubringen. Du bist verblendet von Hass und Zorn. Wir müssen warten und unsere Bedingungen stellen. Was glaubst du, was passieren wird, wenn wir den König von Italien angreifen? Wir würden einen Dreifrontenkrieg riskieren und diesen mit Sicherheit verlieren.«

»Dreifrontenkrieg?«, fragt Guido ungläubig. »Gegen wen? Weshalb?«

»Wir würden alles verlieren! Hugo würde unsere Grafschaft gänzlich seinem Königreich einverleiben. König Rudolf (II.) von Hochburgund sähe eine Möglichkeit, euren Bruderzwist auszunützen. Er kehrte mit einem starken Heer zurück und forderte die Krone Italiens. Danach überfiele er mein Lothringen. Wir wären zu schwach, ihn von diesem längst geplanten Unternehmen abzuhalten. Und die Magyaren? Die würden sich freuen, wenn wir uns gegenseitig zerfleischen. Sie würden ihr Unwesen erst recht betreiben und die Macht ausbauen. Sie könnten am Ende sogar die Sieger sein. Es wäre unser aller Untergang!«

Guido schweigt betroffen. Seine Mutter war immer eine vorausschauende Strategin gewesen und meistens eine erfolgreiche. Diplomatie, Täuschung und Intrige, wenn es von Vorteil ist – Krieg, wenn er Erfolg verspricht. Krieg ist die Fortsetzung der Politik mit anderen Mitteln, wird Clausewitz 950 Jahre später sagen.

Guido weiß nichts zu entgegnen und schweigt.

Berta legt mütterlich die Hände auf seine Wangen und blickt ihm in die Augen. »Du musst dich beruhigen, mein Sohn«, sagt sie eindringlich. »Du musst begreifen und auf mich hören. Die geraubten Ländereien werden wieder uns gehören – wenn wir warten können und unsere Bedingungen stellen«, betont Berta ausdrücklich. »Ich habe einen geblendeten, handlungsunfähigen Sohn. Ich habe einen verstoßenen, verfluchten Sohn. Jetzt habe ich nur noch dich, Guido. Bitte höre auf deine Mutter!«

Ihr Blick ist traurig. Sie küsst ihr Geblüt auf die Stirn.

»Was glaubst du, mein Guter, was würde Marozia dir raten?«

Schweigen.

»Deine Gattin würde dir dasselbe raten, dessen bin ich mir gewiss«, gibt Berta gleich selbst die Antwort. »Ich möchte die Senatrix nicht zum Feind haben. Sie ist skrupellos und setzt ihre Machtinteressen ohne Rücksicht auf Verluste durch, aber mit Weitsicht, Diplomatie, Intrige, Täuschung. Wenn es sein muss, auch mit Krieg. Wir machen es ihr gleich. Wenn es an der Zeit ist, mein Sohn.«

Ein heftiger Schmerz zeichnet Bertas ebenmäßiges Antlitz. Es ist auch im Alter schön geblieben.

»Och, meine Gicht! Sie plagt mich wieder. Die Pein ist bestimmt eine Erfindung des Teufels.«

Berta gleitet mühsam in den Sessel neben dem Kamin. Sie braucht neuerdings einen Stock zum Gehen, später vielleicht einen Tragstuhl, den die Dienerschaft an den Ort ihrer Bestimmung bringt.

»Würdest du deiner Mutter ein heißes Bad zubereiten lassen? Dann geht es mir schnell besser.«

Hugo zerschmeißt wutentbrannt ein paar Krüge wegen der Dreistigkeit seines Bruders, den Schwiegervater, Graf Boso von Vienne, in Geiselhaft zu setzen und ihn – den König von Italien! – zu erpressen. Es sei eine grobe Majestätsbeleidigung, die den Tod verdiene.

Wila von Burgund ist einige Jährchen älter als ihr Mann. Sie ist die Witwe Rudolf I. von Burgund und lebt seit 912 in zweiter Ehe mit Graf Hugo aus der Provence und König von Italien. Die Vermählung war rein politisch, sie hatte nichts mit Liebe zu tun.

»Weshalb regst du dich auf, mein teurer Ehegatte?«, schaltet Wila sich besänftigend ein. »Das war doch zu erwarten. Du hättest Guidos Bruder Lambert nicht blenden und deine Mutter unter Gewaltandrohung nicht zwingen sollen, dir die Markgrafschaft zu überschreiben. Und du gibst sie Boso, meinem Vater, als Lehen weiter? Du hast dir damit den Fluch deiner Mutter zugezogen und Guidos Hass und Rachegelüste heraufbeschworen. Glaubst du, ich sehe meinen Vater gern im Kerker? Gib nach, Hugo! Dann ist Boso frei. Er ist immerhin dein Schwiegervater, und ich bin seine Tochter.«

»Ich bin der König! Ich bin die Majestät! Und ich tue, was mir beliebt!«, wirft Hugo sich stolz und selbstherrlich in die Brust.

»Ja, das bist du ohne Frage. Wenn du die Konsequenzen deines majestätischen Handelns nicht fürchtest?«, entgegnet Wila im Ton beschwichtigend.

»Du wagst es, deinen König zu kritisieren?«

»Das sei fern von mir, mein teurer Ehegatte«, weicht sie zurück.

Hugo misst den Raum mit zügigen Schritten ab, als ob dieser dabei größer würde. Dann bleibt er plötzlich stehen und stützt unwirsch die Fäuste in die Hüften.

»Was deutest du an? Meine Majestät soll ‚Konsequenzen fürchten'? Welche denn gefälligst? Sprich!«

»Es ist unklug, sich mit der mächtigen Marozia von Rom anzulegen«, meint Wila. »Sie ist Guidos Gemahlin. Legst du dich mit Guido an, dann legst du dich mit Marozia an. Und das ist gar nicht gut, glaube mir.«

»Ha!« Hugo lacht spöttisch. »Wenn es um die Macht geht,

bedeutet der Ehemann ihr gar nichts. Ich kenne Marozia. Sie ist skrupellos. Sie ist eine Schlange. Machtbesessen. Sie ließe Guido wie einen heißen Stein fallen«, ist Hugo sich sicher.

»Und wenn die Senatrix sich plötzlich mit den Ungarn gegen dich verbündet? Oder mit Rudolf (II.) von Hochburgund? Oder sie veranlasst den Papst, das Interdikt über Pavia auszusprechen?«

Die Fragen hängen ein paar Sekunden tonnenschwer im Raum.

»Mit den ungläubigen Sarazenen hat sich Marozia bereits verbündet. Sie halten still, und ihr Handel blüht in Italien auf«, fügt Wila hinzu.

Hugos Ehefrau hat Recht. Sie ist kein Dummchen, obwohl Weiber von Gott mit minderem Verstand (wenn überhaupt!) ausgestattet seien, wie man damals ernsthaft glaubte.

Guido von Tuszien reitet mit einer Kriegerschar in die Markgrafschaft seines Bruders Lambert, um den Status quo wiederherzustellen. Er nimmt das Zepter selbst in die Hand. Der lokale Adel muss ihm bedingungslose Gefolgschaft schwören. Diejenigen, die Graf Boso von Vienne bereits als Landesherrn anerkannten, werden wegen Hochverrats durch den Strang öffentlich hingerichtet. Guidos Mutter Berta übt während der kompromisslosen Säuberung die Regentschaft in seinem Namen in Tuszien aus. Sie hält ein scharfes Auge auf den prominenten Gefangenen. Sie lässt Boso durch engste Vertrauensleute in verschiedene Kerker verlegen, um eine allfällige Befreiung durch König Hugos

Hintermänner zu verunmöglichen. Zwei Befreiungsversuche stoßen tatsächlich ins Leere. Hugo ist stinksauer. Er möchte am liebsten seine Soldaten in Marsch setzen und alles klarmachen: Nicht allein die Markgrafschaft des Lambert soll seinem Königreich einverleibt, die gesamte Grafschaft Toskana soll eingegliedert werden.

Aber Hugo hält zähneknirschend still. Sein Weib Wila von Burgund hat Recht. Eine voreilige, unbedachte, majestätische Handlungsweise könnte unabsehbare Folgen haben. Hugo weigert sich hartnäckig, auf die Bedingungen Bertas gegen eine Freilassung des Schwiegervaters und Wilas Vater einzugehen. Solange Marozia in Rom stillhält?

Die Senatrix et Patricia Romanorum mischt sich nicht in den Bruderzwist ein. Aber sie hält ein Argusauge auf Norditalien. Solange der Konflikt lokal bleibt und sich nicht zu einem Flächenbrand ausweitet?

Marozia fährt jetzt eine zweigleisige Politik. Sie will weder Berta von Lothringen noch König Hugo von Italien durch ein voreiliges Eingreifen vergraulen. Sie wartet ab, auf welche Seite sich die Vorteile ihrer Machtinteressen verschieben; dann wird sie entschlossen handeln.

Wilas Unmut steigt wegen Hugos Weigerung, auf die Markgrafschaft zugunsten der Freilassung ihres Vaters zu verzichten. Berta von Lothringen lässt sie wissen, dass Graf Boso von Vienne in der Kerkerhaft trotz guter Behandlung sehr krank geworden ist. Er werde sterben, wenn nicht bald eine Lösung gefunden werde. Die Nachricht führt zum tiefen Zerwürfnis zwischen Hugo und Wila. Sie droht, nach Rom zu gehen und bei Seiner Heiligkeit, Papst Stephan VII., die Scheidung zu erwirken. Das hätte auf die Erbfolge einen irreversiblen Einfluss und den Verlust großer Ländereien in Burgund zur Folge.

König Hugo I. von Italien, Graf von der Provence und Arles, beißt sich fast die Zunge ab – und willigt ein. Ein Austausch des Translationsdokuments der Markgrafschaft gegen Graf Boso von Vienne soll an einem neutralen Ort stattfinden. Man einigt sich auf die Abtei San Columbano von Bobbio südlich der Stadt Piacenca. Beide Parteien dürfen lediglich ein halbes Dutzend Soldaten als Begleitschutz mitnehmen und keine Truppen im Umkreis von zwanzig Wegmeilen stationieren.

Die Klostergründung geht auf den irischen Mönch und Missionar Columban im Jahr 614 zurück, der ein Jahr später dort starb und heiliggesprochen wurde. Das Benediktinerkloster besitzt ein Skriptorium und betreut eine der größten Bibliotheken im frühen Mittelalter Italiens.

Graf Guido zieht die Signalglocke am Eingangstor. Abt Gerlanno (928–936) und sein Vikar treten mit einem frommen »Gelobt sei Jesus Christus« auf den Vorplatz heraus. Man erwartet geduldig den heranziehenden König Hugo und seine Begleiteskorte von sechs Mann. Unter ihnen befindet sich eine siebte Person, die im Damensattel reitet. Frauen durften damals bei herber Strafandrohung nicht wie Männer mit gespreizten Beinen reiten. Es wäre höchst unsittlich, und

Wollust könnte empfunden werden. Zudem würden beim Ritt die inneren Organe herausfallen.

»Bruder Abt, seid gegrüßt! Du bist schon da, Guido von Tuszien, Sohn meiner erhabenen Mutter?«, ruft Hugo dem Bruder zu und zügelt den Rappen.

»Man sagt, man solle einen König nicht warten lassen«, erwidert Guido beherrscht. Er will keinesfalls provozieren, so dass der Austausch platzt.

»Wohl gesprochen, Bruder!« Ist da ein zynischer Unterton zu hören?

»Lassen wir die Förmlichkeiten. Es ist kalt. Es schneit. Bringen wir's hinter uns. Bruder Abt: Fangt an!«, ergreift Guido die Initiative.

Die unbekannte Begleitperson ist Wila von Burgund. Sie sitzt in der zweiten Reihe hoch zu Ross hinter ihrem Gatten – aus zwei Gründen: Sie will den verfeindeten Guido mit eigenen Augen sehen und den Vater nach seiner Freilassung begrüßen.

»Halt, halt, nicht so geschwind, Bruder Abt!«, interveniert Hugo und lacht. Er rückt sich im Sattel zurecht. »Wo ist Graf Boso von Vienne? Ich sehe meinen Schwiegervater nicht. Willst du mich übers Ohr hauen, Brüderchen? Das würdest du nicht wagen. Es bekäme dir schlecht. Sehr schlecht sogar.«

Guido gibt das Zeichen. Der Trompeter in seinem Begleittrupp gibt das Signal. Die Geisel tritt durchs Klostertor ins Freie. Guido brachte ihn am Vortag zu den Benediktinern, die ihn seither bewachen und betreuen. Boso scheint gesund und im Vollbesitz der Kräfte zu sein.

»Her zu mir, Graf von Vienne!«, befiehlt Guido. »Das Dokument, Hugo! – Majestät! Wenn ich bitten darf!«

Ein Leutnant im Gefolge überreicht es mit gesenktem Haupt dem König.

»Du meinst dieses hier? Das von Boso hast du gewiss bereits vernichtet.«

»Gib es dem hochehrwürdigen Bruder Abt Gerlanno.«

»Du glaubst, es ist eine Fälschung? Ich gäbe dir ein gefälschtes Dokument?«

»Der Abt wird es verifizieren. – Gib es ihm, Bruder!«

Wila von Burgund rutscht aus dem Sattel und springt in den Schnee. »Das übernehme ich, mein König!«

Sie nimmt es dem Gatten aus der Hand und tut wie geheißen. Gerlanno entrollt das Schriftstück, liest und studiert die beiden an einem Band herabhängenden Siegel. Flocken rieseln lautlos auf die Klosterdächer und eine wunderschön verschneite Landschaft. Wila umarmt den Vater.

Der Vorsteher der Abtei San Columbano von Bobbio und sein Stellvertreter bestätigen die Echtheit des Dokuments und der Siegel.

»Der ehrwürdige Vikar gebe mir das Dokument. Und Ihr, Graf von Vienne, könnt gehen.«

»Bist du nun zufrieden, Bruder?« Hugo lacht spöttisch. »Was tust du?«

»Ich verbrenne die Schriftrolle, damit du nicht auf die

Idee kommst, sie mir wegzunehmen und den Boso wieder als Markgrafen einzusetzen«, lautet die Antwort lakonisch. »Wer ist die Frau, die mit dir reitet?«

»Das ist Wila von Niederburgund, meine Königin und Gattin. Du verdankst es ihr, dass ich nachgegeben habe.«

Guido erweist der Frau die Ehre. Sie zwingt sich ein wohlwollendes Lächeln ab und führt den Herrn Papa zu einem mitgeführten Pferd. Boso schwingt sich behänd in den Sattel. Das Pergament verbrennt im Schnee zu einem wertlosen Häufchen Asche.

Hugo nimmt die Zügel auf. »Eine Frage, bevor ich reite. Ich dachte, Graf Boso von Vienne sei im Kerker schwer erkrankt. Er würde bald sterben. Nun ist er putzmunter?«

»Es war eine kleine List unserer Mutter Berta«, erwidert Guido schelmisch. »Wie du siehst, es hat funktioniert. Du hast nachgegeben, Bruder. Dein Schwiegervater ist jetzt unversehrt frei, und die Translation der Ländereien in dein Königreich ist null und nichtig!« - -

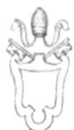

Wila von Niederburgund stirbt nach kurzer Krankheit an einem heftigen Fieber, an der »heißen Lunge«, wie der Medikus die Lungenentzündung bezeichnet.

Für König Hugo ist es ein unheilvolles Jahr: Er verliert

seine königliche Gemahlin; vor wenigen Monaten segnete seine Tochter Judith das Zeitliche und wenige Wochen später sein Sohn Ludwig, zwei Kinder, die Wila ihm geboren hatte. Es ist ein harter Schlag, denn Hugo hatte Großes mit Ludwig vor, und Judith war für das Königreich Italien vorteilhaft verheiratet gewesen.

Drei Todesfälle im gleichen Jahr? Straft Gott den König für sein brutales Blutvergießen am eigenen Volk? Die Kerker bersten von vermeintlichen Verrätern, Attentätern und Kollaborateuren, man würde sie heute politische Gefangene nennen. Der Scharfrichter von Pavia ist ausgelastet. An jedem dritten Tag findet eine öffentliche Hinrichtung statt. Hugo erstickt jeden Umsturzversuch im Keim, jeden Aufstand blutig – brutal – gnadenlos!

Jetzt bezichtigt der König den Medikus, seine Gattin zu oft zur Ader gelassen zu haben, er schwächte sie zu Tode. Er verschulde Wilas Tod. Hugo verurteilt den Fehlbaren am Totenbett seiner Gattin zum Tod durch Enthauptung und lässt den Mann festnehmen. Da wirft sich der Doktorassistent vor die Füße Seiner Majestät. Er fleht untertänigst um die Erlaubnis, sich erklären zu dürfen.

Hugo stoppt die Leibgardisten vor der Tür von Wilas Schlafgemach, die den Medikus zur Hinrichtung abführen.

»Sprich!«

»Alle Krankheiten beruhen auf der Viersäftetheorie, Majestät«, sagt der junge Mann auf Knien und tief gesenktem Haupt.

»Das weiß ich. Sie beruht auf Blut, Schleim, gelber und schwarzer Galle«, schiebt der König unwirsch ein. »Was willst du sagen? Sag es schnell!«

»Geraten diese vier Säfte aus dem Gleichgewicht, entstehen Krankheiten und oft hohes Fieber, Eure Majestät«, fährt der Doktor untertänigst fort. »Die großen Ärzte Hippokrates und Galen von Pergamon sagten, dass Krankheiten nur durch Aderlass, Eiter- und Urinentnahme, den Schweiß und gute Medizin kuriert werden können. Wir mussten die erhabene Wila, Eure teure Gattin, zur Ader lassen. Wir haben ihren Schweiß mit Essig gekühlt. Ihre Lunge hat schleimigen Eiter ausgeworfen. Wir haben alles getan, was Gott uns Ärzten als Heilmittel in die Hände legte. Wenn Ihr, Majestät, darin eine Verfehlung seht, dann straft mich. Ich habe die erhabene Wila zur Ader gelassen. Es war mein Fehler, wenn ich im Heilungseifer ihrem Körper zu viel Blut entnahm und ihn dadurch schwächte. Bestraft mich und nicht Euren Medikus, Majestät!«

Gespannte Stille lähmt jede Bewegung im Raum. Hugo überlegt. Wird er das Todesurteil widerrufen? Wird er den ärztlichen Kunstfehler dem Assistenten anlasten und ihn köpfen lassen?

»Mit Verlaub, Majestät, möchte ich demütigst hinzufügen, dass die erhabene Wila durch die Gnade Gottes fast sechzig Jahre lang leben durfte, ein weit über dem Durchschnitt aller Menschen liegendes Alter. Es war der göttliche Wille unseres Herrn Jesus Christus, der sie jetzt zu sich gerufen hat. Wir

Doctores sind machtlos gegen den göttlichen Willen mit all unserer bewährten Heilkunst, Majestät.«

Das leuchtet ein.

»Lasst ihn! Der Medikus kann gehen. Er ist frei und bleibt in meinen Diensten.«

König Hugo wendet sich dem Mann zu seinen Füßen zu. »Du hast mich überzeugt, Doktorassistent«, stellt er milde fest. »Eure Heilkunst trifft keine Schuld am Tod meiner Gemahlin. Es war das Alter, die Krankheit und der Wille Gottes, die mein Weib sterben ließen. – Habt Ihr, Kaplan, der Wila das Heilige Sakrament der Ölung gespendet?«

Der Hausgeistliche der Palastfestung neigt ergeben das tonsurierte Haupt. Wila habe gebeichtet und die Letzte Ölung empfangen. Man habe gemeinsam gebetet. Dann sei sie friedlich entschlafen. Ihre Seele sei jetzt bei Gott dem Herrn.

Die Todeskunde der Wila von Burgund verbreitet sich wie ein Lauffeuer im Land und weit darüber hinaus. Sie erreicht Marozia in Rom während der Einweihung eines Waisenhauses. Es ist eine Spende für die ärmsten der armen Kinder. Sie unterstützt den Ausbau der Hospitäler in den Klöstern aus der Privatschatulle und lässt einen Palast der Theophylakts in ein städtisches Krankenhaus umbauen. Mönchsklöster erhalten Spendengelder zum Ankauf von Schriftrollen aus Arabien für die Vergrößerung der Bibliotheken. Ein Teil fließt in die Mönchsschulen und die Skriptorien. Die Senatrix-Patricia von Rom setzt im Senat durch, dass in den Nonnenklöstern Bildungsstätten für die Kräuter-, Heil- und Pflegekunde eingerichtet und unterhalten werden. Das nütze den Patienten und dem Spitalbetrieb. Sie erkennt die unseligen Zustände in den Frauenhäusern, sprich Bordellen. Der Senat erlässt Richtlinien für die Frauenwirte, dass die Dirnen anständig behandelt, recht gekleidet und sauber gehalten werden müssen. Eine erkrankte Hure habe Anspruch auf eine angemessene ärztliche Behandlung und eine Dispensierung vom Liebesdienst bis zur Genesung.

Marozia tut das nicht uneigennützig. Es gereicht ihr zu hohem Ansehen als Mutter Roms, die sich um ihre Kinder kümmert und auch den Klöstern Gutes tut. Es vergrößert ihre Anhängerschaft und schwächt die Gegner im Senat, die sie als mitleidlose Tyrannin und Pornokratin desavouieren und intrigieren. Die Senatrix darf neuerdings durch die Straßen prozessieren, ohne von den Römern verflucht und mit Steinen und Abfall beworfen zu werden.

Die Todesnachricht der Wila von Niederburgund kommt gelegen. Der Gedanke, zur Königin von Italien zu avancieren und später Römische Kaiserin zu werden, lässt Marozia nicht mehr los. Sie muss handeln, solange König Hugo um seine verblichene Gattin trauert und nicht auf Brautschau geht. Sie macht ihm ein Angebot, das er unmöglich ablehnen kann: Sie bietet sich als mächtigste Frau Italiens Hugo zu ehelichen an mit der vor Gott geschworenen Verpflichtung, ihn vom Papst in Rom zum Römischen Kaiser zu krönen. Sie werde sich bei einer Zusage, durch die von Gott gegebene päpstliche Lösegewalt, von Graf Guido von Tuszien scheiden lassen.

Die königliche Zusage erfolgt in wenigen Tagen. Ein Ehebund mit Marozia macht Rudolf (II.) von Hochburgunds Machtgelüste für das Königreich Italien zunichte. Die Vermählung dehnt Hugos Macht auf Rom und die Kirche aus. Marozia ist im fortgeschrittenen Alter eine sehr attraktive Frau geblieben und gewiss noch fruchtbar. Hugo müsste sich nicht überwinden, mit ihr das Lager zu teilen, um für das Römische Reich ein paar Erben zu zeugen. Die römische Kaiserkrone war ein illusorischer, lang gehegter Wunschtraum. Jetzt ist sie plötzlich greifbar geworden!

Guido von Tuszien ist verärgert. Er verweigert die Scheidung. Marozia gibt ihm Bedenkzeit. Er weigert sich weiterhin. Es geht um Macht und nicht um Liebe.

»Du lässt mir keine Wahl, Guido«, sagt sie zum Gatten.

»Dann bringst du mich jetzt wohl um, um das Problem zu lösen? Dann wärst du frei.«

»Ich möchte Freundschaft mit dir und deiner Mutter Berta halten«, weicht die Senatrix aus. »Rom, Tuszien und Lothringen sollen wegen einer Ehescheidung keine Feinde sein. Es würde sich für dich nichts ändern, Guido«, sagt sie eindringlich und fordert ihn auf, die Herrschaft in Tuszien weiterhin auszuüben. Sie dürfe sich aber nicht gegen das Königreich Italien wenden oder gegen Rom. »Sei einsichtig und geh. Ich bitte dich, geh!«

Guido lacht spöttisch auf. »Ha, die mächtige Senatrix und

Patricia von Rom bittet! Ich dachte, sie befiehlt! Ich werde nicht nach Tuszien gehen. Hast du vergessen: Hugo ist mein Erzfeind! Er hasst mich! Und ich hasse ihn noch viel mehr! Du willst sein Weib sein? Da lacht ja der Teufel! Mutter hat meinen Stiefbruder verflucht, falls dir das entgangen ist. Und so einen willst du heiraten? Ich bin dagegen, kapiert?!«

Marozia lässt Guido festsetzen. Vielleicht wird er im Gefängnis vernünftig und einsichtig. Er setzt sich gegen den Zugriff der Leibgardisten heftig zur Wehr, die unter Hauptmann Marios Kommando stehen. Sie müssen den Gefangenen mit brutaler Gewalt aus dem Raum schleppen.

Die Verhandlungen mit Hugo ziehen sich hin. Soll der Ehebund in Rom oder in Pavia geschlossen werden? Welche wird als kaiserliche Hauptstadt auserkoren?

Man einigt sich auf Rom. Ein weiteres Problem taucht auf. Seine Heiligkeit, Papst Stephan VII., weigert sich, die Ehe Marozias von Guido zu lösen. Die Senatrix und Patricia fackelt nicht lang. Sie bezichtigt ihn des Meineids und des Verrats, schließlich hat er ihr unverbrüchliche Gefolgschaft und Gehorsam vor Gott geschworen. Marozia setzt ihn kurzerhand ab. Er landet im Kerker der Engelsburg. Sie beruft das Konklave ein, und jetzt passiert etwas Ungeheuerliches: Sie befiehlt den Kurienkardinälen, ihren einundzwanzigjährigen Sohn Johannes, der noch Bischof ist, zum Papst zu wählen. Papst Sergius III. (904–911) hatte Marozia den Johannes gezeugt, als Theodora (I.), ihre Mutter, sie dem Heiligen Vater als Freudenmädchen zuführte. Sergius, ein Graf von Tusculum, der Sippe des Theophylakt zugehörend, hatte seinen päpstlichen Vorgänger Christophorus nach wenigen Wochen im Amt eingekerkert und kurzerhand erwürgen lassen. Daraufhin ließ er sich auf den Thron Petri erheben …

Johannes wird umgehend als Papst Johannes XI. inthronisiert und mit allen Insignien ausgestattet. Seine erste Amtshandlung ist, die Scheidung seiner Mutter von Graf Guido von Tuszien auszusprechen und zu sanktionieren. Der Weg zu Marozias dritter Ehe mit Hugo von Arles, der Provence und König von Italien ist jetzt frei!

Geldbeutel aus unbekannter Hand wechseln erneut den Besitzer. Finstere Gestalten schleichen tief nachts durch die dunklen Korridore der Engelsburg. Sie machen es, wie sie es vor einiger Zeit beim abgesetzten Papst Johannes X. gemacht haben. Meuchelmörder dringen in den Kerker des größenwahnsinnigen, verrückt gewordenen Leo VI. ein und erdrosseln den gestürzten Papst kaltblütig. Stephan VII. erfährt das gleiche unrühmliche Schicksal. Sie verschwinden ohne großes Aufsehen von der Bildfläche und sind bald vergessen. Und der störrische Graf Guido von Tuszien?

Die Wachen finden eines Morgens Marozias geschiedenen Ehemann erhängt in seiner Zelle. Selbstmord? Eine fiese Hinrichtung als Selbstmord getarnt?

Niemand mag bei Hofe und in der Stadt an einen Selbstmord glauben. Graf Guido II. von Tuszien war ein unmoralischer Lebemann, aber ein frommer Mann, und Selbstmord ist eine schwere Sünde, die das Seelenheil verwirkt. Die Herrin Roms rechnet insgeheim mit dem unliebsamen zweiten Ehegatten ab und macht für Hugo reinen Tisch, munkelt man unter vorgehaltener Hand. Für Marozias Mordbefehl gibt es keine Beweise, obwohl alle wissen, dass sie ihn erteilte. Es ist anzunehmen, dass sie ebenfalls hinter der Ermordung der drei abgesetzten Päpste steht.

Die Senatrix et Patricia Romanorum rettet ihren zwielichtigen Ruf als Mutter Roms durch großzügige Almosen an die Armen und Spenden an den Stadtadel, um ihre Gefolgschaft zu erkaufen. Die brodelnde Gerüchteküche kommt schnell zum Schweigen. Eine königliche Hochzeit steht jetzt bevor. Sie soll im kleinen Kreis in der Engelsburg stattfinden. Das Königspaar soll noch vor Weihnachten von Papst Johannes XI., Marozias päpstlichem Sohn von Sergius, zum Kaiserpaar gekrönt werden – prächtig – farbig – mit Fahnen, Pauken und Trompeten …

Graf Bonifatius von Tusculum ist weder durch Exzesse noch durch auffallende Unternehmen ins öffentliche Rampenlicht getreten. Er hat seine ältere Schwester Marozia im Senat stets treu unterstützt und sich nie für fiese Intrigen einspannen lassen. Er ist für sie jetzt der Richtige, in Tuszien den Status quo zu erhalten.

»Komm, mein lieber Bruder, lass dich umarmen«, begrüßt sie ihn herzlich. »Ich möchte mich für deine Treue bedanken. Ich möchte, dass du in Tuszien Guidos Herrschaft übernimmst, da er leider nicht mehr unter uns weilt. Ich trauere zutiefst um ihn und bedaure seinen tragischen Selbstmord.

Möge Gott es ihm verzeihen«, sagt sie, von Gefühlen überwältigt, schluckt, und das Tränenwasser steigt in ihre Augen. »Bitte glaube nicht, was die Leute über mich sagen, Bonifatius. Es sind dumme Gerüchte, böse Lügen von Intriganten, die mir schaden wollen.«

Eine bleierne Stille befällt den Raum. Bonifatius hütet sich, etwas zu sagen. Tief im Herzen fürchtet er die Schwester; er weiß, wozu sie fähig ist, wenn es um Macht und Einfluss geht. Marozia räuspert sich und bringt den Gefühlsausbruch unter Kontrolle. Sie ist ein Chamäleon, eine perfekte Schauspielerin. Sie gießt zwei Becher Wein ein und drückt einen sanft in die Hand des Bruders.

»Was sagst du dazu, Bruderherz?« Ihre schönen Augen funkeln.

»Was meinst du, Schwester? Die Herrschaft in Tuszien? Oder das, was die Leute sagen?«

»Beides.« Sie lächelt verschmitzt.

»Du weißt, Marozia, ich habe nie auf das Geschwätz der Leute gehört«, antwortet er zögerlich. Nur kein falsches Wort!

»Stimmt, das hast du oft bewiesen«, schiebt sie kurz ein.

»Ich frage mich, bin ich fähig, die Herrschaft in Tuszien zu übernehmen? Eine so große Verantwortung?«

»Natürlich bist du das. Genauso wie unser Schwesterherz in Tusculum«, sagt Marozia überzeugt. »Theodora herrscht gut und konsequent nach den geltenden Gesetzen. Genauso gut und konsequent wirst du in Tuszien nach den geltenden

Gesetzen herrschen. Ich bin für euch da, wenn ihr einen Rat benötigt oder Hilfe braucht, versprochen!«

Bonifatius' Adamsapfel tanzt auf und ab. Wenn es die mächtige Schwester sagt, dann trifft's wohl zu.

»Stoßen wir darauf an! Ich wusste, dass du die Verantwortung übernehmen wirst. Du hast übrigens die genuesischen Schiffe für die Getreidelieferungen aus Sizilien hervorragend organisiert. Seither sind Roms Beziehungen zu Genua eng und gut. Ich danke dir.«

Die Becher berühren sich kurz am Rand. Sie trinkt entschlossen, er eher verlegen, was ihr nicht entgeht. Marozia hat ein gewichtiges Argument in petto.

»Du solltest jetzt mehr Selbstvertrauen zeigen, mein teurer Bruder«, wechselt sie die Stimmlage, ohne vorwurfsvoll zu sein. »Du bist in Tuszien nicht allein. Berta von Lothringen ist eine gute Freundin von mir. Sie war schon bei Guido die graue Eminenz bei Hofe. Ich empfehle dir: Höre auf ihren Rat. Mache sie zu deiner Beraterin. Berta ist eine alte Frau geworden und leidet an der Gicht, wie ich hörte. Du musst dich auf deinen eigenen Hofstaat von Getreuen verlassen können, wenn sie eines Tages das Zeitliche segnet. Vielleicht heiratest du eine von Bertas Töchtern? Das würde unsere Länder noch enger zusammenbringen. Mein Sohn Johannes, der Papst, würde eine anstehende Scheidung problemlos sanktionieren.«

Marozia geht zum Schreibstehpult des Privatsekretärs am Fenster. Sie überreicht Bonifatius ein vorbereitetes Schreiben. Es trägt die Siegel der Grafen von Tusculum und der Senatrix von Rom.

»Das ist ein Kondolenzschreiben«, antwortet sie auf die Frage des Bruders. »Darin gebe ich meinem höchsten Bedauern wegen Guidos Tod Ausdruck. Berta von Lothringen war immerhin seine Mutter. Ich erkläre ihr, dass Guidos Hass gegen Hugo, seinen Halbbruder, meine Scheidung von ihm und die Vermählung mit dem Manne, den er am meisten verabscheute, ihn verzweifeln ließen und er sich tragischerweise das Leben nahm. Ich bitte Berta in diesem Brief ergebenst, sie möchte den Mutterfluch von meinem zukünftigen Gatten nehmen, damit unsere Liebe in der Gnade Gottes erstrahlen möge.«

Schweigen. Die Worte »ergebenst« und »Liebe in der Gnade Gottes« klingen in Bonifatius' Ohren nach. Die Ausdrucksweise passt überhaupt nicht zu seiner Schwester.

»Liebst du den Hugo von Arles, der Provence, den König von Italien denn wirklich?«, wagt er sie zu fragen.

»Was glaubst du denn, mein teurer Bruder?«

Der Gefragte schweigt betroffen und senkt den Blick. Die Frage bleibt unbeantwortet. Es ist offensichtlich, die Vermählung erfolgt aus rein machtpolitischen Gründen.

»Ich erbitte ferner von Berta in diesem Schreiben, die Freundschaft mit Rom fortzusetzen, was mir eine ganz besondere Ehre wäre«, kommt Marozia zum Thema zurück. »Ich erbitte von ihr, meinen teuren Bruder, Graf Bonifatius von Tusculum – also dich! –, als Grafen von Tuszien anzuerkennen und zu unterstützen, im Namen unserer ewig währenden Freundschaft.«

Marozia blickt auf die Stadt jenseits des Tibers und die Brücke Pons Aelius. Es herrscht ein geschäftiges Treiben. Sie schließt das kleine Butzenscheibenfenster und schlendert gemächlich durch den Raum.

»Willst du die Nachricht Berta überbringen und es sagen, wie ich es dir gesagt habe?«

Bonifatius scheint von der neuen Aufgabe überrumpelt und überfordert zu sein. Er schluckt ein paarmal leer.

»Das werde ich, Schwester«, überwindet er sich zu sagen. »Wann reise ich ab?«

»Wann du willst. Ich habe es auch unserer Schwester Theodora nicht vorgeschrieben«, erwidert Marozia milde. »Ich würde es begrüßen, wenn es bald sein würde. Ich bedaure außerordentlich, dass du an meiner Hochzeit nicht da sein wirst. – Jetzt küss mich, Bruderherz, und glaube ja nicht, ich möchte dich aus Rom wegschicken. Du erfüllst in Tuszien eine sehr wichtige Aufgabe für Rom.«

»Für mich« wäre zutreffender gewesen!

Kurze förmliche Umarmung. Bonifatius küsst die mächtige Schwester auf die Stirn. Ihre wohlgeformte, gepflegte Hand streicht zärtlich über seine Wange. Vier getreue Familienmitglieder amten jetzt als Marionetten der Senatrix: die Schwester Theodora in Tusculum, die Brüder Adalbert in Sizilien, Bonifatius in Tuszien und ihr Sohn, Papst Johannes XI., auf dem Stuhl Petri. Ungetreue und Verräter, die

Marozia hätten gefährlich werden können, sind weitgehend ausgeschaltet. Jetzt steht die Heirat mit dem König von Italien an. Die Pornokratie nähert sich dem Höhepunkt. Sie soll durch Marozias Krönung zur Römischen Kaiserin den Zenith erreichen! - -

Marozia sorgt höchstselbst für einen rauschenden Empfang von König Hugo I. von Italien. Bettler, Dirnen, Säufer und Ganoven wurden von der bekränzten Triumphstraße zum alten Forum rigoros entfernt. Rom wurde herausgeputzt und soll einen guten Eindruck machen. Eine Armee von Soldaten schützt den königlichen Tross vor unliebsamen Zwischenfällen. Die Senatrix und Patricia begrüßt den stattlichen Mann auf dem Rostrum im Kreis der Senatoren und des Stadtadels. Seine Heiligkeit, Papst Johannes XI., steht an der Seite seiner Mutter und macht gute Miene zum bösen Machtspiel. Das Volk ist angehalten, Seiner königlichen Majestät tosenden Beifall zu spenden.

Hugo genießt ausgiebig das Bad in der Menge. Er nimmt die Ehrerbietungen stolz und erhaben an der Seite Marozias entgegen. Die Hochzeitsdelegationen mussten drei Tage lang verhandeln, ob ein König der Senatorin Roms den Steigbügel halten dürfe, um ihr in den Damensattel zu helfen. Das Halten des Steigbügels ist ein alter römischer Unterwerfungsritus, der eine übergeordnete Autorität anerkennt.

Posaunen erschallen. Ein Herold verkündet, dass der Bräutigam durch diese Geste seine Braut ehre und sie stütze. Sie habe keine andere Bedeutung. Hoch zu Ross reiten das Brautpaar und das königliche Gefolge feierlich entlang von jubelnden Menschen dicht gesäumten Triumphstraßen über die Pons Aelius zur Residenzfestung am Tiber, um im kleinen Kreis den Ehebund zu schließen.

In der Hauskapelle der Engelsburg finden wenige Leute Platz. Es sind die wichtigsten der beiden Heiratsparteien. Marozias Sohn Johannes vollzieht die Trauungszeremonie als Bischof von Rom und nicht als Papst, der er in Personalunion ist seit Gregor I. dem Großen (590–604). Vor dieser Zeit gab es noch keinen historisch verbürgten Papst. Es gab nur Bischöfe, und der Bischof von Rom war seit je der »Primus inter Pares«.

Es brauchte sechs Verhandlungstage, um den heiligen Brautschwur so weit abzuändern, dass das Weib dem Mann nicht untertan sei und ihm bis zum Tod zu gehorchen habe. Papst Johannes XI. sprach schließlich das Machtwort auf Befehl der Mutter, diesen Passus ganz zu streichen oder die Hochzeit sei geplatzt. Hugo musste nachgeben. Die heiß begehrte Kaiserkrone wäre verloren gewesen.

Die Ringe werden ausgetauscht. Der Ritus ist ebenfalls eine altrömische Sitte. Man glaubt, vom Ringfinger der linken Hand führe ein Liebesnerv direkt zum Herzen, und die Ringe verbinden die Herzen bis zum Tod.

Die Senatrix hebt den Gesichtsschleier und empfängt den Kuss des Gatten auf den Mund. Die Augen müssen offen bleiben, damit nicht der Eindruck der Wollust entsteht. Dann werden die mühsam ausgehandelten und vorbereiteten Eheverträge unterzeichnet und gesiegelt.

Dreißig Posaunen dröhnen von den Zinnen der Engelsburg über die Stadt. Das frisch vermählte Königspaar präsentiert sich Hand in Hand auf dem Balkon über dem Hauptportal dem Jubel des Volkes. Die Engelsbrücke und das Tiber-Ufer vor dem Stadtwall sind schwarz von Menschen. Tausende sind gekommen, um den Majestäten zu huldigen. Papst Johannes XI. segnet das frisch vermählte königliche Paar mit dem Stabkreuz im Namen des Vaters und des Sohnes und des Heiligen Geistes. Alle sollen sehen und es bekunden: Die Heirat ist Gottes Wille und steht unter himmlischem Schutz. Von nun an sind Marozia von Tusculum und Rom und Hugo von Arles, der Provence und König von Italien, vor Gott und der Welt ein Ehepaar. Die Senatrix darf sich jetzt Königin und nicht bloß Prinzessin von Italien nennen. Der Titel ist eine hart errungene Voraussetzung ihrer Heiratseinwilligung gewesen, nun festgehalten im Ehevertrag. Hugos Ehrgeiz, Römischer Kaiser zu werden, veranlasste ihn, fast allen Forderungen Marozias nachzugeben. Sie ist jetzt an der Spitze ihrer Macht angelangt. Aber der Ehrgeiz will höher hinaus und die kaiserliche Würde erlangen!

Jetzt betritt Marozias Sohn Alberich II. aus erster Ehe mit Alberich (I.) von Spoleto die Bühne der Geschichte. Er ist volljährig. Das natürliche Geburtsrecht bringt ihm den Titel und den Sitz eines Senators von Rom. Marozia muss feststellen, Söhnchen Alberich ist nicht der hörige und willige Gefolgsmann der Mutter. Er ist in letzter Zeit eigene Wege gegangen und vertritt gegenteilige Meinungen. Marozia wittert plötzlich Gefahr aus jener Ecke. Sie behält sein Tun und Lassen scharf im Auge. Sie wird keinen Moment lang zögern, ihr eigenes Fleisch und Blut zu »entfernen«, wenn es unvermeidlich ist.

Das Hochzeitsmahl findet in der Engelsburg statt. König Hugo schlägt den geladenen Gästen vor, dass an diesem feierlichen Abend Alberich das hohe Amt des Mundschenks zukomme, zu Ehren seiner Mutter und ihres neuen, angetrauten Gatten. Der Sohn sorge für stets gefüllte Becher des Königspaars und der Hochzeitsgesellschaft. Eine Weigerung wäre eine herbe Beleidigung gewesen. Marozias feine Wahrnehmung registriert Alberichs widerwilliges Unbehagen. Weshalb erhebt Mutter keinen Einspruch? Sie hätte einen anderen vorschlagen können. Der Mundschenk ist ein Diener. Weinausschenken und rangniedrige Hochzeitsgäste bei Tisch zu bedienen sind für Alberich eine ehrlose Arbeit, eine Demütigung, eines Grafen von Spoleto und Tusculum und Senators von Rom unwürdig. Er macht gute Miene zum bösen Spiel und füllt resolut die Becher mit Wein.

Man trinkt auf das Wohl des Königspaars und wünscht einen reichen Kindersegen.

»Forderst du jetzt auch das ‚Recht auf die erste Nacht‘ von

deiner frisch vermählten Braut, Stiefvater?«, spottet Alberich und grinst.

Jede Bewegung erstarrt im Saal. Man kann das Feuer im Kamin und die Fackeln an den Wänden knistern hören. War das eine Majestätsbeleidigung?

König Hugo lässt sich nicht provozieren und bricht in schallendes Lachen aus.

»Ich fürchte, das wird wohl kaum nötig sein, mein lieber Senator«, verkündet er gefasst und lacht noch lauter. Marozia stimmt in sein Gelächter ein, bald die ganze Schar der Hochzeitsgäste.

»Spielt auf!«, befiehlt der König und gibt das Zeichen. »Darf ich bitten, liebe Marozia?«

Das Orchester stimmt einen fröhlichen Reigen an. Die Senatrix erhebt sich vom Thronstuhl neben dem ihres Herrn Gemahls am Kopfende der Hochzeitstafel und reicht elegant die Hand zum Tanz. Man lässt Alberich einfach unbeachtet und bestraft die ungehörige Frage nach dem »Jus primae Noctis« mit Humor und Ignoranz.

Papst Johannes XI., Marozias zweiundzwanzigjähriger Sohn von Papst Sergius III., bittet seine kindliche, fünfzehnjährige Mätresse zum Tanz. Es ist ein bildschönes Mädchen. Johannes versäumt es nie, seinen Samen ausgiebig an schöne junge Mädchen zu verteilen. Seine zweite Amtshandlung war nach dem Scheidungsspruch seiner Mutter von Guido von Tuszien, das Mätressenverbot im Lateran zu widerrufen, das sein Vorgänger erlassen hatte. Leichte Damen, Konkubinen und Kurtisanen gehen im päpstlichen Palast wieder frei ein und aus.

»Mehr Wein!«

Hugo hält Alberich den leeren Becher hin. Ein Schwall schwappt aus dem Krug über die Hochzeitsrobe des Königs. Zu stolpern, das war Absicht! Eine Herausforderung der königlichen Majestät! Hugo springt auf die Beine. Eine Ohrfeige klatscht auf Alberichs Wange. Jede Bewegung gefriert im Saal zu Eis.

»Entschuldige dich bei deinem Stiefvater für die Tollpatschigkeit«, sagt Marozia nach einer kleinen Weile zum Sohn. Alle hören es. Alberich hält sich die Backe. Des Königs Hand hat einen roten Abdruck hinterlassen.

»Das werde ich nicht!«, weigert er sich gekränkt und störrisch vor aller Ohren. Ein Widerspruch vor versammeltem Hofstaat und den Adelsgästen?

»Tue es, Alberich! Auch wenn's unbeabsichtigt gewesen war. Tue es, bitte!«, lautet der mütterliche Befehl. »Dann sei es vergeben und vergessen!«

Die Luft im Saal vibriert vor Spannung. Wird der Sohn gehorchen?

»Ach, lass es, meine Liebe!«, kontert König Hugo und lacht schallend auf. »Ihr alle habt's gesehen: Der gute Alberich ist ja nicht mal fähig, einen Becher Wein zu füllen, ohne einen Tropfen zu verschütten. Ich frage mich, wie kann er ein verantwortungsvolles Amt ausüben? Ich verzeihe ihm. Er ist halt ein unachtsamer Jüngling.«

Die Hochzeitsgesellschaft stimmt in das polternde Lachen ein. Sogar Marozia lacht, was Alberich zutiefst verletzt. Zuerst erniedrigt sie ihr Geblüt zum Mundschenk, dann macht sie ihn auch noch vor dem Hofstaat zum Gespött.
»Musikanten, Komödianten, Artisten, Bänkelsänger: Spielt auf für die königliche Hochzeitstafel!«
Marozia hebt die Hand und gibt das Zeichen. Feuerschlucker, Kraftathleten und spärlich bekleidete schwarze Tänzerinnen stürmen in den Saal. Die Dienerschaft trägt zu wildem Trommelklang und lauter Musik das Festmahl auf. Auf einem Wildschwein thront ein Zwerg und schwingt die Narrenkappe. Fasane, Wildbret und ein köstlich gebratener Ochsenschenkel werden aufgetragen. Der peinliche Zwischenfall ist in der nächsten Sekunde vergessen. Alberich kocht vor Wut und verlässt den Saal. Er fühlt sich gedemütigt und gekränkt. Sogar Mutter hat ihn ausgelacht!
Marozia verlangt die Laute. Sie schlägt gekonnt die Saiten und stimmt ein ergreifendes Liebeslied an. Die Pfeifer, Trommler und die Drehleiher des Orchesters nehmen die fröhliche Melodie auf. Die Stimme ist rein und klar und voll Gefühl, das das Herz berührt. Man hätte es dieser ehrgeizigen, machtbewussten Herrscherin nicht zugetraut. Die Hochzeitsgesellschaft lauscht gebannt. Schlägt da ein empfindsames, mitfühlendes Herz verborgen in Marozias Brust?
Ein erhabenes Lächeln quittiert den stürmischen Beifall. Ein zweites Lied? Marozia gibt dem Begehren wohlwollend

nach. Es ist ein Volkslied, das alle kennen. Man stimmt frohgemut mit ein …

Spione berichten Marozia, dass Alberich ihren Ehemann hasst und ablehnt. Er beneide die Karriere seines Halbbruders Hugo, der jetzt sein Stiefvater ist. Er habe schon Guido von Tuszien, ebenfalls ein Halbbruder, verabscheut. Marozias Vertraute munkeln, Alberichs Herz sei hass-, rache- und neiderfüllt. Er zürne der Mutter den unbändigen Ehrgeiz und Willen zur Macht und verurteile ihr unmoralisches Lotterleben als Mätresse. Er versteigt sich zu sagen, es herrsche eine Hurenherrschaft, eine Pornokratie in Rom. Alberich schürt insgeheim Ungemach und Opposition gegen die Mutter und ihren Ehemann. Würde der Senat Alberich zum Vorsitzenden wählen, dann setzte er der Unmoral, der Tyrannei, der Willkür, der Hurenherrschaft ein Ende. Das Gesetz, das Recht und die Gerechtigkeit hätten in Rom wieder Geltung. Das riecht höchst bedrohlich nach Umsturz. Marozia wird rasch handeln müssen. Sie kann den Sohn unmöglich gewähren lassen. Sie erhoffte, ein ergebenes Familienmitglied an ihrer Seite zu haben, das hohe Ämter bekleidet und große Taten im Namen Roms vollbringt.

Das Bekanntwerden der Kaiserkrönung noch vor Weihnachten in der Petersbasilika bringt das Fass zum Überlaufen. Marozia lässt sich durch ihren leiblichen Sohn, Papst Johannes XI., den sie selbstherrlich auf den Stuhl Petri erhoben hatte, zur Römischen Kaiserin krönen?

Das ist der Zündfunke zum Aufstand! Alberich setzt sich

an die Spitze der oppositionellen Senatoren und Stadtpatrizier, die er als Gefolgsleute gewinnen konnte. Das aufgebrachte Volk folgt willig dem Aufruf zur Revolte gegen die selbstherrliche Pornokratin. Marozias Ehrgeiz und Machtbedürfnis kenne keine Grenzen. Sie werde sich nach der Kaiserkrönung gewiss zu einer Göttin Roms und ganz Italiens und weit darüber hinaus aufschwingen, verherrlichen, ja anbeten lassen, verkündet Alberich tollkühn im Senat und auf dem Forum Romanum.

Marozia handelt wegen der aufwendigen Vorbereitungen der Kaiserkrönung im Lateran zu spät, ihre Leibgarde unter Hauptmann Marios Kommando loszuschicken, den unseligen Sohn festzusetzen und den Aufstand rechtzeitig niederzuschlagen. Die Saat der Intrige geht jetzt auf.

Das Volk strömt lärmend aus der Stadt über die Engelsbrücke zur Residenzfestung. Man hat sich mit Hämmern, Schlachtbeilen, Messern, Heugabeln und Spießen bewaffnet. Böse Flüche verschaffen den Untertanen Luft gegen Marozias Herrschaft. Die Senatrix erteilt den Schießbefehl. Die Waffen schweigen. Kein Pfeil, kein Armbrustbolzen wird auf die heranstürmende Menschenmenge abgeschossen. Das Festungsportal bleibt offen. Die Bürger Roms kreisen die Engelsburg ein, um sie zu belagern.

»Meuterei!«, schreit Marozia zornig. »Ich lasse jeden dritten Mann hinrichten, wenn die Garnison nicht endlich schießt! Und ihr verbarrikadiert das Tor! Los! Na los! Auf was wartet ihr?!«

Die Senatrix drängt ein paar auf dem Korridor wacheschiebende Soldaten handgreiflich, dem Befehl zu gehorchen. Sie tun es langsam, widerwillig.

»Marozia – Mutter!« Alberich tritt auf sie zu. Er hat zahlreiche Leibgardisten im Gefolge. »Hör auf! Es hat keinen Sinn. Deine Drohungen und Befehle sind wirkungslos. Die Burgbesatzung und die Leibgarde haben die Seite gewechselt. Sie unterstehen jetzt mir.«

Marozia erstarrt zur Salzsäule gleich Lots Weib im Anblick des Untergangs von Sodom und Gomorrha.

»Ergib dich! Wehre dich nicht! Wir müssen dir sonst wehtun. Und das will ich meiner Mutter nicht antun«, sagt Alberich beschwichtigend. »Es ist jetzt genug dem Leid, der Unterdrückung, das du anderen Menschen zugefügt und die du eigennützig als Marionetten missbraucht hast.«

»Was tust du, Sohn? – Was ist das?« Marozias Stimme ist ganz heiser geworden. Er hält ihr ein gerolltes Dokument entgegen.

»Das ist ein Haftbefehl des Senats gegen dich. Du bist verhaftet. Willst du ihn lesen? Dann lies!«

Die Senatrix schlägt ihn Alberich unwirsch aus der Hand.

»Wie viel hat er dir bezahlt?«, spricht sie Mario verärgert an. Ihre Augen und Wangen glühen gleich denen einer Rachegöttin. Der Generalhauptmann der Garde schweigt und senkt den Blick.

»Verräter!«, schleudert sie ihm wütend ins Gesicht. Speichel tritt auf ihre Lippen. »Ihr seid Verräter! Ich sollte euch alle hinrichten lassen …!

»Marozia – Mutter! Sieh es ein! Deine Herrschaft ist vorbei!«, stellt Alberich die Zornentbrannte vor die unausweichliche Tatsache. »Du bist deiner Ämter mit sofortiger Wirkung enthoben! Du bist keine Königin von Italien mehr, keine Senatrix und Patrizia von Rom, keine Senatsvorsitzende, keine Vestaratrix des Vatikans, und du wirst niemals Römische Kaiserin sein. Du bist verhaftet. Der Kerker wartet auf dich.«

Die Luft im Raum ist spannungsgeladen. Sekundenlang. Erst dann realisiert Marozia, wie ihr geschieht. Sie ist verloren! Abgesetzt! Entmachtet! Vom eigenen Sohn und dem Senat zu Kerkerhaft verurteilt! Was für ein tiefer Fall, von der Pike der Macht zur Gefangenen! Aber lieber tot als gefangen!

Marozia zieht ein Messer. Sie trägt stets eines verborgen im Gewand, Tag und Nacht, sogar während des Liebesakts. Das riet ihre Mutter Theodora für den Fall einer unverhofften Attacke. Sie musste die Waffe bislang nie einsetzen, weder gegen einen Liebhaber noch gegen einen Attentäter.

Marozia richtet die scharfe Klinge gegen ihren Sohn. Sie greift Alberich tollkühn an, einen Wutschrei ausstoßend. Sie will ihn für seinen Verrat richten und vernichten. Hauptmann Mario und ein Korporal fallen ihr in den Arm. Sie vereiteln die mörderische Absicht. Sucht Marozia in den Schwertern der Leibgardisten einen schnellen Tod? Will sie sich den schmachvollen Kerker ersparen?

Es ist erstaunlich, welche Kraft Rache, Wut und Verzweiflung entwickeln. Sie lenkt die spitze Klinge plötzlich um auf ihre Brust. Will sie sich erstechen? Selbstmord begehen? Es ist die letzte Möglichkeit, dem Kerker zu entgegen, wo der Tod sie früher oder später erwartet.

Zwei Soldaten eilen zu Hilfe, Marozia von ihrem Tun abzuhalten. Die Gardisten müssen ihr fast das Handgelenk brechen, ehe sie den Griff loslässt. Das Messer scheppert zu Boden. Ihr Widerstand gegen die rohe Gewalt erschlafft. Die Schellen klirren. Ihr geliebter und getreuer Generalhauptmann legt sie eigenhändig in Ketten.

»Ich werde Gott Tag und Nacht bitten, Er möge deine feige Meuterei und deinen schändlichen Verrat bitter rächen! Der Teufel hole deine Seele!«, munkelt sie Mario hasserfüllt zu. Sie spuckt ihm ins Gesicht, um ihre Abscheu kundzutun.

»Nur dass du es weißt«, erwidert er kühl. »Alberich, dein Sohn, hat mir nichts gegeben. Er hat mich nicht gekauft. Ich folge ihm freiwillig. Es ist jetzt an der Zeit, dass deine Herrschaft endet. Du willst Römische Kaiserin werden? Ha, sag ich da nur! Größenwahnsinnige! Machtbesessene! Du hast den Bogen überspannt! – Abführen!«

Ironie des Schicksals: Marozia landet in derselben Kerkerzelle, in der sie den sarazenischen Gouverneur von Latium und Truppenoberbefehlshaber Mohammad Omar Ali ein paar Monate gefangen hielt, bevor sie ihn freiließ und er sich als ein Ehrenmann entpuppte. Man hat das Eisengitter in der Zwischenzeit durch eine schwere Eichentür ersetzt. Sie hat ein schließbares Guckloch auf Augenhöhe und über der Schwelle eine vom Korridor her aufklappbare Essluke.

Die Pforte kracht hinter Marozia in den Rahmen. Ein Schlüsselbund rasselt draußen. Der Riegel schließt mit einem lauten Klack. Das Gelächter rauer Männerkehlen verliert sich im Gewölbe. Marozias Kette rasselt. Sie erlaubt vom eingemauerten Eisenring an der Wand, die Pritsche, den Tisch, den davorstehenden Hocker, den Kotkessel und die Essluke zu erreichen.

Jetzt ist es still wie in einem Grab. Unerreichbar hoch fällt fahles Tageslicht durch ein kleines Fenster in die Zelle, das früher einmal für Bogenschützen eine Schießscharte gewesen war. Die Fackelflamme tanzt leise im herabströmenden Luftstrom. Es ist kalt. Es ist Winter, wenige Tage vor Weihnachten, an der die Kaiserkrönung in der Konstantinbasilika hätte stattfinden sollen. Marozia ist sicher: Sie wird nicht lange an diesem finsteren Ort bleiben. Die Getreuen werden die Herrin Roms und Königin von Italien aus diesen engen Gefängnismauern befreien, eher früher als später. Dann, ja dann wird sie sich an den Verrätern bitterböse rächen und ihr eigenes Fleisch und Blut, den Alberich, nicht verschonen.

Die Frage bleibt: Wo ist Hugo, der Gemahl? Weshalb hat er ihr nicht geholfen? Die gesetzeswidrige Verhaftung nicht verhindert?

Marozia kann nicht wissen, dass Hugo sich stillschweigend abgesetzt hat. Alberich lässt die Engelsburg akribisch durchsuchen. Der König von Italien ist unauffindbar. Was Marios Leibgardisten finden, ist ein Seil. Hugo hat sich über die Außenmauer der Festung abgeseilt. Er ist rechtzeitig geflohen, ehe die Soldaten seiner habhaft werden konnten.

»Feigling!«, betitelt Alberich den Stiefvater, der gleichzeitig sein Halbbruder ist. »Dieser Schurke lässt sein Eheweib schmählich im Stich, um seine eigene Haut zu retten! Der verruchte Bastard bezeichnet mich, ja mich!, als unachtsamen Jüngling, unfähig, ein Amt verantwortungsvoll zu führen! Wegen eines bisschen verschütteten Weins. Dann haut er mir vor aller Augen eine runter. Und ich soll mich für diese Beleidigung entschuldigen?! Der verruchte Feigling wird es bitter bereuen, wenn ich ihn in die Finger kriege! Meine Mutter«, er spricht das Wort voller Verachtung aus, »machte mich zum Gespött des Hofes und lachte schadenfroh dabei. Diese schamlose, machtgierige – Pornokratin!«

Ein trefflicheres Wort fällt ihm nicht ein. - -

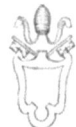

Alberich II. lässt sich wenige Tage später vom Senat zum Vorsitzenden wählen. Von nun an nennt er sich »Fürst von Rom« und »Fürst aller Römer«. Er vermeidet es tunlichst, sich König zu nennen, denn seit Julius Cäsar ist das Amt verpönt und lebensgefährlich. Erhält die Stadt an Marozias Stelle einen neuen, vielleicht noch tyrannischeren »Diktator«?

Nein. Alberich gibt dem Senat Kompetenzen zurück, die seine Mutter jenem entzogen und auf ihre Person übertragen hatte. Alberich gibt sogar das Vetorecht auf, das tiefgreifendste Machtinstrument, den Senat gefügig zu halten. Alberich führt die Dreiviertel-Mehrheitsabstimmung für die Senatsgeschäfte ein. Bei einem Patt behält er sich die entscheidende Stimme vor.

Er ist aber auch ein Kind der Zeit. Er besetzt die wichtigsten Ämter mit den engsten Getreuen. Nach dem Erstgeburtsrecht hätten Theodora an erster, Bonifatius an zweiter und Adalbert an dritter Stelle vor Alberich das Recht auf Marozias Erbe. Nein, widerspricht dieser vehement. Das Erbe gehe durch Marozias erste Ehe direkt an ihren Sohn Alberich (II.) über – also ihn – und nicht quer an ihre Brüder oder die Schwester. Ein Erbstreit bahnt sich an. Theodora gibt sofort nach, Bonifatius und Adalbert wenig später. Dafür belässt Alberich seine Onkel und die Tante auf ihren Regierungsposten in Tusculum, in Tuszien und in Sizilien, damit sie vor Ort weiterhin die Familieninteressen vertreten und Roms Getreidenachschub sichern. Sie müssen Alberich allerdings den Treueeid schwören. Dieser verpflichtet sie, niemals gegen ihn zu intrigieren und sich zu verschwören.

Es gibt jetzt auch keine Vestaratrix im Vatikan mehr. Alberich setzt einen engen Vertrauten als Kämmerer und Finanzverwalter dem Papst als Wachhund zur Seite. Johannes XI. verbleibt auf dem Stuhl Petri, solange er willig und gefügig ist, obwohl er der Bastardensohn Marozias ist, den Papst Sergius (III.) ihr einst zeugte. Seine Heiligkeit muss dem neuen Herrscher Roms ebenfalls den Treueeid schwören und auf Geheiß des (Halb-)Bruders die Moral im Vatikan wiederherstellen. Alberichs im Lateran stationierte Bewachungsgarnison lässt keine Frau mehr den päpstlichen Palast betreten – nicht mal eine Nonne. Eine Hure, Mätresse oder Kurtisane könnte sich als Klosterfrau verkleiden. Die männliche Fantasie findet immer einen Weg zur Befriedigung des Geschlechtstriebs. Es gibt zahlreiche Gebäude im Lateran, Ecken und Verstecke, sogar in der Petersbasilika, wo man das »Geschäft« erledigen kann. Mancher Soldat drückt für eine Münze oder einen »Gratisservice« beide Augen zu. Was erstaunlich ist, die Bürger Roms befürworten Alberichs Handlungsweise. Man hofft auf bessere Zeiten.

Fürst Alberich ersetzt Generalhauptmann Mario durch einen eigenen Günstling an der Spitze der Leibgarde, die nun seine eigene ist. Er stellt ihn vor die Wahl: Haft oder Verbannung! Die Gefahr wäre zu groß, dass der Exgeliebte seiner Mutter plötzlich Mitleid empfinden, seine Liebe wiederfindet und sie aus dem Kerker befreit. Einer ist wertlos, der seine Herrin verrät und so leicht die Seite wechselt, ohne etwas zu verlangen. Gleich schnell könnte Mario den Alberich verraten und sich einem neuen Herrn zuwenden. Die Wahl ist keine echte Wahl. Mario wählt die Verbannung und segelt nach Spanien.

Aglaia wirft sich untertänigst vor Fürst Alberich nieder. Sie war Marozias Amme, einst Kindermädchen und die vertrauteste Kammerzofe. Eine Frau dürfe im Gefängnis niemals männlichen Bewachern überlassen werden, sagt die Byzantinerin. Aglaia fleht, die Verantwortung für die Gefangene übernehmen zu dürfen, das Essen zu bringen und für ihre Gesundheit zu sorgen. Kein Soldat solle die Kerkerzelle betreten, damit Marozia kein Leid widerfahre.

»Bitte, durchlauchtester Herr, Fürst von Rom und aller Römer: Lasst sie noch ein wenig Mensch sein, mit noch ein ganz klein wenig Würde! Sie ist doch Eure Mutter, die Euch das Leben schenkte. Seid gnädig, Herr!«, beschließt Aglaia die Rede.

Fürst Alberich hilft der alten Frau auf die Beine. »Erhebe dich, Aglaia«, sagt er milde. »Es geziemt sich nicht für meine Amme und mein einstiges Kindermädchen, das mir Griechisch beibrachte, vor mir auf dem Bauch zu liegen. Ich gewähre deine Bitte.«

Alberich wendet sich den versammelten Getreuen zu. »Aglaia ist mir direkt verantwortlich. Sie allein darf den Kerker meiner Mutter betreten. Aglaias Wort ist den Wachhabenden Befehl! Wer Marozia ein Leid antut, ist des Todes. Und Ihr, Sekretär, seid mir bei Eurem Kopf dafür verantwortlich, dass mein Befehl und die Weisungen Aglaias durchgesetzt werden, verstanden?«

König Hugo von Italien gelangt nach seiner Flucht aus der Engelsburg auf abenteuerlichen Wegen nach Pavia. Die Kunde vom Umsturz in Rom und die geplatzte Kaiserkrönung ist längst vor Seiner Majestät in der Hauptstadt eingetroffen. Es gibt im Volk welche, die es bedauern, andere, die sich heimlich darüber freuen. Es ist das Stadtgespräch Nummer eins. Der Kronrat wirft Hugo vor, sein Weib Marozia schmählich im Stich gelassen zu haben, um die eigene Haut zu retten. Es sei empfehlenswert, sie schnellstens aus der Gefangenschaft zu befreien und als Ehegattin und Königin von Italien nach Pavia zu bringen.

»Das bedeutet Krieg mit Rom«, gibt der König zu bedenken. »Fürst Alberich wird seine Mutter scharf bewachen lassen. Eine Flucht ist unmöglich. Und er wird Marozia niemals ausliefern wollen …«

»… es sei denn, Ihr würdet auf Eure Kaiserwürde verzichten und dem Alberich im Gegenzug die römische Krone anbieten«, ergänzt ein Kronrat wagemutig.

»Das würde Marozia niemals zulassen, mein lieber Graf«, führt er die Feststellung ad absurdum. »Und ich auch nicht. Das ist keine Option. Das Thema ist erledigt.«

Gespannte Stimmung herrscht im Raum. Hugo will die Kaiserkrone und die Freiheit derer, die die Macht hat, sie ihm durch den Papst aufs Haupt zu setzen, koste es, was es wolle!

Krieg oder Befreiung ist die Frage. Beides, meint König Hugo.

»Ich marschiere gegen Rom und belagere die Stadt, bis Alberich Marozia ausliefert. Gleichzeitg versuchen wir, sie aus dem Kerker zu befreien«, spricht Hugo das Machtwort.

»Mit Verlaub, Majestät!«, meldet sich ein anderer Kronrat

zu Wort. »Rom ist groß. Wir haben viel zu wenige Soldaten, eine so große Stadt zu belagern.«

»Ich hebe frische Truppen aus. Die werden reichen, Rom in die Knie zu zwingen«, versichert Hugo überzeugt.

»Wenn wir unsere Truppen nach Rom verlegen, entsteht ein Machtvakuum in Norditalien, Majestät«, gibt ein anderer Kronrat zu bedenken. »König Rudolf (II.) von Hochburgund wird sich das zunutze machen, in unser Land einmarschieren, Pavia nehmen und von Euch die Königskrone zurückfordern, Herr. Wer weiß, wie lange die Belagerung dauert und wann unsere Truppen wieder heimkehren können.«

»Ich werde mich mit meiner Mutter Bertha versöhnen«, erwidert Hugo und springt auf die Beine. »Sie wird ihren Fluch von mir nehmen, wenn ich mich vor ihr niederwerfe und bereue. Sie könnte in Lothringen ihre Garnisonen gegen Rudolf mobilisieren, ohne anzugreifen. Ich könnte Bonifatius von Tuszien bitten, einen allfälligen Einmarsch Rudolfs in Italien militärisch zu verhindern. Bonifatius ist nicht Guido. Brennen soll dieser in der Hölle! Ich bin sicher, ich kann den Bonifatius mit Zugeständnissen dazu bewegen, mich zu unterstützen. Er soll es nicht bereuen. Wir müssen mit Tuszien ein Bündnis gegen Rudolf schließen, solange uns Rom und Marozias Freilassung beschäftigt. Dieses Bündnis könnte uns von Vorteil sein, Hoch- und Niederburgund zum Königreich Burgund zu vereinigen.«

»Was ist, wenn Marozia stirbt? Alberich könnte seine Mutter mit Leichtigkeit aus dem Weg räumen«, hängt die Frage in der Thronhalle des Palastes in der Luft.

»Muttermord ist eine schwere Sünde«, wirft Hugo ein. »Ich glaube kaum, dass er sein Seelenheil verwirken will. Ich glaube, er hält Marozia als Pfand gefangen. Sie kann Alberich später einmal nützlich sein. Aber so weit wird es nicht kommen. Roms Mauern werden fallen! Oder wir befreien meine Königin handstreichartig aus der Engelsburg. Marozia wird ihren Sohn einkerkern und ihre Macht wiederherstellen. Der Papst krönt uns dann zum Römischen Kaiserpaar!«

Es braucht Zeit, neue Truppen auszuheben und die königliche Armee nach Rom zu verlegen. Berta und Bonifatius sind für ein Bündnis schwer zu überzeugen. Dann gibt es einen weiteren Mitspieler um Marozias Befreiung. Der Heilige Vater höchstselbst! Er ist immerhin der Sohn, und er hat ihr für das Pontifikat Gefolgschaft und Treue vor Gott dem Herrn geschworen. Johannes (XI.) fühlt sich meineidig und als Verräter, wenn er seiner Mutter jetzt nicht hilft – irgendwie!

Die Ketten rasseln. Marozia schließt Aglaia in die Arme.

»Ich danke dir für deine Treue«, würgt die Gefangene überwältigt hervor. Tränen kollern über die Wangen. »Du hast mich ein ganzes Leben lang begleitet. Jetzt auch noch? In meinen bangen Tagen? Gott segne dich für deinen Beistand. Du hast dir wahrlich ein Plätzchen im Himmel verdient, meine Liebe. Ich lande wohl im ewigen Höllenfeuer. – Wie geht es Berta-Theodora, meiner Kleinen? Hat Alberich ihr ein Leid angetan?«

»Sie gedeiht, Herrin«, erwidert Aglaia. Sie hat gleichfalls wässrige Augen. »Eure Tochter ist ein lebenslustiges, gesundes Mädchen und an allem interessiert. Alberich, Euer Sohn, hat ihr nichts zu Leid getan. Er hat veranlasst, dass ich mich jetzt um Euch kümmern darf. Kein Mann darf die Gefängniszelle betreten, außer Eurem Beichtvater.«

Marozia atmet erleichtert auf. Sie wischt das Tränenwasser aus dem Gesicht.

»Gut zu hören, teure Aglaia. Ich bitte dich, kümmere dich um das Wohl meiner kleinen Tochter. Willst du das tun?«

»Das werde ich mit Freuden tun, Herrin«, bestätigt die Dienerin.

»Ich werde Berta-Theodora wohl nie wieder sehen. Ich will auch nicht, dass sie die Mutter so elend sieht«, sagt Marozia mehr zu sich als zur Kammerzofe.

Marozia geht ein paar Schritte nachdenklich und besorgt auf und ab in der engen Kerkerzelle, so weit die Kette reicht.

»Hat Alberich meine Brüder und die Schwester deposiert? Umgebracht?«

Aglaia verneint. Alberich habe Theodora, Bonifatius und Adalbert auf ihren Posten belassen, und auch Johannes bleibe Papst. Sie mussten ihm allerdings bedingungslose Gefolgschaft schwören. Alberich habe in Rom die Macht ergriffen und sei Senatsvorsitzender. Das Volk hänge ihm jetzt an.

Marozia dreht sich um. »Der Plebs hängt jedem an, der

ihm das Maul füttert. Du wirst sehen, Alberich wird jede Revolte genauso konsequent und blutig niederschlagen, wie ich es tun musste, um die Ordnung aufrechtzuerhalten. Das ist ein Gesetz der Macht. Mein Sohn wird sehr bald bittere Feinde haben.«

»Verzeiht, Herrin, ich verstehe nichts von diesen Dingen«, gesteht die Zofe und neigt kurz das Haupt.

»Ich habe immer noch mächtige Leute, die mir anhängen, auch wenn ich jetzt im Kerker sitze. Mein Gatte, König Hugo, wird mich herausholen. Dessen bin ich mir gewiss.«

Schweigen. Was kann eine Dienerin dazu sagen?

»Kann ich auf deine Diskretion zählen, wenn es dann so weit ist?«

»Ich bin Eure treu ergebene Dienerin, Herrin«, beteuert Aglaia. »Ich tue, was ich tun kann. Wie ich es immer getan habe. Ein Leben lang.«

Marozia nickt. Glasklar, sie hofft auf eine baldige Befreiung. Ihr fröstelt. Sie reibt sich die Oberarme. Es ist kalt im groben Gemäuer. Die Fensterluke in der Höhe ist nicht schließbar. Ein stetiger kalter Luftzug weht herunter, und es ist Winter. Gott sei Dank! Aglaia hat ein paar Decken mitgebracht!

Alberich hat ein müdes Lächeln übrig, als ihn König Hugos Mobilmachung für eine Belagerung Roms erreicht. Er vereitelt Hugos Bemühungen, sich mit Bonifatius von Tuszien zu verbünden. Berta von Lothringen löst immerhin den Bannfluch der Mutter von ihrem Sohn aus erster Ehe mit Graf Theotbald von Arles.

Das heranrückende königliche Heer ist zu klein, Rom einzukreisen und lückenlos zu belagern. Man beschränkt sich auf die Tore. Es gelingt, die Getreidelieferungen aus Sizilien abzufangen. Sie dienen der eigenen Truppenversorgung. Bewachungsfeuer brennen nachts in einem Abstand von zwanzig, dreißig Metern in einem losen Ring um die Stadt. Da gibt es unzählige Schlupflöcher für Kuriere und eine rudimentäre Nahrungsbeschaffung. Ein Mangel macht sich trotzdem in der Stadt bemerkbar.

Die Engelsburg und der Lateran befinden sich jenseits des Tibers außerhalb des Stadtwalls, der nicht im besten Zustand für die Abwehr eines entschlossenen Angreifers ist. Die Verbindung ist unterbrochen. Sie kann nur durch wagemutige Boten, Lichtsignale oder Brieftauben aufrechterhalten werden. Fürst Alberich befand sich im Senat, als die Stadttore geschlossen werden mussten und er selbst ein Gefangener Roms wurde.

Der »Fürst aller Römer« hat vorgesorgt. Er scheuchte die Magyaren in Norditalien gegen Pavia auf. König Rudolf II. von Hochburgund sieht gleichfalls eine Chance für den Einmarsch in Italien, obwohl Bertas Truppen in Lothringen ihm bedrohlich in der Flanke sitzen. König Hugo von Italien sieht sich gezwungen, die Belagerung abzubrechen und seine Armee nach Pavia zurückzuführen. Er muss den Verlust der Königskrone von Italien an den Welfenkönig Rudolf verhindern, der ihre Rückforderung nie aufgegeben hatte.

Die Römer feiern den Abzug der feindlichen Truppen als

einen grandiosen Sieg. Marozia schmachtet weiterhin im Kerker. Die Wachen wurden verdoppelt. Eine Befreiungsaktion war und ist unmöglich.

Der Gemütszustand der Gefangenen wandelt sich von Optimismus zu Verzweiflung. Die andauernde Dunkelheit und die unerträgliche Stille in den kalten Kerkermauern fordern ihren Tribut. Eine Fackel neben der Gefängnistür und eine Laterne auf dem Tisch verbreiten ein fahles, gespenstisches Licht und vermögen das finstere Gemäuer kaum zu erhellen. Marozia muss die Bibel an den Fuß der Lampe legen, um im spärlichen Kerzenschein zu lesen. Die Heilige Schrift kann ihr niemand verweigern.

Am Tag, wenn die Sonne draußen scheint, wandert ein schmaler Lichtstreifen durch die hohe Fensterluke über die Wand. Dann stellt sich Marozia hin und schließt die Augen. Endlich etwas Licht auf dem Gesicht und etwas Wärme auf der Haut. Die stetige Kälte steigt tags die Glieder hoch und lähmt sie mit Starrheit. Sie muss dann hin und her gehen, wie eine Löwin im Käfig, um die Kälte aus dem Körper zu vertreiben. Nachts muss sie sich dick in Decken hüllen, wenn sie auf der Pritsche schläft. Die Glieder sind meistens unterkühlt, wenn ein Albtraum sie plötzlich hochschreckt oder die gute Aglaia frühmorgens das Essen bringt. Sie kann sich manchmal kaum bewegen. Die Finger und die Zehen scheinen abgestorben.

»Gott hat mich verlassen. Ich möchte beichten, beten, kommunizieren und dann sterben«, sagt sie verbittert zu

Aglaia. Sie bringt eine heiße Suppe, Brot, etwas Wein und frisches Wasser.

»Aber, Herrin, Ihr habt doch erst gebeichtet. Ihr könnt doch in zwei Tagen nicht so schwer gesündigt haben, dass Ihr wieder beichten müsst. Und kommuniziert habt Ihr doch gestern.«

»Mir verlangt zu beichten. Geh und hole den Burgkaplan. Er soll mir dir Beichte abnehmen. Ich möchte das Abendmahl empfangen und mit ihm beten. Bitte tue, was ich dir sage, Aglaia.«

Die Schellen an den Hand- und Fußgelenken klirren. Sie sind an der Kette befestigt, die zum eingemauerten Eisenring führt. Das Metall hat die Fesseln und die Handgelenke wund gemacht. Es ist eine Frage der Zeit, bis sich die aufgeschürfte Haut entzündet und das Fieber kommt.

Jetzt passiert etwas völlig Unerwartetes. Der Burgkaplan wird auf dem Weg zu den Gefängnissen plötzlich von hinten gepackt und überwältigt. Ein Benediktinermönch betritt an seiner Stelle die Kerkerzelle. Der Herr Kaplan sei erkrankt und könne die Beichte nicht hören, verrät er Aglaia. Sie wartet draußen auf dem Korridor bei geschlossener Pforte wegen des Beichtgeheimnisses. Die Gefängnistür bleibt normalerweise einen Spalt weit offen; die Soldatenwächter müssen sofort eingreifen können, falls Marozia eine Dummheit an ihrer alten Kammerzofe begeht. Außer Aglaia und dem Burgkaplan sind keine Besuche zugelassen. Fürst Alberich allein bewilligt sie. Eine schriftliche Bestätigung muss dem wachhabenden Offizier vorgewiesen werden, bevor ein Besucher die Zelle betreten darf.

Marozia weicht vor dem Fremden erschrocken an die Wand zurück. Ein Meuchelmörder in Mönchsgestalt? Hat ihre letzte Stunde geschlagen? Ist das jetzt das Ende? Sie hat noch nicht gebeichtet und den Leib Christi empfangen.

Der Benediktiner streift die tiefe Kapuze aus dem Gesicht in den Nacken. »Habt keine Angst, edle Herrin«, sagt der Mann in den mittleren Jahren. »Ich bin gekommen, Euch zu befreien.«

Marozia glaubt es nicht. Meint er, aus dem Kerker befreien? Oder ihre Seele vom Leib befreien? Damit sie zur Hölle fahre?

»Wer seid Ihr?«

»Das darf ich nicht sagen.«

»Wer hat Euch geschickt?«

»Das werdet Ihr später erfahren.«

Die Gefangene zögert, dem Mönch zu glauben. Er tritt auf sie zu. Sie hebt instinktiv die Arme. Sie will sich schützen. Gleich wird eine kalte Klinge ihr das Leben nehmen.

»Nein! Nicht!«

»Bitte haltet still, Herrin! Ich will ja bloß die Schellen lösen«, beruhigt er Marozia. Sie ist totenbleich geworden.

»Es ist eine günstige Gelegenheit. Es herrscht ein reger Betrieb in der Burgfestung. Da fallen zwei Mönche nicht weiter auf.«

Es klirrt. Die Ketten fallen. Der Benediktiner löst das Gewand, um es auszuziehen.

»Was tut Ihr? Wollt Ihr mich vergewaltigen?«

»Zieht das an! Wir haben wenig Zeit«, beschwichtigt er den ungehörigen Verdacht. Er trägt eine zweite Kutte unter dem Mönchsgewand.

»Ich sagte, zwei Mönche fallen beim Verlassen der Burg nicht auf. Es werden Kriegsvorräte in die Festung gebracht, falls es König Hugo einfällt, Rom ein zweites Mal zu belagern.«

»Mein Mann hat Rom belagert?«, fällt Marozia aus allen Wolken. Der Benediktiner bejaht. »Er musste allerdings unverrichteter Dinge abziehen. Jetzt sind wir da, Euch endlich zu befreien, Herrin.«

»Wir? Wer ist wir? Schickt Euch mein Gatte?«

»Bitte beeilt Euch!«, ignoriert er die Fragen. »Zieht die Kapuze tief über das Gesicht und schiebt die Hände in die Ärmel. Ja, so ist's richtig. Wir wollen doch nicht, dass Ihr erkannt und wieder festgesetzt werdet?«

Der Benediktiner zieht die Kapuze über und öffnet die Pforte. Marozia tritt auf den Korridor hinaus. Zwei Soldatenwächter hocken links und rechts neben der Gefängnistür am Boden, den Rücken an die Wand gelehnt, als würden sie schlafen. Sie sind tot. Man hat sie erwürgt. Der Benediktiner ist also nicht allein gekommen.

Aglaia wurde gefesselt und geknebelt. Sie trägt eine Augenbinde. Die unbekannten Befreier verschonten ihr Leben? Ein dritter Mönch bugsiert Marozias Kammerzofe in den Kerker und schließt die Pforte hinter ihr ab. Den gewichtigen Schlüssel steckt er in den Waffengurt eines toten Soldaten.

»Die Wachablösung ist in drei Stunden«, munkelt der Benediktiner. Das Gesicht ist in der Tiefe der Kapuze nicht zu erkennen, ebenso wenig das Antlitz von Marozia.

»Wir haben einen rechten Vorsprung, bis Eure Flucht entdeckt und die Kammerzofe an Eurer statt im Kerker vorgefunden wird. Bitte sprecht kein Wort. Ich rede, falls wir angesprochen werden. Folgt mir!«

Zwei Mönche? Es sind doch mindestens drei oder vier, vielleicht fünf. Wo sind die anderen? Haben sie sich abgesetzt? Sind es Marozias Getreue? Es sind bestimmt Angehörige der Burgbesatzung, die der Herrin insgeheim die Gefolgschaft halten.

Es herrscht tatsächlich ein reger Betrieb am Burgportal. Die Soldaten kontrollieren die Ware, aber keine ein- und ausgehende Personen. Fuhrwerke verstellen den Vorplatz der Engelsburg. Kisten, Fässer, Hühnergatter, Säcke werden abgeladen, auf Schubkarren und Tragen verfrachtet oder auf gebeugte Sklavenrücken gelegt. Lebende Schweine werden in vorbereitete Verschläge getrieben und ein paar Schafe.

Marozia hält sich eng am Arm ihres unbekannten Befreiers. Glückt die Flucht, dann wird sie ihn äußerst großzügig für seine mutige Tat belohnen. Schlägt er den Weg nach rechts zum Lateran ein? Oder geradeaus über die Brücke in die Stadt? Eine Flucht in den Vatikan hätte offensichtlich verraten, wer hinter der Befreiung steckt. Rom bietet tausend Verstecke, wo Marozia untertauchen und im Kreis ihrer Getreuen die Rückkehr an die Macht vorbereiten kann, will heißen: Sturz Alberichs, ihres eigenen Sohnes.

Es geht im gemächlichen Schritt über die Pons Aelius. Marozia wundert sich. Seit wann schieben Garnisonssoldaten Brückenwache?

Das Stadttor ist nah. Dann ist es geschafft! Die Flucht geglückt! Wenn da nicht ein Korporal auf ihre Schuhe aufmerksam geworden wäre! Der eine, größere Mönch trägt Sandalen, wie sie Ordensbrüder üblicherweise tragen. Der andere, kleinere, zierliche trägt welche, nicht wie sie Nonnen tragen – es sind nämlich dieselben –, sondern hohe Edeldamen.

»Halt!«, lautet der Befehl.

»Einfach weitergehen! Es geht uns nichts an«, munkelt der Befreier der Flüchtigen zu.

»Halt! Ihr da! Ihr zwei Mönche! Bleibt sofort stehen!«

»Weitergehen!«

Marozia wird es angst und bange. Ein kurzes Hornsignal ertönt. Die Brückenwächter kreisen die Benediktiner blitzschnell ein. Der Korporal reißt den kleinen Ordensbruder harsch am Arm herum.

»Seit wann tragen Mönche Frauenschuhe? Bist du eine Nonne? Zeig dein Gesicht! Sofort!«

Der Verkehr auf der Brücke erstarrt. Die Zeit scheint plötzlich stillzustehen.

»Was habe ich gesagt? Kapuze runter! Los!«

Keine Reaktion.

Der Korporal zieht das Schwert und hält es Marozia an die Brust. Die Soldaten senken die Speere. Es ist alles verloren, die Flucht gescheitert, wenn in der nächsten Sekunde kein Wunder geschieht. Lieber im Kampf sterben, als im schrecklichen Kerker darben!

Marozia greift blitzschnell zu. Es ist ein Griff, den Fechtmeister Odo ihr beigebracht hatte, um einen Gegner zu entwaffnen und sich selbst der Waffe zu bemächtigen. Sie hat es hundert Mal geübt. Die Aktion hat den Korporal überrumpelt; es verschlägt ihm die Sprache. Es ist derselbe Korporal, der Marozia den Aufruhr im Gefängnis rapportierte, den Johannes (X.) anzettelte und sie wenig später Generalhauptmann Mario den Mordbefehl erteilte.

Ein paar kräftige Schwerthiebe, Marozia durchbricht den Kreis der Soldaten und eilt zum Stadttor. Sie rennt im Weg stehende Leute einfach um und haut die Soldaten nieder, die sich ihr entgegenstellen. Sie tötet zwei und verwundet drei mit tollkühnen Schwertstreichen. Einen anderen stößt sie kurzerhand über das Brückengeländer in den Tiber.

Zu viele Hunde sind des Hasen Verhängnis. Die Flüchtige wird überwältigt, aufs Pflaster geworfen und gefesselt.

Der Korporal ist wieder da. Er entblößt ihr das Gesicht. Ein lose geflochtener, leicht melierter Haarzopf fällt über die Schulter. Ein Weib im Mönchsgewand?

»Das ist ja die Marozia! Die Hure Roms!«, schreit ein

Marktweib aufgeregt. Alle können es hören. Es verschlägt dem Korporal vor Bestürzung abermals die Sprache.

»Nein, das ist nicht Marozia«, widerspricht ein Fuhrwerker von dem hohen Wagenbock herab. »Marozia sitzt im Kerker. Unmöglich!«

»Doch, sie ist es! Ich erkenne sie wieder. Ich habe Marozia viele Male gesehen. Hexe!«, keift ein altes Weib. Sie schlägt den Stock aufs Pflaster, um der Behauptung Geltung zu verschaffen. Das überzeugt den dichten Menschenknäuel um Marozia herum.

Acht Trägersklaven setzen die Sänfte ab. Die Edeldame schlägt den Vorhang zurück. »Was ist denn hier los?«

Ein Soldat rät der Patrizierin, die Brücke schleunigst zu verlassen. Tumult drohe. Eine Gefangene sei entwischt und wieder eingefangen worden.

Claudia Maria Orsini lässt sich nicht wegweisen. Es ist die Claudia Maria Rizzi, die ihres unehelichen Kindes wegen von der Familie verstoßen wurde. Es zeigte einen arabischen Habitus. Es konnte unmöglich das Kind von Linus Barbo sein, den sie heiraten wollte. Er wurde von den Sarazenen ermordet, weil er den Raub seiner Herde zu verhindern versuchte. Die Eltern gaben das Kind in ein Waisenhaus. Eine unverheiratete vierzehnjährige Mutter bringt Schande über die Familie – eine doppelte Schande, weil ein Sarazene das Mädchen vergewaltigt und geschwängert hatte. Bei einer Vergewaltigung war immer die Frau dran schuld durch ihr ungehöriges, verführerisches Verhalten, wie man damals glaubte.

Eine Verstoßene hat die Wahl zwischen Kloster und Prostitution. Claudia Maria Rizzi kam als Wanderhure nach Rom, um ein besseres Leben zu finden. Da verliebte sich der jüngste Sohn des Grafen Orsini bei einem Festmahl in Claudia Maria und heiratete sie. So wurde aus der verstoßenen Bauerntochter Rizzi aus Latium eine ehrbare Dame im hohen Adelsstand einer Gräfin …

»Hure! Tyrannin! Machtbesessene! Sexbestie! Papstfickerin!« und noch herbere Ausdrücke prasseln auf Marozia nieder. Man spuckt sie an, tritt sie mit Füßen. Man hat ganze Arbeit geleistet, Hass und Verachtung gegen sie im Volk zu schüren.

»Lyncht das verruchte Weib! Der Teufel soll sie holen! Tod der Tyrannin!«, schrillt eine überschlagende Frauenstimme aus einer hinteren Reihe. Aufruhr entsteht.

Der Korporal bläst ins Horn und ruft Verstärkung von der Engelsburg herbei. Die Sänftenträger bringen die Gräfin Claudia Maria Orsini schleunigst in die Stadt in Sicherheit. Rohe Gewalt treibt die aufgebrachte Menschenmenge auseinander, bevor sie zur Lynchjustiz schreitet. Blut fließt auf die Pflastersteine der Engelsbrücke. Ein halbes Dutzend Tote und zahlreiche Verletzte sind die Folge.

Marozia wird abgeführt und im Kerker wieder in Ketten gelegt. Ihr Befreier landet auf der Streckbank. Der »Fürst von Rom« und »Fürst aller Römer«, Alberich (II.), Sohn der Marozia aus erster Ehe, erscheint persönlich zum Verhör. Wer sind die Hintermänner der dreisten Befreiungsaktion der machtbesessenen Pornokratin, die seine unselige Mutter ist?

Der Mönch ist ein echter Benediktiner, kein verkleideter Günstling aus einer dunklen Ecke eines verschworenen Patriziers. Steckt Papst Johannes (XI.) dahinter? Er ist ebenfalls Marozias Sohn, eine ungewollte Leibesfrucht, die aus der Mätressenzeit mit Papst Sergius III. stammt. Hat er die Mutter aus dem Kerker befreien wollen, um kein Meineidiger vor Gott zu werden? Aus Dankbarkeit für das verliehene Pontifikat? Oder ganz einfach, weil sie die Mutter ist?

Die Spannungsseile knirschen an den Hand- und Fußgelenken des Gefolterten.

»Rede! Dann können wir gnädig sein«, fordert Fürst Alberich den Benediktiner auf. Er schüttelt schweißgebadet den Kopf. Er beißt die Zähne zusammen, ächzt und stöhnt. Der Haken fällt in den nächsten Radzacken.

Da quillt plötzlich Schaum aus dem Mund des Mönchs. Er spuckt Blut, gekalltes, schwarzes Blut. Der Folterer löst den Spannhebel. Schwere Krämpfe befallen den geschundenen Körper auf der Folterbank.

»Was tust du?«, fährt Alberich den Knecht ungehalten an. »Ich bin mit dem Verräter noch nicht fertig!«

»Gift, Herr! Seht, Herr! Es ist Gift, eindeutig! Der Gefangene hat sich vergiftet!«, stammelt der Getadelte unterwürfig.

»Du meinst, er hat vor dem Verhör Gift genommen? Und Ihr Narren habt es nicht verhindert?«

Schweigen ist eine Antwort gleich einem gesprochenen Wort. Das Opfer zuckt und zittert, pulst und krümmt sich wie ein entzweigeschnittener Wurm unter der Giftwirkung.

Der Mann verdreht die Augen. Die Bewegungen werden langsamer – erstarren. Dann streckt er die Glieder und ist tot.

Alberich haut frustriert die Faust auf die Handfläche. »Verdammt! Jetzt erfahren wir nie, wer die verruchten Verschwörer sind, die meiner Mutter anhängen! Vielleicht hat Hugo den Mönch geschickt, um sein Eheweib heimzuholen.«

Ein Gardist erscheint auf der schmalen Steintreppe, die in die fensterlose Folterkammer hinunterführt.

»Was ist?!«

»Melde gehorsamst: König Hugo nähert sich mit einem Heer der Stadt. Der Herr Burgkommandant befürchtet, die Majestät will Rom und die Engelsburg zum zweiten Mal belagern!« - -

Der Burgkaplan und Aglaia sind bei der gescheiterten Befreiungsaktion Marozias unbeschadet geblieben. Die Verschwörer hätten sie auch töten können. Aber man hat sie verschont. Weshalb?

Alberich ist stinksauer. Er setzt seine Mutter auf halbe Portion. Das Essen muss durch die Bodenluke der Gefängnispforte gereicht werden; die Kammerzofe darf die Zelle jeden dritten Tag kurz betreten, um den Kotkessel zu leeren. Es ist dem Burgkaplan verboten, die Beichte zu hören, zu beten und die heilige Hostie zu spenden. Man entfernt alle Möbelstücke und die Fackel neben der Tür. Man belässt der Gefangenen die Laterne, die Bibel und bloß noch eine Decke. Sie muss jetzt auf dem nackten Boden schlafen, sitzen, stupid im Kreis gehen. Der Kerker ist kalt und finster. Er ist zwar hoch gebaut, misst aber in der Grundfläche bloß wenige Quadratmeter. Die Wachsoldaten draußen vor der Pforte sind verdoppelt worden und werden zu unregelmäßigen Zeiten abgelöst.

Marozia spielt aus beißender Langeweile mit der Kette an den Schellen, zählt hundertmal die Eisenglieder mit immer dem gleichen Resultat. Sie läuft sinnlos im Kreise oder kratzt sich die Fingernägel an der groben Bruchsteinmauer blutig. Sie starrt regungslos und stupide in die kleine tanzende Kerzenflamme in der Laterne oder zur Fensterluke hinauf, um den Hunger nach Licht und Wärme zu stillen. Es sind die einzigen Lichtquellen im finsteren Kerker. Sie versinkt manchmal in einen dumpfen Trancezustand. Dann gibt es keinen Schmerz mehr, keinen klaren Gedanken; es ist ein gefühlloses, schwereloses, zeitloses Schweben. Aglaia beobachtet die Herrin durch die Augenluke in der Gefängnispforte. Marozia, einst strahlende Herrin Roms und weit darüber hinaus, die den Vatikan beherrschte, Päpste nach Belieben ein- und absetzte, die gekrönte Königin von Italien, die die Römische Kaiserkrone erstrebte, ist jetzt ein erbärmliches, bemitleidenswertes Häufchen Elend. Es könnte der getreuen Kammerzofe das Herz zerreißen.

Aglaia wirft sich vor dem Fürsten von Rom flach auf den Bauch. »Habt Mitleid, Herr! Erbarmt Euch!«, fleht sie eindringlich. Das Tränenwasser rinnt durch die Altersfalten ihres Gesichts. »Sie ist doch Eure Mutter, die Euch das Leben schenkte, mit Euch spielte, Euch umarmte, küsste, liebte, als Ihr noch ein kleiner Junge wart. Marozia ist krank. Sie hustet und hat Fieber. Gönnt Ihr einen Medikus. Lasst sie beichten und die Hostie von Christi Leib empfangen. Sie ist ohnmächtig und verzweifelt, des Lebens überdrüssig. Sie leidet sehr. Bitte, durchlauchtester Fürst, lasst Eure Mutter nicht länger so schrecklich im Kerker darben!«

Alberichs Herz ist verhärtet. Er ist nicht gewillt, die verschärfte Kerkerhaft zu mildern. Marozia hatte bei ihrer Festsetzung versucht, ihn, den eigenen Sohn, zu erdolchen, um die greifbar nahe Kaiserkrone doch noch zu erlangen. Alberich fürchtet Marozias Unberechenbarkeit, ihre Skrupellosigkeit, ihre Machtbesessenheit. Er traut ihr nicht und meint, zu Aglaia hingewendet: »Marozia verbüßt jetzt ihren maßlosen Ehrgeiz, die begangenen Schandtaten und ihre schamlose Unmoral. Jeder Tag im Kerker erspart ihr fünfzig Tage Fegefeuer – vielleicht den ewigen Höllenbrand. Im Namen der von Jesus Christus gelehrten Nächstenliebe gewähre ich ihr wieder die normale Essration. Mehr kann und will ich nicht tun. Sie ist nicht mehr meine Mutter. Ich habe sie verstoßen. Sie ist ein unheilbar skrupelloses Monster. – Weg!«

Was gibt es da zu sagen? Aglaia zieht sich kleinlaut zurück …

Ein Soldat salutiert stramm unter der Thronsaaltür. Er meldet einen Boten aus dem Kloster Cluny an und einen königlichen Gesandten unter der weißen Parlamentärflagge. Man bitte um Audienz.

»Hugo wagt es, Rom zum zweiten Mal zu belagern? Er weiß doch, dass er keine Chance hat!«, schimpft Alberich los. »Der blöde Hund soll sich dorthin scheren, wo er hergekommen ist, und sehen, dass er die Königskrone nicht verliert!«

Der Parlamentär ist ein hoher Offizier der königlichen Armee. König Hugo habe sich mit Rudolph (II.) von Hochburgund geinigt, die niederburgundischen Ländereien an ihn abzutreten und zum Königreich Burgund zu vereinigen. Dafür verzichte Rudolph als Gegenleistung auf den Anspruch der Königskrone und die Herrschaft in Italien (933). Seine Majestät steht jetzt mit einem viel größeren Heer vor den Toren Roms. Er will die Freilassung der Königin Marozia erwirken.

»Und hier setzt meine Vermittlungsmission im Auftrag des hochehrwürdigen Abtes Odo von Cluny ein«, fügt der Bote nahtlos hinzu. Er ist eigentlich gar kein Bote; er ist ein Gesandter, ausgestattet mit weitreichenden Verhandlungskompetenzen. »Es soll ein beidseitiger Frieden ausgehandelt und kein unschuldiges Blut vergossen werden, durchlauchter Fürst von Rom und aller Römer.«

»Wisst ihr eigentlich, was passiert, wenn ich Marozia freilasse?«, trotzt Alberich. »Ihr habt ja keine Ahnung! Hugo wird sich zum Römischen Kaiser krönen lassen.«

»Das kann er auch ohne sein Eheweib Marozia tun«, wirft der königliche Parlamentär ein.

»Marozia wird mich als Verräter hinrichten lassen und als Kaiserin eine weitreichende Diktatur ausüben. Gott bewahre! Ich werde Marozia niemals freilassen, selbst wenn Rom untergeht! Es wäre das kleinere Übel, glaubt mir. Hugo muss auf die Kaiserkrönung verzichten. Veto!«

»Der Heilige Vater könnte König Hugo ohne die Anwesenheit seiner Ehegattin krönen, wie Ihr sagtet«, nimmt der Offizier den Gesprächsfaden auf. »Niemand braucht eine Kaiserin. Der Vorschlag Seiner königlichen Majestät lautet: Kaiserkrönung durch den Papst – Abzug der Belagerungstruppen. Marozia bleibt inhaftiert. König Hugo lässt sich von ihr scheiden.«

»Johannes (XI.) hat Abt Odo von Cluny angedeutet, die Scheidung seiner Mutter zu sanktionieren«, stellt der Gesandte Clunys fest. Der königliche Offizier fügt hinzu, als ob es das Selbstverständlichste auf der Welt wäre: »König Hugo gibt Euch seine Tochter Alda gern zur Ehefrau.«

»Was sagt Ihr da?«

»Wäre es nicht angesagt, durchlauchtester Fürst, dass Ihr Euch jetzt eine Gattin erwählet? Alda ist ein junges, schönes, gesundes Mädchen und gebildet. Weshalb das Königreich Italien und das Haus Tusculum-Spoleto nicht durch einen Ehebund verbinden? Es wäre für beide Seiten vorteilhaft und einem dauerhaften Frieden förderlich.«

Es braucht viel, bis Alberich vor Überraschung schweigt.

»Die Hochzeit könnte nach dem päpstlichen Scheidungsspruch umgehend in Rom stattfinden, wenn Ihr es wünscht«, doppelt der Gesandte der königlichen Armee nach. »Prinzessin Alda von Italien befindet sich im königlichen Gefolge. Ihre Hoheit ist erpicht, Euch kennenlernen zu dürfen, edler Fürst von Rom und aller Römer.«

Spannung. Schweigen. Alberichs Gehirn arbeitet fieberhaft. Verändert das das politische Machtgefüge zu seinem Vorteil?

»Der Heilige Vater wäre auch bereit, mit Euch, erhabener Fürst, im Sinne des Klosters Cluny die dringend notwendigen Kirchenreformen einzuleiten. Wie wir vernommen haben, wäret Ihr gleichfalls bereit, eine Kirchenreform im Sinne Clunys durchzuführen?«

»Ihr habt hinter meinem Rücken mit dem Papst verhandelt?«, findet Alberich die Sprache wieder. Er ist aufgebracht.

»Der ehrwürdige Abt hat mit dem Heiligen Vater nicht verhandelt; es war ein briefliches Angebot unseres Klosters an den Vatikan, nicht mehr, nicht weniger«, beschwichtigt der geistliche Gesandte.

»Der Papst tut, was ich ihm sage! Veto!«

»Ihr wollt keine Kirchenreform? Ihr wollt einen Belagerungskrieg? Der hochehrwürdige Abt ist jederzeit bereit, zwischen Euch und König Hugo zu vermitteln.«

Fürst Alberich entscheidet schnell: »Mein Vorschlag, ehrenwerte Herren, lautet: Hugos unwiderruflicher Verzicht auf die Kaiserkrone! Abzug seiner Truppen! Keine Scheidung! Marozia ist eine gesalbte Königin und mir ein wertvolles Pfand. Wer weiß? – Dann schickt mir Alda. Ich will das Mädchen sehen, bevor ich eine Entscheidung treffe.«

Alberich wendet sich dem geistlichen Gesandten aus Frankreich zu. »Und Ihr richtet dem ehrenwerten Odo aus: Über die angestrebte Kirchenreform lässt sich reden. Hier in Rom. Unter meinem Vorsitz. In Anwesenheit des Papstes und des Vestararius. Wenn der Abt um des Friedens willen zwischen mir und Hugo nach Rom kommen will, bitte! – Ihr dürft gehen!«

»Mit Verlaub, edler Herr: Abt Odo ist bereits auf dem Weg nach Rom.«

Aglaia trifft Marozia an einem dritten Tag, an dem der Koteimer in der Kerkerzelle geleert wird, auf dem Boden hockend, gegen die Wand gelehnt im halbbewusstlosen Dämmerzustand. Das Gesicht ist blass und eingefallen, das Haar strähnig, schmutzig, lang. Das Lebenslicht in den Augen ist fast erloschen. Sie blicken stumpf aus tiefen dunklen Höhlen ins leere Nichts.

»Herrin?«

Aglaia berührt Marozia sanft an der Schulter, über die sie die Decke straff gezogen hat. Sie ist schmutzig, zerschlissen, auch das Kleid.

Keine Reaktion.

»Herrin? Erkennt Ihr mich? Ich bin Aglaia, Eure Kammerzofe. Ich bin für Euch verantwortlich.«

Keine Reaktion.

»Ich bin gekommen, um nach Euch zu sehen und den Kessel zu holen. Bitte antwortet, wenn Ihr mich versteht.«

»Keine Reaktion. Ihr Haupt baumelt kraftlos vor der Brust. Ist sie gestorben?

Erst als die Dienerin sie energisch schüttelt, zeigt Marozia ein Lebenszeichen. Es ist, als schreckte sie aus einem bösen Albtraum hoch.

»Seht, Herrin, ich habe frisches Wasser gebracht, ein Stückchen Seife – und ein neues Kleid. Ihr dürft Euch waschen, Herrin. Der Gardeleutnant sagt, ich soll die Handschellen entfernen. Ihr müsst sie nicht mehr länger tragen. Die Fußkette genüge Eurer Sicherheit.«

»Ich bin krank. Ich will sterben, Aglaia«, murmelt Marozia matt und düster. »Bring mir ein Messer. Bitte! Hab Erbarmen mit deiner Herrin. War ich nicht immer gut zu dir?«

»Das wart Ihr! Ja, das wart Ihr!«, bestätigt die Zofe, Amme und das Kindermädchen in Personalunion. Sie benetzt die gespaltene Lippe der Gefangenen mit frischem Wasser. »Ihr dürft nicht sterben. Ihr dürft Hoffnung haben! Euer Herr Gemahl, König Hugo, ist zurückgekehrt. Er belagert Rom und fordert Eure Freilassung. Ist das nicht wunderbar?«

Marozia nickt stupide. »Ja, wunderbar! Viele werden sterben. Meinetwegen sterben. Viele Menschen sind meinetwegen gestorben. Es ist doch so?«

»Darüber zu urteilen steht einer niedrigen Zofe nicht an, Herrin«, weicht Aglaia aus. »Bitte trinkt. Trinkt langsam. Der Wein ist Euch sonst nicht bekömmlich. Der Medikus hat ein fiebersenkendes Pulver beigemischt. Er nennt es Chinin. Es schmeckt vielleicht ein bisschen bitter.«

Die Dienerin hält einen Becher an Marozias Mund, die sacht nippt, dann durstig trinkt.

»Ich habe eine Salbe für Eure entzündeten Hand- und Fußgelenke hereingeschmuggelt und ein paar Heilkräuter, die Ihr auf die Wunden legen sollt, wenn ich wieder gegangen bin«, sagt Aglaia im Flüsterton.

Darf Marozia sich waschen, ein frisches Kleid anziehen, sich medizinisch versorgen, weil sich bald eine neue Fluchtmöglichkeit bietet? Wird Marozias Traum vielleicht doch wahr? Krönt ihr Sohn sie an der Seite Hugos zur Römischen Kaiserin?

Es ist ein vager, dumpfer Hoffnungsschimmer, der Marozia durch den Kopf huscht, denn es ist die Hoffnung, die zuletzt stirbt.

Es herrscht plötzlich Aufregung im Korridor draußen vor der Gefängnistür. Sie steht aus Sicherheitsgründen immer einen Spalt weit offen, solange Aglaia sich bei der Gefangenen aufhält. Sie könnte der Zofe ein Leid antun. Man hört deutlich, welche Hiobsbotschaft jetzt die Runde in der Engelsburg macht. Theophylakt von Tusculum sei mit dem Radstuhl die Treppe hinuntergestürzt und habe sich das Genick gebrochen.

Marozia horcht auf. Es ist, als hätte sie eine Vision. Sie sieht ihren jüngsten, gelähmten Bruder neben dem zerschellten Rollstuhl tot an einem Treppenfuß im Blut liegen.

»Sie haben ihn umgebracht«, murmelt Marozia mystisch, dumpf, düster. »Theophylaktus wäre niemals aus eigenem Verschulden die Treppe hinabgefallen. Er wurde hinabgestoßen. Hinterrücks ermordet.«

Aglaia ist von der erhaschten Todesnachricht überrascht und überwältigt. Marozia sinkt kraftlos auf die Knie und lässt sich ohnmächtig auf die Unterschenkel fallen. Die Zofe kann sich nicht erinnern, wann sie das letzte Mal in Marozias Augen Tränen sah. Sie legt tröstend die Hand auf ihre Schulter. Das Mitgefühl bedarf keiner Worte.

Marozia richtet sich brüsk auf. »Das war Alberich!«, ist sie sich sicher. »Es geschah auf Alberichs Befehl! Wer seine Mutter schändlich im Kerker schmachten lässt, der kann auch seinen Onkel umbringen. Mein Sohn lässt meinen Bruder meuchelmorden? Einen gelähmten Krüppel? Nie konnte er Alberich gefährlich werden …«

Ein Wachsoldat stößt grob die Gefängnispforte auf. »Seid ihr da drin endlich fertig? Was habt ihr Weiber zu schwatzen? Los, raus hier, Dienerin! Nimm den verdammten Scheißeimer mit! Na los! Komm schon!«

Marozia erhebt sich gleich dem Phönix aus der Asche. Die Fußschellen klirren. Ihre Augen und Wangen glühen fiebrig, zornig.

»Mörder!«, speit sie's hasserfüllt heraus.

»Mörder!«, sagt sie's lauter. Speichel tritt auf die Lippen.

»Ihr seid Mörder!« Die Stimme steigert sich zum Schreien. »Ihr seid Mörder! Verruchte Mörder! Ihr alle verdient den

Tod! Ihr habt Theophylakt feig und hinterhältig umgebracht! Meinen hilflosen Bruder! – Mörder! – Mörder! – Mörder …!«

Der Soldat zerrt Aglaia grob über die Türschwelle in den Gang hinaus. Der schwere Eisenriegel klackt laut ins Schloss. Die Wachhabenden überlassen den anklagenden Racheengel dem Zorn und dem Wahnsinn. Soll Marozia schreien, brüllen, toben, bis die Stimme versagt!

König Hugo weist Fürst Alberichs Vorschlag zu einem Friedensschluss vehement und zutiefst verärgert zurück. Frechheit! Unverschämtheit! Es ist unakzeptabel, die Königliche Majestät mit einem harschen Veto zu beleidigen. Er befiehlt der Generalität im Kommandozelt des Hauptquartiers, den Belagerungsring zu schließen, die Rammböcke aufzufahren und die Katapulte und die Schleudern schussbereit zu machen. Sie sollen Steine, Fäkalienkrüge und Feuerkugeln über den Stadtwall schießen, eine Feuersbrunst in den eng verschachtelten Häuserzeilen entfachen, größtmögliche Zerstörung anrichten und Krankheiten verbreiten. Rom soll brennen – verbrennen – eingeäschert werden! Hugos königliches Orchester wird frohgemut die Saiten schlagen, wie Kaiser Nero es im Jahr 64 beim großen Stadtbrand tat.

Hugo ist nicht gewillt, seine Tochter Alda zur Brautschau in die Engelsburg zu schicken. Alberich könnte das bildschöne Geblüt als Geisel nehmen. Die beiden Kriegsparteien verharren im Patt, bis endlich Abt Odo von Cluny in Rom eintrifft. Er kommt gerade rechtzeitig, ein schreckliches Unglück abzuwenden.

Er ist aus zwei Gründen gekommen. Erstens: um im Streit zwischen König Hugo und Fürst Alberich zu vermitteln und die Stadt vor einer schlimmen Katastrophe zu bewahren. Zweitens: um die Weichen für die dringend notwendige Kirchenreform zu stellen und dem Herrscher Roms mehr Unabhängigkeit des Papsttums abzuringen. Das wird dauern. Die Suche nach einem annehmbaren Kompromiss für Marozias Freilassung und die Römische Kaiserkrone zieht sich hin. Beide Seiten trotzen, währenddessen das Drama im Kerker der Engelsburg sich unaufhörlich weiter verschlimmert.

Aglaia wirft sich Fürst Alberich erneut vor die Füße. Marozia verweigere seit einigen Tagen das Essen. Sie werde sterben, wenn die Kerkerhaft nicht verbessert werde. Ist es ein Hungerstreik, um die Freilassung zu erzwingen? Ist es Trotz? Ist es die schiere Verzweiflung einer Lebensmüden, die den Kerker nicht mehr erträgt und nur noch sterben will?

Alberich lässt sich vom Elend der Mutter nicht erweichen, schon gar nicht erpressen. Er weigert sich, die, die ihm das Leben schenkte, im Gefängnis zu besuchen. Es sei bloß eine neue Finte. Der Hunger müsse nur groß genug sein, dann werde sie sicher wieder Nahrung zu sich nehmen, meint der Herr von Rom und schickt Aglaia weg. Ein Gedanke kommt plötzlich auf: Wäre Marozia tot nützlicher als lebendig?

Die Gefangene hat jedes Zeitgefühl verloren. Sie rennt plötzlich im schwerelosen Zustand über sonnige Wiesen, Matten und Auen. Sie reitet im gestreckten Galopp durch duftende Pinienwälder. Sie springt barfuß durchs hohe weiche Gras, und bei ihr ist Alexander, ihre große Liebe, als sie noch ein sehr junges Mädchen war. Sie halten sich verliebt die Hände, jauchzen, lachen, necken sich, jagen um die Pfeiler des alten Aquädukts, der längst zerfallen ist und kein Wasser mehr führt. Ach, Alexander! Alexander! Sie lassen flache Kieselsteine über die Fluten des Tibers hüpfen und finden übermütig heraus, wer weiter spucken kann. Es ist unschicklich, aber toll, aufregend, einfach lustig, schön. Marozia ist glücklich und erstmals verliebt. Alexander ist der Sohn eines reichen Kaufmanns aus Byzanz, der in Rom gute Geschäfte tätigt. Alexander, ein stolzer Jüngling, ein Halbgott für das Mädchen, das gerade eine junge Frau wird. Marozia und Alexander schmusen, liebkosen, streicheln und küssen sich zärtlich, wenn sie sich insgeheim treffen. Das Mädchen ist rein und keusch gleich einem Engel. Sie ist überglücklich; sie hätte ihn auf der Stelle geheiratet. Dann kommt Mutter hinter die Liebschaft, und es setzt eine gehörige Schelte. Sie verbietet die sündige Beziehung. Ja, und dann weist Theodora das fünfzehnjährige Töchterlein dem vierzig Jahre älteren Papst Sergius als Liebesgespielin zu, der sie schmerzlich defloriert – und das Hurenleben beginnt …

Ob Alexander lebt? In Rom das Geschäft seines Vaters führt? Ist er nach Byzanz gegangen, um Handel zu treiben? Ist er in die Garde des Kaisers eingetreten? Vielleicht der byzantinischen Armee, um gegen die ungläubigen Araber zu kämpfen?

Marozia hat es nie herausgefunden. Sie hat Alexander nie

mehr gesehen. Sie hatte ihn vergessen – bis heute in ihren elenden Tagen und bangen Stunden! Ach, wie glücklich verliebt sie waren! Fürwahr, es war die schönste Zeit ihres Lebens! Wie wäre das Schicksal verlaufen, wenn sie Alexander geheiratet hätte?

Marozia umarmt Alexander und küsst ihn leidenschaftlich.

Die Wahnvorstellung, in den Armen des heiß geliebten Alexander zu verweilen, verwandelt sich plötzlich in eine dunkle, bedrohliche Gestalt. Sie steht dicht vor ihr im Kerker. Starke Hände reißen Marozia brutal vom Boden hoch. Eine Würgeschlinge legt sich von hinten um den Hals. Sie kann nicht schreien. Sie kann nur röcheln, nach Luft schnappen, wie ein Fisch ans Land geworfen. Marozia wehrt sich, strampelt. Keine Chance! Sie kommt nicht los. Die Lungen werden heiß, heißer, glühend heiß. Sie zucken nach Luft. Die Augen quellen aus den Höhlen. Die Zunge tritt aus dem Mund, und Speichel fließt heraus. Sie hört sich selbst röcheln. Das ist jetzt das Ende! Meuchelmörder erwürgen sie, die einst mächtigste Frau Italiens, die den Papst und den Vatikan beherrschte. Dann schwinden langsam die Sinne. Sie empfiehlt Gott die Seele. Möge Er ihr ein bisschen gnädig sein. Er werfe sie ein paar zehntausend Tage für ihre Schandtaten und Unmoral ins Fegefeuer, aber Er stoße sie nicht in den tiefsten Höllengrund hinab in die ewige Verdammnis.

Marozias Widerstand erlahmt, erschlafft. Sie streckt die Glieder. Sie ist tot, nur noch eine gequälte sterbliche Hülle.

Die Meuchelmörder legen sie auf den Boden und verlassen den scheußlichen Ort. Wie kamen sie unentdeckt in die Zelle? Jemand hat sich verschworen und muss die Mörder hereingelassen haben.

Aglaia findet die Tote am nächsten Morgen, als das Essen in der Bodenluke der Gefängnistür unberührt bleibt. Marozias Amme, Kindermädchen und Kammerzofe ist die Einzige, die über den Hinschied ihrer Herrin Tränen vergießt. Sie hielt ihr ein halbes Leben lang unverbrüchliche Treue und ließ sich niemals zur Intrige und Verschwörung hinreißen.

Der Tod Marozias findet in Rom kaum Beachtung. Man hat andere Sorgen durch König Hugos Belagerung. Das Gerücht kursiert, die Senatrix und Patricia habe sich mit bloßen Zähnen die Pulsadern aufgebissen und Selbstmord begangen. Sie habe das Elend im Kerker nicht mehr ausgehalten. Marozias Leiche verschwindet spurlos. Niemand weiß wohin. Selbstmörder werden irgendwo außerhalb der Stadt an einer Wegkreuzung verscharrt und niemals in geweihter Erde.

Papst Johannes XI., Marozias Sohn aus dem Mätressenverhältnis mit Papst Sergius III., glaubt nicht an den Selbstmord seiner Mutter. Fürst Alberich setzt den Pontifex kurzerhand ab und lässt ihn festsetzen, bevor er dumme Gerüchte verbreitet. Er könnte sich an seinem Halbbruder rächen, die Kirche zur Revolte aufwiegeln und ihn des Muttermordes bezichtigen. Johannes ereilt drei Tage später das gleiche unrühmliche Schicksal wie seine päpstlichen Vorgänger.

Er wird im Schlaf erwürgt und stillschweigend beiseitegeschafft.

Leo VII. ist der erste von fünf Päpsten, die auf Weisung Alberichs vom Kardinalskollegium »gewählt« werden. Vier von ihnen arbeiten mit dem Fürsten eng zusammen im Sinne des Reformwerks von Cluny, das Abt Odo eingeleitet hatte (er wird später heiliggesprochen). Er bewegt König Hugo von Italien, auf die Römische Kaiserkrone zu Gunsten eines allseitigen Friedens zu verzichten. Es gelingt Odo, ein Abkommen zwischen den beiden Herrschern zu vermitteln. Es gipfelt in einer rein formalen Ehe zwischen Alda (der Jüngeren), der Tochter König Hugos, Prinzessin von Italien, und Alberich II. Aus der Verbindung geht ein Spross hervor: Octavian, ein später Enkel Marozias, der ihr Blut in sich trägt.

Alberich herrscht zweiundzwanzig Jahre umsichtig als »Fürst und Senator aller Römer«. Auf dem Totenbett setzt er 954 Octavian, einen knapp Sechzehnjährigen, als seinen Nachfolger »Princeps Romanorum« ein und als Papst Johannes XII. Das Beispiel Marozias, willkürlich Päpste ein- und abzusetzen, wirkt zwanzig Jahre über ihren Tod hinaus nach. Die Vereinigung weltlicher und geistlicher Macht auf eine Person, die noch ein halbes, ungezügeltes Kind ist, ist ein einmaliges historisches Ereignis.

Der jugendliche Papst ist eine der erbärmlichsten und niederträchtigsten Gestalten in der Geschichte Roms und der Kirche, außer vielleicht Papst Stephan VI., der mit seiner Unmoral und der Leichensynode des Formosus 897 in die

Historie einging. Marozia dürfte als siebenjähriges Mädchen an der Seite ihrer Mutter Theodora bei diesem grausigen Schauprozess dabei gewesen sein.

Unter der Tyrannis Johannes' XII. wird der Lateran erneut zum Bordell. Fress- und Sexorgien finden statt. Das Ausmaß seiner Laster kennt keine Grenzen. Niedrige Gassenhuren erhalten heilige Gefäße zum Geschenk für ihre Liebesdienste. Der Heilige Vater, der völlig ungebildet ist und nur die Vulgärsprache kennt, lässt nach einer Laune einen Kardinaldiakon im Pferdestall weihen.

In dieser unheilvollen, frevlerischen Situation glaubt Bergengar II. von Ivrea offenbar, seine Machtsphäre wesentlich ausdehnen zu können. Er dringt nach Süden vor, um Rom zu besetzen. Möglicherweise durch Kreise der Reformbewegung von Cluny gezwungen, ruft Papst Johannes XII. und »Princeps Romanorum« den deutschen König Otto I. zu Hilfe, der sich seit dem Sieg gegen die Magyaren auf dem Lechfeld 955 Otto »der Große« nennen darf. Dieser erscheint vor den Toren Roms. Berengar II. zieht sich zurück. Als Gegenleistung krönt der Papst (962) Otto I. und seine Gemahlin Adelheid zum Römischen Kaiserpaar. Es ist die Geburtsstunde des »Sacrum Imperium Romanum«, dessen Gedanke angesichts der Würdelosigkeit des Krönenden hoch über dem Papsttum steht. Das (1.) Heilige Römische Reich wird bis 1806 Bestand haben. Adelheid ist die erste Kaiserin Europas und wird dessen Geschichte maßgeblich beeinflussen.

Otto I. bestätigt im »Previlegium Ottonianum« die Schenkungen der Könige Pippins III. und Karls des Großen. Er fügt jedoch eine neue Bestätigung der »Constitutio Lothari« aus dem Jahr 824 (der Zeit von Papst Eugen II.) hinzu und festigt die kaiserliche Vormachtstellung durch die Bestimmung, eine Papstweihe dürfe erst nach der Leistung des Treueeides dem Kaiser gegenüber erfolgen; die kanonische Papstwahl müsse garantiert bleiben.

Nach zahlreichen Wirren hält Kaiser Otto der Große 963 seine berühmte Synode in der Petersbasilika ab. Papst Johannes XII. wird offiziell abgesetzt. Die konstruierte These von Papst Symmachus aus dem 5. Jahrhundert, »Prima Sedes a Nemine Judicatur« wird zum ersten Mal außer Kraft gesetzt angesichts einer restlos unwürdigen Papstperson. Der mit dem Kirchenschatz geflohene Pontifex wird wegen Mordes, Meineids, Ämterkaufs und am schlimmsten des Inzests mit zwei Schwestern und Tanten angeklagt. Er habe dem Teufel zugetrunken und beim Würfeln Zeus, Venus und Dämonen angerufen.

Leo VIII. wird zum neuen Pontifex gewählt. Er ist ein außerordentlich würdiger, moralischer Mann, eine Ausnahmeerscheinung in der Kirche der Zeit, jedoch ein Laie. Er erhält die notwendigen sieben Weihen auf einmal, ein zweifellos unkanonisches Verfahren. Ungeklärt bleiben Fragen, auf welche Weise Johannes XII., Marozias Enkel, die Weihen empfangen hatte.

Kaiser Otto I. und seine Gemahlin Adelheid verlassen

Rom. Der geflohene Johannes kehrt aus dem Versteck zurück und nimmt an seinen Gegnern grausam Rache. Sein unmoralisches Lotterleben wird ihm zum Verhängnis. Nach einem Ehebruch richtet ihn der betrogene Ehemann so schwer zu, dass er nach wenigen Tagen stirbt (964).

Langsam geht das »Dunkle 10. Jahrhundert der schamlosen Pornokratie« zu Ende. Die Hurenherrschaft begann mit Theodora I. von Tusculum, erreicht mit ihrer Tochter Marozia den Höhepunkt und verschwindet mit ihrem Enkel Papst Johannes XII. aus der Geschichte. Es entsteht in der heiligen katholischen Kirche ganz im Geiste von Cluny ein moralisches Gegengewicht zum Sittenverfall der weltlichen Herrscher.

Zu erwähnen bleibt Papst Johannes XIII. Er ist der Sohn Theodoras II., der Schwester Marozias aus dem Hause von Tusculum. Er ist ein eifriger Anhänger Ottos des Großen. Er krönt den Sohn des Kaisers Otto II. am Weihnachtstag des Jahres 967 zum Mitregenten. Johannes XIII. vollzieht im April fünf Jahre später die Eheschließung Ottos II. mit der byzantinischen Prinzessin Theophano; es ist die erste und einzige Familienverbindung zwischen dem westlichen und dem östlichen Kaiserhaus.

Mit Benedikt VI. schwingt sich 973 Crescentius, ebenfalls ein Sohn Theodoras II. von Tusculum, auf den Stuhl Petri. Die Crescentier, durch Heirat ein Zweig des Hauses Tusculum, schließen sich den kaiserfeindlichen Kräften an. Benedikt lässt seinen Bruder Johannes XIII. einkerkern und erwürgen. Bonifaz VII. setzt den Benedikt nach einjährigem Pontifikat ab, lässt ihn wenig später ebenfalls im Kerker erdrosseln (974) und erhebt sich seinerseits zum Papst ...

Hundert Jahre später werden sich die Kaiser und die wiedererstarkten Päpste im Investiturstreit gegenseitig zerfleischen. Aber das ist eine andere Geschichte. - -

ANHANG

Die nachfolgend aufgeführten Werke des Autors
sind auch als E-Books erhältlich.

Bombenanschläge und Attentate erschüttern die ägyptische Hauptstadt.
Eigentlich sollte der Buchtitel *Eine verlorene Liebe in Kairo* heißen. Die große Liebe Aselias und Mahmuds gerät in die perfiden Fänge von Islamisten, Jihadisten und Terroristen. Das »Töten im Namen Allahs« und »Wenn Glauben zerstört« ist ein unheilvoller Strudel eines verblendeten Religionswahns und eines schändlichen, eiskalt berechnenden Religionsmissbrauchs aus machtpolitischen Motiven.
Es ist das Drama einer Liebe, die im Vordergrund dieses Wahnsinns steht.
Es ist eine Liebe, die in der alten islamischen Tradition ums Gedeihen kämpft, wie es tausende heute tun.
Es ist die tragische Liebe, die ein wahnwitziger Glauben zerstört.
Ein Appell an die islamische Welt, gegen Fehlentwicklungen anzukämpfen.

ISBN 978-3-7386-9200-6
(322 Seiten)

Eine kleine Geschichte aus der Steinzeit

Der Neandertaler »Klan des Bisons« gehört zu den Allerletzten seiner Art nach der großen Eiszeit vor 10 000–15 000 Jahren. Dula vom Stamm des Bären ist ein Mensch der »neuen Art«, wie wir ein »Cro-Magnon-Homo-Sapiens«.
Eine Naturkatastrophe zwingt das kleine Mädchen Dula, bei den »Anderen« aufzuwachsen.
Ihr Aufstieg im Klan des Bisons vom Mädchen zur Frau und zur Jägerin und Kriegerin beginnt gegen heftige Vorurteile und Widerstände gegen das »Andersartige«.

ISBN 978-3-7357-0630-0
(202 Seiten)

Kindersoldaten – Prostitution – Arbeitersklaven
Korruption und Stammeswahn
Ein Sozialdrama

Ein Vater sucht in der Demokratischen Republik Kongo
seinen neunjährigen Sohn, den eine Rebellenorganisation entführt hat
und skrupellos als Kindersoldat missbraucht.
Die fürchterlichen Schrecken eines blutig tobenden Bürgerkriegs,
die kompromisslosen Verteilungskämpfe um Rohstoffe,
die Selbstbereicherungsmentalität einheimischer Eliten,
die gewissenlose Ausbeutung einer wehrlosen Bevölkerung
und grausige Massaker werden offenbar.
Pressemeldungen finden in der Weltöffentlichkeit wenig
Aufmerksamkeit.
Der UNO-Sicherheitsrat ist von Partikularinteressen gelähmt.

ISBN 978-3-7322-0216-4
(248 Seiten)

Welche Mädchen und Frauen waren prostituiert?
Wie waren Stadtbordelle organisiert?
Was sind Wanderhuren? – Wie lebten sie?
Wie praktizierten sie den Sex? – Wie verhüteten sie und trieben ab?
Gab es eine Intimpflege?
Teufelskreis: einmal Hure, immer Hure?
Ob niedrige Gassenhure, Mätresse, Kurtisane oder Konkubine, was galt die Geschlechtsmoral im Klerus und in der Gesellschaft des 14. und 15. Jahrhunderts?
War die Kirche abgrundtief verderbt? – Welches Frauenbild war vorherrschend?
Alle erwähnten Örtlichkeiten, Adelsnamen, Könige, Kaiser, Päpste, Erzbischöfe, Bischöfe,
die beschriebenen Kunstwerke und geschilderten sozialen, politischen und religiösen Begebenheiten sind historisch.

ISBN 978-3-8423-8593-1
(468 Seiten)

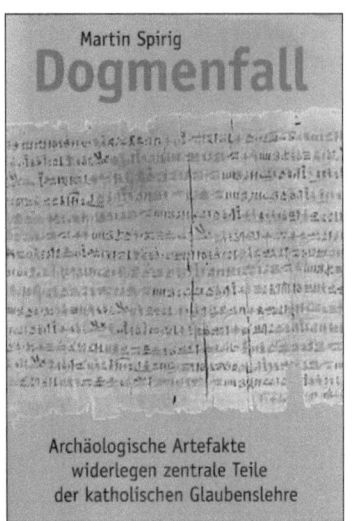

Im heutigen Galiläa wird ein Tempel entdeckt,
der eine geheime Bibliothek und eine Grabkammer aus dem 1. Jh. enthält.
Erste Übersetzungen der Schriftrollen und die Namen auf den Sarkophagen (Ossuarien) lassen die Glaubenswelt aufhorchen.
Jesus Christus, Maria Magdalena, die Jungfrau Maria, Johannes der Täufer,
Paulus und die Evangelien, die Arbeit der Kirchenväter erscheinen in einem völlig anderen Blickwinkel.
2000 Jahre Häresie, Geschichtsfälschung, Betrug, Täuschung und Vertuschung
der katholischen Kirche drohen öffentlich zu werden …

ISBN 978-3-8423-9074-4
(276 Seiten)

Über eine Königin, die ein König war.
Den Mythos der Gotteskindschaft 1500 Jahre vor dem Neuen Testament.
Hatschepsut beeinflusste Ägyptens Politik und Wirtschaft tiefgreifender als Ramses II.
Hatschepsut beeinflusste Ägyptens Religion fundamentaler als Echnaton.
Die neusten wissenschaftlichen Erkenntnisse, Zitate, Werke, Leistungen.
Das Vermächtnis, Leben, Wirken Hatschepsuts.
Die erste große Frau der Weltgeschichte.

ISBN 3-8334-3327-2
(550 Seiten)

Es ist die Zeit des Aberglaubens,
der Fehden der Grafen und Herzöge,
einer verweltlichten Kirche,
der Hexenpogrome im Römischen Reich Deutscher Nation.
1487:
Erste Drucklegung des Hexenhammers,
nach dessen Kodex die Inquisition vermeintliche
Hexen und Ketzer verfolgte
und die Scheiterhaufen drei Jahrhunderte lang lodern ließ.

ISBN 978-3-8334-7186-5
(400 Seiten)

Über eine verheerende Umweltkatastrophe.
Über Vertuschung, Medienmanipulation und Mord.
Und mittendrin eine Staatsanwältin,
die die brisanten Hintergründe offenlegen will:
bis zum Eklat in der Weltöffentlichkeit!

ISBN 3-0344-0115-9
(356 Seiten)

Die Autorin gerät mit 45 Geiseln auf den Philippinen in die Gefangenschaft der militanten Moro Islamischen Befreiungsfront (Milf). Die bekannte Auslandskorrespondentin des größten US-Nachrichtensenders schildert ihre persönlichen Erlebnisse, Gefühle, Ängste, Schrecken, die sie während der neunmonatigen Geiselhaft im Dschungel von Mindanao erlebte, das Schicksal ihrer Mitgefangenen, aber auch die Begegnung mit den fanatischen Muslimführern der Milf, die Verbindung zur Al-Qaida hat.

ISBN 3-83-34-1689-0
(208 Seiten)

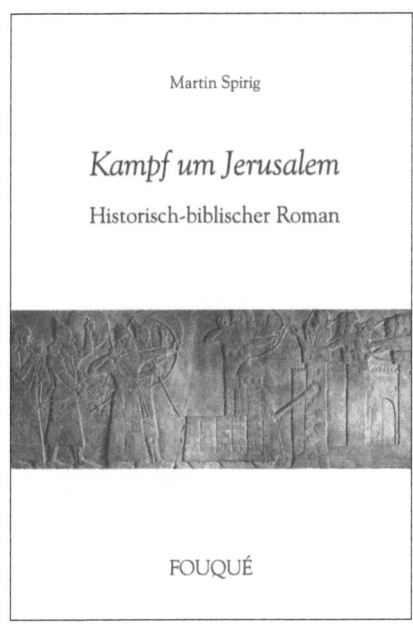

Über die Zerstörung Jerusalems und des Tempels durch den babylonischen König Nebukadnezar II. (586 v. Chr.), der den Juden nicht nur das Land nahm, sondern weit schlimmer ihren Gott. So ertönte die warnende Stimme des Propheten Jeremias unüberhörbar und wirkte weit über die prophezeite Katastrophe hinaus. Ungeheuer spannend schildert Martin Spirig die religiösen und politischen Ereignisse, die dem zweiten jüdischen Exil in Babylon (586–536 v. Chr.) vorangingen.
Fußnoten geben viele Querverweise; sie vertiefen und erweitern die Zusammenhänge.

ISBN 3-8267-4716-X
(455 Seiten)

Über das seltsame parapsychologische Phänomen der Psychokinese, der Beeinflussung physischer Gegenstände durch Gedanken.
Ein Netz unheilvoller Ereignisse spinnt sich immer dichter, immer bedrohlicher um eine Journalistin, die auf Lenzenfeld die Schlossherrin besucht.
Das einzige Licht im dunklen Aberglauben ist die Wissenschaft: der klärende, nachprüfende Verstand.
Die glaubhaft wirkliche Geschichte elektrisiert vom Anfang bis zum Ende.
Ein Ende, wie man es niemals erwartet.

ISBN 3-86137-149-9
(242 Seiten)

Besonnenes Handeln besiegt überstürztes Handeln.

ISBN 3-8267-0060-0
(8 Seiten)